DESIGN GRÁFICO

As imagens gráficas são marcas, primeiro de identificação: impressão digital, no mesmo tamanho que em *The Medium is the Massage* (O meio é a massagem), de Marshall Mcduhan, 1967 [Quentin Fiore]

DESIGN GRÁFICO
Uma história concisa
Richard Hollis

Com mais de 800 ilustrações, 29 em cores

Tradução: Carlos Daudt

SÃO PAULO 2016

Esta obra foi publicada originalmente em inglês com o título
GRAPHIC DESIGN – A CONCISE HISTORY
por Thames and Hudson, Londres.
Copyright © 1994 Thames and Hudson Ltd, Londres.
Publicado por acordo com Thames and Hudson.
Copyright © 2000, Livraria Martins Fontes Editora Ltda.
Copyright © 2010, Editora WMF Martins Fontes Ltda.,
São Paulo, para a presente edição.

1ª edição 2001
2ª edição 2010
2ª tiragem 2016

Tradução
CARLOS DAUDT

Revisão da tradução
Silvana Vieira
Revisões gráficas
Renato da Rocha Carlos
Célia Regina Camargo
Produção gráfica
Geraldo Alves
Paginação
Studio 3 Desenvolvimento Editorial

Dados Internacionais de Catalogação na Publicação (CIP)
(Câmara Brasileira do Livro, SP, Brasil)

Hollis, Richard
   Design gráfico : uma história concisa / Richard Hollis ; tradução Carlos Daudt. – 2ª ed. – São Paulo : Editora WMF Martins Fontes, 2010. – (Coleção mundo da arte)

Título original: Graphic design.
Bibliografia.
ISBN 978-85-7827-345-3

1. Arte publicitária – História 2. Artes gráficas – História I. Título. II. Série.

10-10599   CDD-741.609

Índices para catálogo sistemático:
1. Design gráfico : História   741.609

Todos os direitos desta edição reservados à
Editora WMF Martins Fontes Ltda.
Rua Prof. Laerte Ramos de Carvalho, 133 01325-030 São Paulo SP Brasil
Tel. (11) 3293-8150 Fax (11) 3101-1042
e-mail: info@wmfmartinsfontes.com.br http://www.wmfmartinsfontes.com.br

SUMÁRIO

Introdução 1

Da arte gráfica ao design: 1890 a 1914

1. O pôster artístico 5
   ⎡ Design bidimensional e reprodução gráfica / Design de ⎤
   ⎢ informações / Tipografia da Bauhaus / Fotografia e seqüên- ⎥
   ⎢ cia / Técnica de impressão e design / Cor e dicas visuais / ⎥
   ⎣ Produção e nova tecnologia .... 12 ⎦
2. O começo do design na Europa 20
   [3. Guerra e propaganda: de 1914 à década de 20 .... 28]

A vanguarda e as origens do modernismo: 1914 a 1940

4. O futurismo e a Itália 35
5. A Rússia soviética 42
6. Alemanha 51
7. Países Baixos 68

Tendências nacionais até 1940

8. Suíça 77
9. França 85
10. Grã-Bretanha 91

O designer e o diretor de arte

11. Os Estados Unidos nos anos 30 101
   [12. Guerra e propaganda: década de 20 a 1945 .... 109]
13. Os Estados Unidos: 1945 à década de 60 118

Variantes do modernismo na Europa

14. A Suíça e o Neue Graphik 139
15. A Itália e o estilo milanês 148
16. França 158
17. Norte da Europa 167

O psicodelismo, os protestos e as novas técnicas

18. Final dos anos 60 193

As novas ondas: tecnologia eletrônica

19. Década de 70 e depois 201

Bibliografia e fontes 235

Índice remissivo 243

Agradecimentos

A idéia deste livro surgiu nos anos 60 no West of England College of Art (tendo sido particularmente incentivada pelas discussões com o falecido Paul Schuitema) e na Central School of Art em Londres. Grande parte do material gráfico desta obra foi reunido na mesma época. O trabalho do autor teria sido impossível sem a ajuda de muitos de seus colegas. Citar o nome de todos seria impossível, mas entre eles devo agradecer especialmente a Lutz Becker, Nicholas Biddulph, Sheila Bull, aos falecidos Mel Calman e F. H. K. Henrion, Jon Corpe, Robin Fior, David King, Robin Kinross, Guillaume Lefébure, Giovanni Lussu, Ruedi Rüegg, Philip Thompson e Marion Wesel.

A equipe das bibliotecas do Central St Martins College of Art and Design e do St. Bride's Printing Institute, em Londres, e do Museum für Gestaltung, em Zurique, foi especialmente prestativa. A Editora Ann Creed Books, a Coleção David King e o Department of Typography and Graphic Communication da Universidade de Reading generosamente emprestaram material para ilustração; Julian Hawkins foi infalível em sua cooperação com as fotos; e o texto foi enriquecido pelos comentários críticos de Debbie Radcliffe.

O autor é grato a seus clientes pela paciência que tiveram durante o longo período de incubação desta obra e particularmente à sua mulher, Posy Simmonds.

Nota do autor

As ilustrações devem funcionar aqui da mesma maneira que as transparências e os slides em conferências e servem apenas como referência ou ponto de partida para novas pesquisas por parte do leitor. Pode-se ter uma idéia das proporções dos originais por sua descrição ("pôster" ou "folheto"); o tamanho das reproduções é suficiente apenas para comunicar a maneira como palavras e imagens foram utilizadas. As imagens contidas neste trabalho foram identificadas apenas por seu designer gráfico, título ou descrição, omitindo-se os créditos individuais. O formato das legendas foi planejado para evitar distrair a atenção do leitor. Elas servem como referência. As traduções só foram fornecidas quando necessárias.

INTRODUÇÃO

A comunicação visual, em seu sentido mais amplo, tem uma longa história. Quando o homem primitivo, ao sair à caça, distinguia na lama a pegada de algum animal, o que ele via ali era um sinal gráfico.

O olho do seu espírito avistava nas pegadas o próprio animal.

As representações gráficas podem ser sinais, como as letras do alfabeto, ou formar parte de outro sistema de signos, como as sinalizações nas estradas. Quando reunidas, as marcas gráficas – como as linhas de um desenho ou os pontos de uma fotografia – formam imagens. O design gráfico é a arte de criar ou escolher tais marcas, combinando-as numa superfície qualquer para transmitir uma idéia.

Um signo não é uma imagem. As imagens gráficas são mais do que ilustrações descritivas de coisas vistas ou imaginadas. São signos cujo contexto lhes dá um sentido especial e cuja disposição pode conferir-lhes um novo significado.

Atenção!
Animais selvagens
Placa de rodovia
britânica

Campanha pelo desarmamento nuclear, pôster, 1960
[F. H. K. Henrion]

As palavras e imagens normalmente são utilizadas em conjunto; pode ser que um dos dois – texto ou imagem – predomine, ou que o significado de cada um seja determinado pelo outro. Alguns dos exemplos mais sofisticados de design gráfico recorrem à precisão das palavras para dar sentido exato a imagens ambíguas.

A palavra, quando impressa, na forma de registro da fala, perde uma extensa variedade de expressões e inflexões. Os designers gráficos contemporâneos (especialmente seus precursores, os futuristas) têm tentado romper essa limitação. Ampliando ou reduzindo os tamanhos, os pesos e a posição das letras, seu tipografismo consegue dar voz ao texto. Instintivamente, existe um anseio não só de transmitir a mensagem, mas também de dar a ela uma expressão única.

Logotipo promocional
Secretaria de Comércio
do Estado de Nova York
[Charles Moss/Wells,
Rich, Greene]

2 DESIGN GRÁFICO

O contexto também determina o sentido do design e o modo como ele é interpretado. Um dos mais conhecidos designs gráficos modernos – "I love New York" – é uma combinação de pictograma e sinais alfabéticos, que depende, para transmitir sua mensagem, de um entendimento comum do significado e da convenção. Por causa das convenções da representação sabemos que, quando se trata de uma ilustração num livro de biologia, a imagem não é uma metáfora para o amor.

"Caridade para os prisioneiros de guerra civis e militares alemães", pôster, 1918
[Ludwig Hohlwein]

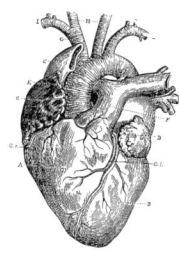  

O significado transmitido pelas imagens e pelos sinais alfabéticos tem pouco a ver com a pessoa que os criou ou escolheu: não expressam as idéias de seus designers. A mensagem do designer atende às necessidades do cliente que está pagando por ela. Embora sua forma possa ser determinada ou modificada pelas preferências estéticas do designer, a mensagem precisa ser colocada numa linguagem que o público-alvo reconheça e entenda. Este é o primeiro aspecto significativo que distingue um design gráfico de uma obra de arte (ainda que muitos dos primeiros pioneiros do design gráfico fossem artistas plásticos). Em segundo lugar, o designer, ao contrário do artista, projeta tendo em vista a produção mecânica. Após a contratação, os designs têm início como esboços toscos feitos em papel ou na tela do computador. O designer muitas vezes trabalha com uma equipe, atuando como diretor de arte, supervisionando a fotografia ou outros materiais ilustrativos encomendados. As propostas discutidas com o cliente são freqüentemente revisadas em várias etapas, antes que se finalize o design com as instruções para sua produção.

O design gráfico, como profissão, só passou a existir a partir de meados do século XX; até então, os anunciantes e seus agentes utilizavam os serviços oferecidos pelos "artistas comerciais". Esses especia-

acima, à esquerda
Ilustração médica do século XIX

"Kaffee Hag cuida do seu coração", anúncio, década de 1920 (design de embalagem, 1906)
[Eduard Scotland]

Serviço Nacional de Transfusão de Sangue símbolo, 1948
[F.H.K. Henrion]

Esboço para logotipo e design finalizado, década de 60
[Herb Lubalin]

Suportes e estruturas
físicas das artes
gráficas:

Folha avulsa
impressa de
um só lado

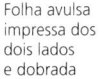

Folha avulsa
impressa dos
dois lados
e dobrada

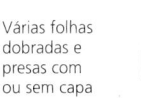

Várias folhas
dobradas e
presas com
ou sem capa

Construção da letra "R",
Veneza, 1509

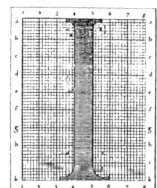

Construção da letra "I",
Paris, 1692

à *direita*
"Bíblia de 42 linhas", 1445
página esquerda
montada sobre uma grade
de retângulos 9x9
de acordo com a proporção
da página

O princípio da impressão
tipográfica de tipos móveis a
partir da superfície em relevo
de letras individuais
Enciclopédia de Diderot, 1745-72

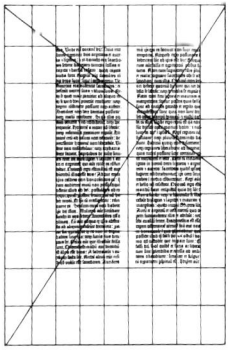

listas eram "visualizadores" (artistas de layout); tipógrafos que faziam o projeto detalhado da chamada e do texto e davam instruções para a composição; ilustradores de todos os tipos, que produziam qualquer coisa, desde diagramas mecânicos até desenhos de moda; retocadores; letristas e outros que finalizavam os designs para a reprodução. Muitos artistas comerciais – tais como os designers de pôsteres – reuniam várias dessas habilidades.

O design gráfico se sobrepôs ao trabalho das agências e estúdios e hoje em dia abrange não apenas anúncios publicitários mas também o design das revistas e jornais em que estes são publicados. O designer solitário tornou-se parte de uma equipe na indústria das comunicações – o mundo da publicidade, da publicação de revistas e jornais, do marketing e das relações públicas.

Até o final do século XIX, as artes gráficas eram essencialmente produzidas em branco e preto e impressas em papel. A relação entre imagem e fundo, entre o espaço com tinta e o espaço sem tinta, o positivo e o negativo, tornou-se fundamental para a estética do conjunto. A área sem tinta pode ser visualmente tão importante quanto a área com tinta, e o fundo, portanto, suas proporções e dimensões, sua cor e textura, é parte integrante do design gráfico. Ao mesmo tempo, o fundo fornece o suporte físico para as imagens e signos. O suporte mais comum é o papel. A folha avulsa, impressa apenas de um lado, pode ser um pôster ou uma carta. Quando é dobrada uma vez, torna-se um folheto; dobrada de novo e presa, é uma brochura; múltiplas folhas dobradas e aparadas formam uma revista ou livro. Estas – o pôster, o folheto, a brochura, a revista e o livro – são as estruturas físicas nas quais os designers gráficos devem organizar suas informações. O conteúdo da página individual, da página dupla e das páginas subseqüentes deve ser ordenado e estruturado de modo que seja visto em seqüência, à medida que a narrativa literalmente se desdobra.

Os designers gráficos ocidentais herdaram o alfabeto romano, cujas formas pouco mudaram ao longo dos séculos. Imitando de início as letras desenhadas pela pena dos escribas, o feitio das letras evoluiu como variações daquelas encontradas nas inscrições romanas. Diferentes versões desse protótipo histórico desenvolveram-se entre os séculos XV e XX e persistem, no século XXI, no formato eletrônico. Nesse meio-tempo, a geometria das letras, sua simetria e proporções, tornou-se objeto de um contínuo e quase obsessivo debate. Tais preocupações ilustram as pressões à mudança que o padrão estético e o progresso técnico de cada período impuseram aos designers.

Ao longo dos vários séculos, as três funções básicas das artes gráficas sofreram tão poucas alterações quanto o alfabeto romano, e qualquer design pode ser usado de todas as três maneiras. A principal função do design gráfico é **identificar**: dizer o que é determinada coisa, ou de onde ela veio (letreiros de hotéis, estandartes e brasões, marcas de construtores, símbolos de editores e gráficos, logotipos de empresas, rótulos em embalagens). Sua segunda função, conhecida no âmbito profissional como Design de Informação, é **informar e instruir**, indicando a relação de uma coisa com outra quanto à direção, posição e escala (mapas, diagramas, sinais de direção). A terceira função, muito diferente das outras duas, é **apresentar e promover** (pôsteres, anúncios publicitários); aqui, o objetivo do design é prender a atenção e tornar sua mensagem inesquecível.

O design gráfico faz parte, atualmente, da cultura e da economia dos países industrializados. No entanto, embora hoje as mensagens e imagens possam ser transmitidas num instante pelo mundo todo, os avanços continuam sendo surpreendentemente localizados, e ainda que a maioria dos designers trabalhe em equipe, as mudanças ainda estão associadas a pioneiros isolados. Novas formas são desenvolvidas em resposta às pressões comerciais e mudanças tecnológicas, ao mesmo tempo que o design gráfico continua a se alimentar de suas próprias tradições. Embora muitas imagens sejam criadas pelos próprios designers, grande parte delas são imagens prontas, como as antigas xilografias reaproveitadas pelos tipógrafos medievais de trabalhos anteriores, as antigas gravuras ou as fotografias do acervo de uma agência de imagens. A revolução eletrônica possibilitou-nos armazenar imagens de períodos anteriores e reciclá-las, manipulando-as e agrupando-as no design contemporâneo.

Em virtude desses fatores, este livro foi organizado cronologicamente, a partir dos avanços ocorridos nos países que influenciaram o design gráfico internacional. O livro utiliza o exemplo dos designers que mais evidentemente contribuíram para o desenvolvimento do design gráfico ou que são os profissionais mais representativos de sua época. Registra a transformação por que passou a comunicação impressa e o papel das novas técnicas e tecnologias – a fotografia e o computador – que garantiram ao designer um controle cada vez maior sobre os meios de produção e reprodução das artes gráficas.

O design gráfico constitui uma espécie de linguagem, de gramática imprecisa e vocabulário em contínua expansão. Este livro não pretende ser um inventário de estilos. Tenta explicar as técnicas do design gráfico e de que modo elas podem ser utilizadas para transmitir uma mensagem. O livro inicia com o pôster, o mais simples dos veículos gráficos: nessa folha avulsa, sem dobras e impressa de um só lado, o designer reúne os elementos essenciais do design gráfico – o alfabeto e a imagem.

Identificação:
Tabardo, brasão e elmo emplumado de Bertrand du Guesclin, condestável da França, ilustração de livro xilográfico, 1487

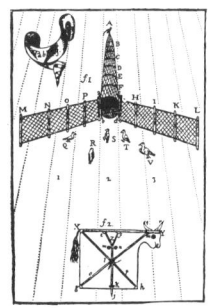

Informação e instrução:
Como apanhar pássaros ilustração xilográfica, Paris, 1660

Apresentação e promoção:
tônico "Globéol", anúncio, 1912, fotomontagem [R. Ehrmann]

[
Da arte gráfica
ao design:
1890 a 1914
]

1. O PÔSTER ARTÍSTICO

O pôster, como design gráfico, pertence à categoria da apresentação e da promoção, na qual imagem e palavra precisam ser econômicas e estar vinculadas a um significado único e fácil de ser lembrado. Nas ruas das crescentes cidades do final do século XIX, os pôsteres eram um expressão da vida econômica, social e cultural, competindo entre si para atrair compradores para os produtos e público para os entretenimentos. A atenção dos transeuntes era capturada pelo colorido dos pôsteres, que se tornou possível graças ao desenvolvimento da impressão litográfica. As ilustrações refletiam o estilo artístico da época e introduziram uma nova estética de imagens econômicas e simplificadas, decorrentes dos meios utilizados para reproduzi-las. O que lhes dava um contexto preciso era o texto.

Bolhas
cromolitografia
anúncio, 1886
[J. E. Millais]

Antes da litografia, os pôsteres eram impressos por tipografia, como os livros, com tinta preta e ocasionais ilustrações xilográficas. Era o tipógrafo que escolhia e combinava os tipos, geralmente de modo que preenchesse a folha impressa. Embora a fotografia já existisse desde algumas décadas atrás, suas imagens não podiam ser reproduzidas em tamanho ampliado nem em grandes tiragens. Os artistas agora pintavam designs de pôsteres, que eram transferidos à mão para a superfície plana das pedras litográficas – uma para cada cor, chegando-se às vezes a utilizar quinze delas –, uma técnica que sobreviveu até muitos anos depois da Segunda Guerra Mundial. Essa "cromolitografia" permitia a reprodução de toda a gama de tons e cores das pinturas a óleo, como é o caso de *Bolhas* (1886), o famoso quadro de Sir John Milais retratando uma criança, que foi comprado pela Pears e utilizado na publicidade de seu sabão.

"Exposição Internacional de
Madri", anúncio, 1893
[Théophile Alexandre Steinlen]

Pedras de impressão litográfica

A integração da produção artística e industrial é exemplificada na carreira de Jules Chéret. Filho de um tipógrafo e aprendiz de litógrafo em Paris, Chéret viajou a Londres para estudar as técnicas mais recentes. De volta a Paris, na década de 1860, desenvolveu aos poucos um sistema de impressão em três ou quatro cores: desenho em preto sobre fundo de cores esmaecidas e *dégradées*, geralmente azul no alto, com adições de vermelho vivo e amarelo suave. Chéret e os artistas que seguiram seu exemplo, na década de 1890, desenhavam eles próprios sobre a pedra de impressão, com tinta ou giz, ou pintavam livremente a superfície para obter grandes áreas de cor uniforme – podiam também borrifá-la para criar uma textura irregular. A pedra na qual desenhavam conferia uma textura compacta ou aberta às marcas feitas com giz, o que propiciava uma variedade de tons fotográfica. Dessa forma, o artista tinha acesso direto ao processo de reprodução, sem as exigências técnicas e as limitações gráficas da gravura em metal ou madeira.

A partir de 1866, o estúdio e gráfica de Chéret passou a se dedicar à reprodução e impressão de seus próprios designs, que chegavam a ter às vezes 2,5 m de altura, o que exigia mais de uma folha de papel. Quase sempre, seus designs consistiam numa única figura em tamanho natural, com uma ou duas palavras-título desenhadas e, ocasionalmente, um slogan. Essas figuras acham-se livres das leis de perspectiva usuais; seus pés não tocam o chão, mas flutuam na superfície do pôster. A figura solitária e o texto mínimo continuaram sendo a combinação mais utilizada de palavra e imagem. Essa fórmula era a base dos pôsteres produzidos na Europa e nos Estados Unidos na virada do século. O uso de imagens para a apresentação concreta de um produto ou como representação simbólica de uma idéia era raro: o apelo estético era a maior preocupação do artista.

O estilo de Chéret amadureceu no final da década de 1880, sendo logo adotado e desenvolvido por outros artistas, particularmente por Pierre Bonnard e pelo mais conhecido de todos, Henri de Toulouse-Lautrec. O desenho com "traços-chave" de Chéret – que ele passara a imprimir em azul, em vez de preto – estabelecia o design do pôster e era transferido para as pedras litográficas como uma espécie de guia para cada cor. Nesses pôsteres não há luz, sombra ou profundidade. O desenho é trabalhado em cima do contorno, da cor uniforme e de uma folha em branco, como se fosse um mapa. Os traços-chave são utilizados como uma espécie de fronteira entre uma cor e outra. A laboriosa imitação do original de um artista cede lugar a um design feito em pedra com gradações de tom, que vai sendo construído com novas camadas de impressão provenientes de outras pedras (ver p. 12).

Os contornos firmes e as cores uniformes refletem a paixão do artista pelas xilogravuras dos japoneses, cujos trabalhos, exibidos nas feiras mundiais de Paris em 1867 e 1878, exerceram uma influência dominante na estética daquele período. Até mesmo os designs de caracteres tipográficos (como os de Auriol) imitavam os caracteres japoneses. As gravuras japonesas e a influência da fotografia estimularam o uso do espaço no retângulo vertical, algo incomum na época. Imagens retratadas de baixo, como no pôster *Bécane*, de Edouard Vuillard, e figuras cortadas, cujo exemplo mais notável é o *Aristide Bruant dans son cabaret*, de Lautrec, enfatizam a decorativa falta de relevo do desenho e lembram a espontaneidade dos instantâneos fotográficos. O fato de as letras desses pôsteres serem desenhadas à mão pelo artista, dando-lhes um aspecto tosco e amadorístico, faz que elas se integrem ao design.

Com a expansão do estilo decorativo Art Nouveau, toda a área do pôster tornou-se parte de uma superfície texturizada. Nos desenhos de

"La Loïe Fuller", pôster, 1893 [Jules Chéret]

Design dos caracteres tipográficos Auriol, 1902 [George Auriol]

ABCDEFGHI
JKLMNOPQR
STUVXYZ
abcdefghijklmn
opqrstuvxyz

"Aristide Bruant em seu cabaré", pôster, 1893 [H. de Toulouse-Lautrec]

Pôster da revista *La revue blanche*, 1894 [Pierre Bonnard]

"Bécane: tônico restaurador, aperitivo de extrato de carne", pôster, 1890 [Edouard Vuillard]

"Job", pôster para papéis de enrolar fumo, pôster, 1898 [Alphonse Mucha]

"Tinta L. Marquet", pôster, 1892 [Eugène Grasset]

Alphonse Mucha, artista tcheco que trabalhava em Paris, o rosto e o corpo das figuras femininas tinham contornos suaves; os cabelos eram áreas estilizadas de cor uniforme, com cachos fabulosamente trabalhados. Seus pôsteres eram animados por letras criativas: no anúncio de papéis para enrolar fumo *Job*, o desenho das letras forma um monograma geométrico, que aparece ao fundo repetidamente, como um motivo decorativo.

Os artistas que moravam fora da França, e que consideravam Paris a capital artística do mundo, olhavam para os pôsteres parisienses cheios de admiração. Todavia, Amsterdam, Bruxelas, Berlim, Munique, Budapeste, Viena, Praga, Barcelona, Madri, Milão e Nova York também investiam em suas próprias escolas de artistas de pôsteres, gerando talentos individuais brilhantes. A cidade que produziu o maior número de obras significativas foi Milão. A originalidade de seus pôsteres chegou a desafiar Paris. O mais conhecido e mais influente artista milanês foi Leonetto Cappiello, cuja longa carreira em Paris resultou numa prodigiosa produção de mais de três mil pôsteres, que incluem uma série de trabalhos de fundamental importância realizados em diferentes períodos. No começo, Cappiello utilizou vários estilos, sendo particularmente influenciado por Lautrec e Chéret, de quem adotou os fundos de cor uniforme. Cappiello começara sua carreira fazen-

"Conhaque Albert Robin", pôster, 1906 [Leonetto Cappiello]

"Thermogène aquece você", pôster para enchimento medicinal, 1909 [Leonetto Cappiello]

"Garganta vermelha: pastilhas Solutricine," pôster, 1957 [Raymond Savignac]

  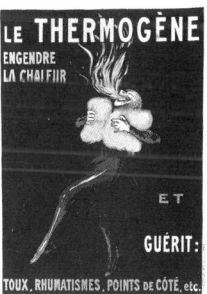

do caricaturas, o que o levou a lançar mão de idéias inspiradas naquela arte – uma importante técnica desenvolvida bem mais tarde pelos designers de pôsteres na França, como Raymond Savignac, nos anos 60. Seu trabalho *Thermogène* aponta nessa direção.

O design de pôsteres italiano foi liderado por Adolfo Hohenstein, nascido em São Petersburgo em 1854. Hohenstein começou sua carreira em Milão em 1890 e aposentou-se na Alemanha, como pintor, em 1906. Ele e seus colegas, especialmente Leopoldo Metlicovitz e Marcello Dudovich, posicionavam figuras tridimensionais e realistas, homens ou mulheres freqüentemente despidos, contra um fundo estilizado, segundo os costumes do final do século XIX. Seus desenhos, todavia, apresenta-

"Tintas Federazione Italiana",
pôster, 1899-1900
[Marcello Dudovich]

"Extrato de carne Liebig",
pôster, 1894
[Leopoldo Metlicovitz]

vam traços uniformes e cores vivas – o oposto da coloração transparente em tons primários de Chéret –, favorecidos por excelentes técnicas de reprodução. Enquanto seus pôsteres para espetáculos de ópera eram ilustrações decorativas, os que anunciavam bens de consumo introduziam uma relação direta de causa e efeito, associando uma representação realista do produto a uma simbolização de suas propriedades.

O pôster de Metlicovitz para o extrato de carne Liebig mostra um homem "agarrando o touro pelos chifres". A idéia de força, compartilhada pelo touro e pelo homem, é transmitida habilmente pelo artista do desenho, que exagera a virilidade do homem e a do animal contrastando-as com nuvens de algodão. Esse contraste é expresso por meio de uma técnica gráfica típica do design italiano, que sobrepõe um desenho tridimensional e realista a uma cor uniforme: o homem e o animal, o céu azul e as manchas do animal.

O uso da metáfora visual, em que um objeto é identificado com uma idéia, era muito comum nas charges políticas. Nos pôsteres seu uso era mais raro, mas foi muito bem empregado num dos designs mais influentes, e de maior impacto, já criados. Esse design foi um pôster em duas cores para um semanário satírico alemão chamado *Simplicissimus*. Foi criado por um dos ilustradores da revista, Thomas Theodor Heine. Um cão vermelho sobre um fundo negro fita o leitor. Uma parte da corrente quebrada pende da coleira do animal; o outro pedaço está preso no chão sob sua pata esquerda. O branco dos olhos do cão, os dentes projetando-se do maxilar inferior e as duas metades da corrente aparecem realçados em branco, assim como a única palavra no cartaz, *Simplicissimus*. O uso do branco, o papel não impresso, a luz saindo da escuridão tornaram-se recursos tradicionalmente adotados para ampliar as possibilidades gráficas dos designers.

Semanário *Simplicissimus*,
pôsteres, 1896, 1898
[Th. Th. Heine]

Os americanos consideravam Paris a capital mundial da moda e da arte. Após a publicação de um livro sobre o assunto, *Les Affiches illustrées*, em 1886, os pôsteres adquiriram respeitabilidade cultural, tornan-

"Publicações Prang's Easter", pôster, 1895 [Louis Rhead]

Lippincott's, pôster da revista para ambientes fechados, 1896 [J. J. Gould]

Revista *Harper's*, pôster para ambientes fechados, 1895 [Edward Penfield]

"Histórias de Arabella e Araminta", pôster, 1895 [Ethel Reed]

The Chap-Book, pôster da revista, 1895 [Will H. Bradley]

O pôster moderno, pôster, 1895 [Will H. Bradley]

do-se moda colecioná-los. O franco-suíço Eugène Grasset, que desenvolveu sua obra, dentro do estilo da arte decorativa, como uma versão acadêmica e mais contida da Art Nouveau, foi contratado em 1892 pela editora Harper Brothers, de Nova York, para criar os pôsteres da edição de natal da revista *Harper's*. Esses eram pôsteres para ambientes fechados, usados para anunciar edições especiais de periódicos no final do século XIX. Diversos artistas americanos conseguiram habilmente integrar ilustrações com letras desenhadas em seus designs – entre eles, os mais bem-sucedidos foram Edward Penfield, cujo estilo assemelhava-se ao de Lautrec; Louis J. Rhead, que seguia o estilo de Grasset; e os ilustradores da revista *Lippincott's*, William Carqueville e J. J. Gould.

Penfield, que criou todos os pôsteres para a *Harper's* de 1893 a 1899, era muito direto em suas abordagens gráficas. É quase possível ouvir seus pensamentos no design da edição de março de 1896: vento de março, lebre de março. O vento é indicado pela mulher agarrada a seu chapéu e pelo exemplar da revista (o produto), que passa voando sobre a cabeça de uma lebre branca de ar preocupado, ao lado da figura feminina. As letras do título "Harper's" são quase padrão – um logotipo ou um cabeçalho. As letras nos designs de Ethel Reed eram mais originais, dotadas de um peso decorativo que combinava com seu desenho.

Avenue Theatre, pôster, 1894
[Aubrey Beardsley]

"Rowntree's Elect Cocoa",
pôster, 1895 [Beggarstaffs]

Will Bradley, cuja carreira de designer estendeu-se por boa parte do século XX, foi um desses artistas de pôster norte-americanos. Em 1894-95, seu estilo amadureceu numa série de pôsteres para a revista *Chap-Book* e de capas para o *Inland Printer*, trabalhos que brilhantemente reinventaram os maneirismos da Art Nouveau utilizando letras inspiradas em modelos medievais e renascentistas. Bradley foi influenciado não só pela França, mas também pelo Japão e pela Inglaterra, onde um jornal mensal, *The Poster*, fora lançado em 1898 em resposta à curiosidade e ao entusiasmo do público pela nova arte.

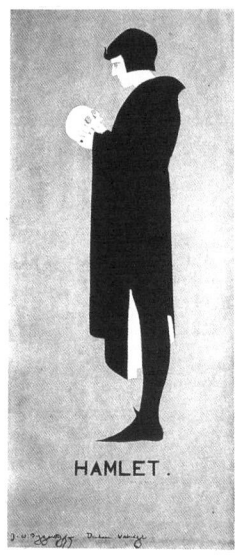

"Hamlet", pôster, 1894
[Beggarstaffs]

Num esforço para repensar o papel da arte numa sociedade industrializada como a da Grã-Bretanha, William Morris e outros deram ênfase ao trabalho artesanal, inspirando-se em modelos renascentistas e em designs ainda mais antigos e vigorosos. Desses artistas, Bradley adotou as bordas decorativas e as grandes áreas em preto e branco em contraste com traçados finos, desenvolvidos especialmente por Aubrey Beardsley, criador de ilustrações em preto e branco. Beardsley arranjava suas figuras em espaços sem perspectiva, utilizando áreas negras, para cabelos ou trajes, e brancas; estas últimas eram definidas por linhas negras de precisão geométrica ou por vários traços aglomerados que formavam tonalidades cinza. O pôster *Avenue Theatre* (1894) demonstra essa extrema economia e requinte. Sobre áreas em azul e vívida tonalidade de verde, ele criou cortinas transparentes usando grandes pontos verdes; a transparência das cortinas era indicada por traços verticais sobre as áreas brancas nos ombros e braços da figura feminina. A massa de cabelo e o vestido são definidos por um contorno feito com uma delicada linha branca, que contrasta com o azul uniforme do fundo. Os traços do rosto são definidos por tracejados e pontilhados.

Nos designs de Beardsley, o texto – composto com caracteres tipográficos – e a imagem ficavam separados. A integração do letreiro com um uso semelhante, porém mais vigoroso, de cores uniformes foi introduzida por dois pintores na última década do século XIX, William Nicholson e James Pryde. Nicholson e Pryde trabalhavam juntos sob o nome de Beggarstaffs. Empregavam a técnica de silhueta, pois "era uma maneira muito econômica de produzir pôsteres para reprodução, já que os tons eram todos uniformes. Para obter esse efeito de uniformidade, recortávamos nossos desenhos em papel marrom". Seus designs eram geralmente assimétricos, utilizando letras pesadas para contrabalançar o peso da imagem, e restringiam-se a apenas duas ou três cores. Os artistas de pôster desse período demonstraram a liberdade estética e a ousadia criativa que se seguem ao primeiro contato com uma inovação técnica na área da produção e reprodução gráficas. Quando os artistas, em vez de utilizar caracteres tipográficos, desenhavam eles mesmos as letras dos textos, e quando se responsabilizavam por cada elemento no design que deveria ser reproduzido pela máquina, estavam praticando aquilo que mais tarde ficou conhecido como design gráfico. Ao convidar seus colegas para expor e reproduzir seu trabalho no exterior, esses artistas criaram uma comunidade profissional internacional que levou o trabalho de Bradley, junto com o de Beardsley e Beggarstaffs, a ser visto em Paris, Munique e Viena, assim como o de Toulouse-Lautrec o foi em Nova York e Londres.

Design bidimensional e reprodução gráfica

O contorno é a mais simples representação de um objeto em duas dimensões. Um contorno sólido (uma silhueta) ou seu negativo (o fundo uniforme) são os elementos básicos do design gráfico. As xilogravuras japonesas são as que melhor demonstram o efeito do contorno, fundo e silhueta. Sua influência no pôster de Bonnard (abaixo) é óbvia. A colocação de letras e traços claros numa área escura ou a impressão de elementos escuros sobre áreas claras são as duas fontes básicas de representação gráfica.

A litografia, no final do século XIX, permitiu aos artistas imprimir grandes áreas uniformes, utilizar cores e desenhar suas próprias letras. Antes de seu surgimento, a composição do texto estava restrita a uma pequena variedade de tipos já prontos.

Esse controle sobre a impressão foi o começo do design gráfico. Posteriormente, a fotografia e o computador tornaram-se fundamentais na produção e reprodução da imagem e do texto.

"Pantomimas luminosas", pôster, 1892 [Jules Chéret]

canto esquerdo
Impressão em vermelho e amarelo, antes da adição de azul-escuro, azul-médio e ciano.

centro
Cópia azul, incluindo os traços-chave

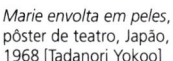
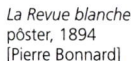

Marie envolta em peles, pôster de teatro, Japão, 1968 [Tadanori Yokoo]

La Revue blanche, pôster, 1894 [Pierre Bonnard]

Design de informações

Mapa do metrô de Londres, 1933 [Henry C. Beck]

Mapa das linhas do metrô de Londres, década de 20

As linhas de um diagrama não descrevem um objeto tridimensional mas, juntas com outras linhas, buscam transmitir relações entre objetos e mostrar conexões num sistema. O mapa do metrô de Londres (discutido nas páginas 95-7) é um dos mais conhecidos diagramas. Ele utiliza as cores simbolicamente, como uma espécie de rótulo identificador.

Nas décadas de 20 e 30, o Método Vienense, ou Isotype, foi introduzido por Otto Neurath. O Isotype (International System of Typographic Pictorial Education – Sistema Internacional de Educação Pictórica Tipográfica) é um sistema de convenção e uso de sinais. Em Viena, Neurath representou visualmente as estruturas sociais e econômicas fundamentais da sociedade austríaca, para servir de base aos benefícios sociais, especialmente nas áreas de habitação e saúde pública. As duas regras básicas do Isotype são: 1) um número grande deve ser representado por um grande número de signos, e não por um signo único de maiores proporções; 2) a apresentação deve ser livre de perspectiva, pois as distâncias obrigariam a criação de signos menores, o que confundiria o público quanto a seu valor.

A atuação em equipe na área do design foi prenunciada no estúdio do Isotype. As equipes eram responsáveis pela coleta de dados, por sua organização, pelo design de seus símbolos, pela escolha de seu tamanho e posicionamento final, e pela execução do desenho final, que seria encaminhado para a gráfica ou para uma exposição.

"Baixas na Grande Guerra de 1914-18", diagrama do Isotype, c. 1933 [Otto Neurath, Gerd Arntz e Marie Reidemeister-Neurath]

Tipografia da Bauhaus

Prospecto dos livros da Bauhaus, capa e páginas duplas, 1927 [Laszlo Moholy-Nagy]

Designs de capas de livros da Bauhaus:
N.º 1 [Farkas Molnar]
N.ºs 2, 10, 11 [Laszlo Moholy-Nagy]
N.º 3 [Adolf Meyer]
N.º 4 [Oskar Schlemmer]
N.º 9 [Herbert Bayer]

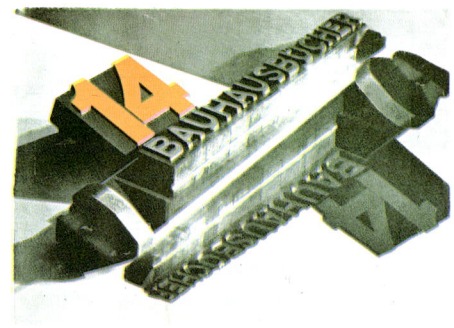

Os livros da Bauhaus, criados em sua maior parte por Laszlo Moholy-Nagy, exibem uma grande variedade de designs tipográficos. Todos eles empregam os elementos típicos daquilo que ficou conhecido como Tipografia Bauhaus – tipos sem serifa, numerais grandes e "barras" horizontais e verticais (cuja função é, às vezes, enfatizar ou organizar a informação, e outras, como nos exemplos acima, decorar).

O racionalismo da Bauhaus – exemplificado no timbre usado pela escola nesse período (ver p. 63), que só permitia o uso de caracteres em caixa baixa – somente foi adotado por Moholy-Nagy em 1930, no texto do décimo segundo livro. A fotografia de capa criada por ele para o prospecto dos livros da escola – uma imagem espelhada de um tipo metálico com tinta – expõe o processo de impressão: reproduz a inversão que ocorre nesse processo.

Fotografia e seqüência

URSS em construção, layout da revista, 1933 [El Lissitzki]. Ver p. 49

Durante as décadas de 20 e 30, os designers enfrentaram o novo desafio representado pelo surgimento da fotografia, explorando o novo veículo de comunicação. Eles cortavam e justapunham fotos, arrumando-as em fotomontagens, e arranjavam-nas nas páginas para compor uma narrativa dramática.

As páginas muitas vezes eram cortadas ou ganhavam orelhas, como nestas fotos, ou apresentavam elaborados encartes e recortes, como no folheto do fabricante de roupas na página ao lado. Tal como na capa do prospecto da Bauhaus, na p. 14, Max Bill expõe seu método gráfico "operando" sobre a foto da fachada do edifício.

16 DESIGN GRÁFICO

"Corte sob medida", livrete, Berlim, 1932 [Laszlo Moholy-Nagy]

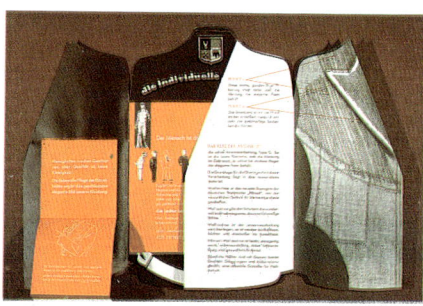
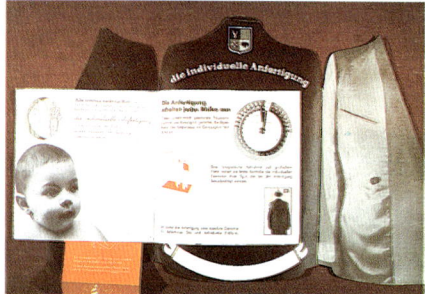
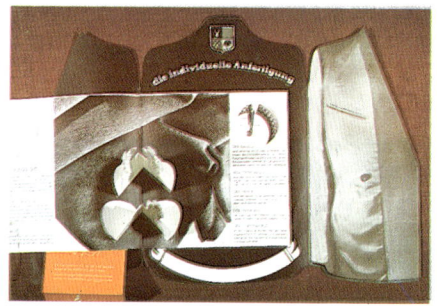

Livrete de produtos clínicos, médicos e farmacêuticos, Zurique, cerca de 1938 [Max Bill]

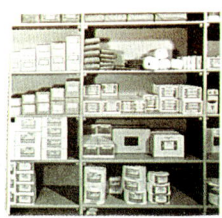

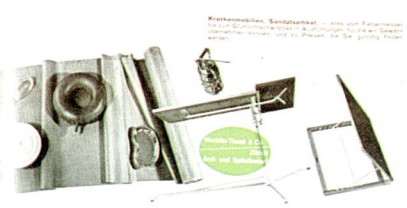
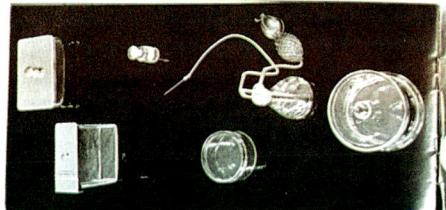
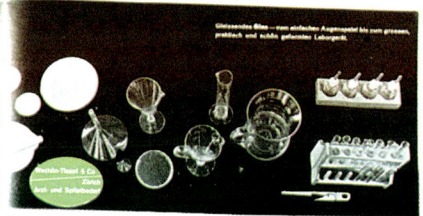

Técnica de impressão e design

A forma mais comum de impressão, até a década de 60, era a tipografia (impressões feitas por meio de matrizes em relevo, como tipos ou fotos gravadas em chapas metálicas). Os tipos e blocos eram retangulares, e, para a impressão, eram presos uns aos outros por uma moldura. As colunas de texto eram separadas por uma barra vertical. O pôster de Tschichold (logo abaixo) tem a estrutura da tipografia.

O folheto de Herbert Matter, todavia, oculta o formato retilíneo da moldura utilizando

"O fotógrafo profissional: seu trabalho – suas ferramentas", pôster de exposição, Basiléia, 1938 [Jan Tschichold]

Brochura turística, Zurique, 1935 [Herbert Matter]

"Europa 1907", capa do catálogo da
exposição, Amsterdam, 1957 [Willem Sandberg]

Capa da revista
Esquire, Nova
York, 1964
[George Lois]

blocos de meio-tom com bordas arredondadas e desvanecidas e impressões coloridas por cima. Sua estrutura é baseada no formato dos prospectos desdobráveis, comumente utilizados nas brochuras turísticas.

Sandberg usou o ano de 1907 – literal e tipograficamente – como o eixo vertical em torno do qual a exposição é centrada. As datas correm ao longo da parte superior da página. O tempo de vida de cada artista é indicado pela repetição de seu sobrenome desde o ano de seu nascimento até o ano de sua morte.

Cor e dicas visuais

A maneira como lemos essa capa da revista *Esquire* é ditada pela cor. A fotografia de Kennedy, em sépia, nos distancia no tempo, invocando-nos imagens antigas, talvez até mesmo instantâneos de família. A mão poderia ser a nossa, a do leitor. O realismo com todas as cores remove o sentimento expresso pelas "lágrimas".

O designer George Lois utilizou as técnicas do "New Advertising" (Nova Publicidade) dos anos 60, em que palavras (no caso, "Kennedy sem lágrimas") e imagens são integradas numa única idéia (ver p. 119).

A função das orelhas vermelhas no complexo e quase monocromático pôster de teatro de Grapus é discutida na p. 213.

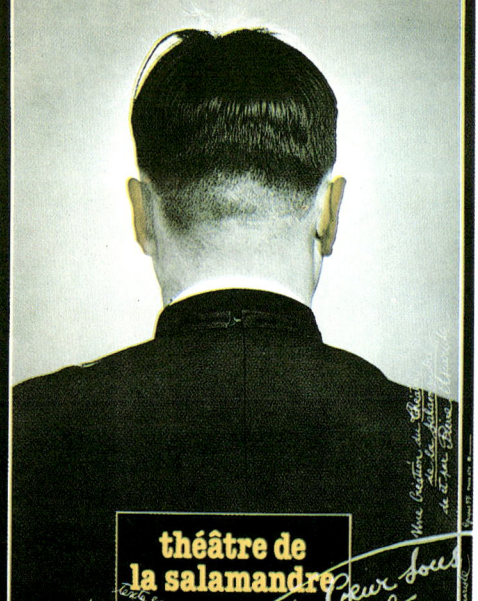

Um coração sob uma batina, pôster de teatro, Paris, 1977 [Grapus]

DA ARTE GRÁFICA AO DESIGN **19**

Produção e nova tecnologia

Nos anos 70 e 80, uma nova geração de designers começou a explorar as possibilidades do computador. A mais importante influência nessa "Nova Onda" veio de Wolfgang Weingart, um designer tipográfico que ensinava na Basiléia. Weingart, formado em composição gráfica, distorcia e espichava fotocomposições e utilizava o processo de reprodução para fundir imagem e palavra. Neste pôster, ele sobrepôs filmes de meio-tom a uma tela pontilhada: como acontece nos trabalhos de Moholy-Nagy, o resultado revela os meios técnicos através dos quais o efeito é obtido. As referências de Weingart neste trabalho são os clichês típicos dos pôsteres de turismo da Suíça – as estradas sinuosas nas montanhas e o perfil do Mont Blanc.

April Greiman, uma americana que estudara com Weingart, substituiu a montagem fotográfica por "imagens híbridas" reunidas por computador (ver pp. 228-29).

Um século após terem se apropriado do novo meio de impressão litográfica, os artistas passaram a explorar novas tecnologias para controlar a produção de texto e imagem.

Pôster da exposição "O Pôster Suíço", Basiléia, 1984 [Wolfgang Weingart]

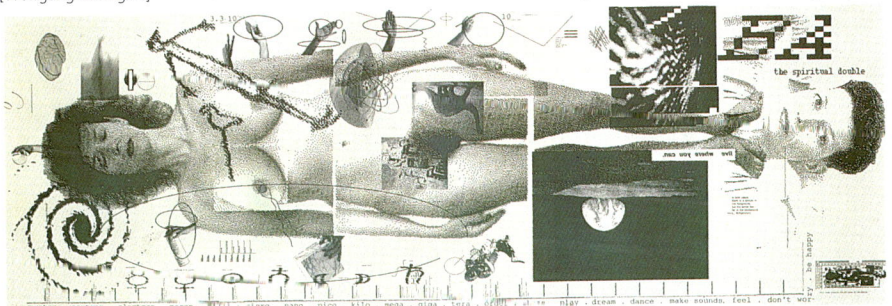

Pôster desdobrável da revista *Design Quarterly*, 1986 [April Greiman]

[Da arte gráfica ao design: 1890 a 1914]

2. O COMEÇO DO DESIGN NA EUROPA

No final do período vitoriano, um dos interesses de William Morris e do Movimento de Artes e Ofícios era a produção de livros. Em 1891 foi impresso o primeiro livro na Kelmscott Press, de Morris. Entre essa época e o ano de 1896, no qual o designer faleceu, foram produzidos mais de cinqüenta títulos dos mais variados formatos. Essas obras geralmente continham bordas e ilustrações em xilogravuras e utilizavam tipos criados, sob orientação específica de Morris, a partir de fotografias de letras impressas no século XV. Esses livros, e aqueles produzidos por outras editoras privadas da Grã-Bretanha, estavam entre os trabalhos gráficos britânicos mais admirados no resto da Europa.

Os cafés de Viena, onde se reuniam pessoas de todas as profissões e discutiam-se e disseminavam-se novas idéias, adquiriam jornais para serem lidos ali por seus clientes. Num anúncio do Café Piccola, o periódico *The Studio* acha-se em segundo lugar na lista de jornais oferecidos pelo estabelecimento. *The Studio* era publicado em Londres e, no meio da década de 90, calculava-se que era lido por cerca de vinte mil pessoas na Alemanha. Sua edição inaugural foi a primeira a publicar desenhos de Aubrey Beardsley. A revista incluía matérias sobre o Movimento de Artes e Ofícios, os pôsteres de Beggarstaffs e sobre a Escola de Designers de Glasgow – representada por Charles Rennie Mackintosh, Margaret e Frances Macdonald e George Walton. Tudo isso despertava bastante interesse na Alemanha e na Áustria.

Poems by the Way, página do livro, 1897 [William Morris/Kelmscott Press]

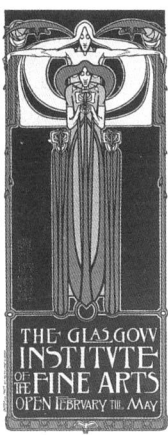

"The Glasgow Institute of Fine Arts" (Instituto de Belas Artes de Glasgow), pôster, 1894-95 [Herbert McNair, Mary Macdonald, Frances Macdonald]

The Scottish Musical Review, pôster, 1896 [Charles Rennie Mackintosh]

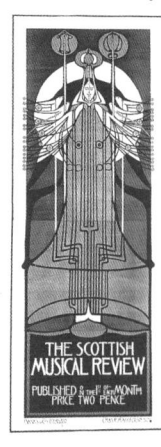

Viena, a capital do império austro-húngaro, havia sido replanejada na década de 1860 e estava sendo reconstruída como uma cidade moderna, só que no estilo renascentista. Para os artistas e arquitetos, as oficinas

DA ARTE GRÁFICA AO DESIGN 21

"Primeira Exposição Secessionista", capa do catálogo, 1898 [Gustav Klimt]

"13.ª Exposição Secessionista", pôster, 1902 [Koloman Moser]

"14.ª Exposição Secessionista de Viena", pôster, 1902 [Alfred Roller]

A procissão dos meses, livro e calendário, c. 1900 [Walter Crane]

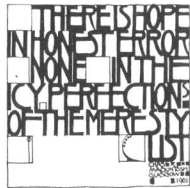

Letras, 1901 [C. R. Mackintosh]

experimentais britânicas e os trabalhos de Henry van de Velde, um seguidor belga de Morris, manifestavam uma postura mais criativa em relação à história. Morris e Van de Velde utilizavam o gosto visual doméstico como índice de saúde moral e, para ambos, o design era o elemento fundamental em suas utopias.

Tal como Morris e Van de Velde, muitos dos artistas-designers vienenses trabalhavam em várias áreas. Gustav Klimt, pintor bastante requisitado na decoração dos edifícios da nova Viena, liderou o movimento que se afastava dos estilos históricos, formando uma associação de artistas que se tornou conhecida como Secessão. O design de Klimt para a capa do catálogo da primeira exposição secessionista de 1898 apresenta a mesma verticalidade de alguns dos pôsteres de Beardsley, o mesmo espaço vazio, com suas implicações dramáticas, além de uniformidade no peso das linhas e uma extrema assimetria. A uniformidade das linhas unifica o desenho e as letras de maneira essencialmente gráfica: o desenho resultante é bidimensional, criado para a reprodução gráfica.

Os pôsteres para a exposição secessionista desenvolveram uma linguagem gráfica rica em formas de expressão, que fundia ilustração, decoração e texto, sintetizando as influências da estética japonesa, de Beardsley e do livro teórico *Line and Form* (Linha e forma), do ilustrador inglês Walter Crane, publicado em 1902. No mesmo ano, o pôster de Alfred Roller para a décima quarta exposição secessionista demonstrou essa tendência estética vienense. Sua ilustração é extravagantemente formalizada: elementos como o vestido, as asas e o cabelo tornaram-se decorações, como nas obras de Mucha. O contorno sinuoso e insistente da Art Nouveau desapareceu quase completamente e a linha, impressa nas mesmas quatro cores das áreas uniformes do pôster, forma padrões decorativos em vez de dar profundidade ao desenho. A superfície também é realçada pelo uso de espaço não impresso para as partes mais vívidas do texto, que trazem as informações mais relevantes. Esse artifício conserva a uniformidade de tamanho das letras e a textura e os padrões decorativos do design.

Em Viena, as formas convencionais das letras do alfabeto foram submetidas a estilizações e distorções de insuperável efeito decorativo – e ilegibilidade. Elas foram ao mesmo tempo anunciadas e denunciadas em *Decorative Type in the Service of Art* (1899 – Tipo decorativo a serviço da arte), livro escrito por um professor de desenho de letras da velha geração, Rudolf von Larisch. Ele repreendeu os designers por suas letras mal desenhadas, pela dificuldade de dispô-las juntas e por seu excesso de ornamento. Ao mesmo tempo Larisch aprovou as letras criadas pelo principal arquiteto do estilo renascentista vienense, Otto Wagner, que se juntara aos secessionistas em 1899.

ÜBER·ZIER:
SCHRIFTEN
IM·DIENSTE
DER·KUNST:

Letras em capa de livro, 1899 [Rudolf von Larisch]

Letras de desenho arquitetônico, 1909 [Otto Wagner]

Escritório de telegrafia do *Die Zeit*, 1902 [Otto Wagner]

As letras dos desenhos de perspectiva arquitetônicas de Wagner eram notáveis, mas a fachada que criou em 1902 para o escritório de telegrafia do *Die Zeit* era assombrosamente parecida com a da escola vienense de design gráfico. Uma das características mais salientes do design foi a incorporação da quadrícula como motivo ornamental. O quadrado (que voltaria a desempenhar um importante papel nos trabalhos gráficos dos anos 20) estava para se tornar quase uma obsessão entre os designers da Wiener Werkstätte (Oficina de Viena). Essa instituição era uma empresa de produção e marketing de artes gráficas, tendo sido criada em 1903 por Josef Hoffmann, um ex-assistente de Otto Wagner, e pelo designer Koloman Moser – ambos ex-professores da Vienna Kunstgewerbeschule (Escola de Artes e Ofícios de Viena) –, com o apoio de Fritz Wärndorfer que, além de industrial e patrono de Charles Rennie Mackintosh, era colecionador dos desenhos de Beardsley.

O próprio Mackintosh sugeriu uma marca de fábrica, mas toda a identidade visual da empresa foi concebida por Hoffmann. Cada artigo carregava quatro marcas identificadoras: o símbolo da rosa vermelha da Werkstätte e os monogramas da Werkstätte, do designer e do fabricante. Hoffmann criou timbres, cartões, faturas e papéis de embrulho. O motivo do quadrado é repetido em toda parte. Nos papéis de escrever, os quadrados parecem seguir o princípio de Wagner de que "algo não funcional não pode ser belo", sendo então empregados para indicar o ponto onde a folha pode ser dobrada – duas vezes no sentido horizontal –, de modo que aparecem no canto de cada área da folha dobrada. Como parte do programa de produzir um ambiente totalmente projetado, até a chave para o armário de um escritório tinha a forma da marca de fábrica da rosa.

Marca de fábrica proposta à Wiener Werkstätte, 1903 [C. R. Mackintosh]

Monogramas da Wiener Werkstätte: A rosa vermelha da Wiener Werkstätte, Josef Hoffmann, Koloman Moser

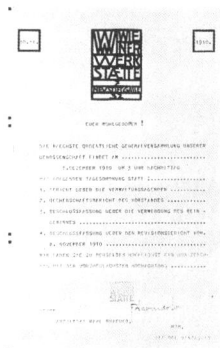

Timbre, 1903 [Josef Hoffmann]

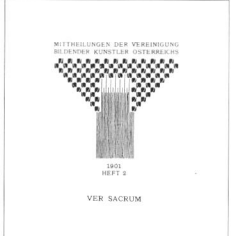  

Ver Sacrum
acima
Página de rosto, 1901
[Koloman Moser]
canto direito
Capa, 1899 [Adolf Böhm]
centro
Anúncios na *Ver Sacrum*, 1899 [Maximilian Lenz, centro; Josef Hoffmann, canto esquerdo, canto direito; Koloman Moser, esquerda e direita]

Oficina Gráfica Nacional, livro do centenário, 1904 [C. O. Czeschka/Koloman Moser]

Eckmannschrift, tipo de impressão, 1900 [Otto Eckmann]

Das Andere, cabeçalho da revista, tipo Antiqua, utilizado pela *Ver Sacrum*, 1903 [Adolf Loos]

O quadrado foi o formato adotado pela revista mensal da Secessão, *Ver Sacrum* (Primavera sagrada). Lançado em 1898, o periódico discutia exposições e publicava colaborações da vanguarda literária, contendo ilustrações e decorações criadas pelos artistas secessionistas e reproduzidas pelas técnicas fotomecânicas utilizadas por periódicos de muito menor custo. Usando muitas vezes apenas duas cores, esses artistas gráficos gastavam o mínimo e obtinham o máximo em termos de efeito. A *Ver Sacrum* se inseria mais naquela tradição exclusiva dos livros publicados pelas editoras privadas do que no padrão comum das revistas – ao fechar, após seis anos, sua lista de assinantes contava com apenas seiscentos nomes. De influência igualmente importante, e também empregando recursos econômicos, foi a *Die Fläche* (A superfície plana) uma série de pastas com trabalhos de design.

O entusiasmo dos designers vienenses pelas novas técnicas de reprodução é sugerido no desenho feito por Carl Otto Czeschka ilustrando o estúdio de processo fotomecânico da Oficina Gráfica Nacional. A borda do desenho foi criada por Moser e a tipografia por Larisch. Diferentemente do que acontecia com os pôsteres, as páginas da maior parte dos livros vienenses apresentavam menor uniformidade gráfica. Os alemães tradicionalmente imprimiam seus livros com um tipo gótico negro conhecido como Fraktur, que foi gradualmente sendo substituído por diferentes versões do tipo veneziano do século quinze. Esse design de origens históricas foi adotado pelo arquiteto radical Adolf Loos no cabeçalho de seu jornal *Das Andere* (O outro), que tinha como subtítulo "Rumo à Introdução da Cultura Ocidental na Áustria". "O tipo", dizia ele, "tem a modernidade de um tipo criado ontem. É mais moderno do que as letras de Otto Eckmann [Art Nouveau] criadas anteontem."

Os designers vienenses na virada do século absorveram as lições da Escola de Artes e Ofícios e, em seu ecletismo e internacionalismo, em seu entusiasmo pelas novas técnicas, prenunciaram os movimentos de vanguarda na área de design que se seguiram à Primeira Guerra Mundial. Em seus desenhos e letras, os trabalhos gráficos de Egon Schiele e Oskar Kokoschka são obras-primas da primeira fase do expressionismo; a intercambiabilidade entre figura e fundo presente nos ensinamentos e nas letras de Larisch, e demonstrada por Koloman Moser em suas decorações, se tornaria um dos princípios do ensino básico de design gráfico. A grande maioria dos clientes dos designers vienenses eram em geral eles mesmos. Seus trabalhos, todavia, não eram apenas requisitados pela sociedade elegante, mas também pelo próprio Estado. Em 1902, Koloman Moser começou a criar designs para notas promissórias bancárias e selos de correio, emoldurando as imagens com seus típicos motivos ornamentais. (Os selos criados para a Bósnia-Herzegovina, em 1906, foram os primeiros a utilizar fotografias.) Os designs vienenses, todavia, continuaram sendo feitos basicamente por artistas; demoraria ainda muitos anos até que a profissão de designer gráfico viesse a ser estabelecida.

Jubileu do Kaiser Franz Joseph, selo postal, 1910 [Koloman Moser]

Um movimento nesse sentido estava ocorrendo na Alemanha através do trabalho de Peter Behrens e Van de Velde. Na condição de ex-arquitetos, esses pintores viam o design como parte de um programa de integração das artes com a vida cotidiana. Essa visão foi compartilhada após a Primeira Guerra Mundial pelos futuristas na Itália e pelos construtivistas na Rússia.

"Concentrado de claras de ovo Tropon", cartaz, 1898 [Henry van de Velde]

"Alimento infantil Tropon", embalagem, 1898 [Henry van de Velde]

"Um documento da arte alemã: exposição da colônia de artistas de Darmstadt", pôster, 1901 [Peter Behrens]

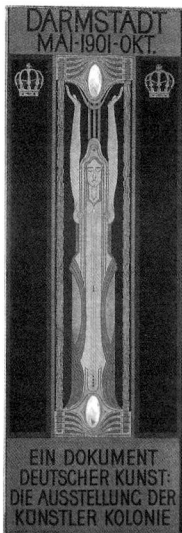

Influenciado por William Morris, Van de Velde também criou livros para editoras privadas, mas, em vez de ignorar as máquinas, preferiu conhecê-las a fundo, empenhando-se ainda em convencer a grande indústria a permitir que o artista determinasse o formato de seus produtos. Até certo ponto, ele foi bem-sucedido. Seu design para o pôster de alimento concentrado da Tropon é tipicamente Art Nouveau. Embora tenha sido publicado como gravura na revista berlinense de arte e literatura *Pan*, esse foi um trabalho totalmente comercial, que fazia parte de um conjunto de criações gráficas para embalagens e publicidade.

Esse tipo de patrocínio deu início, nos primeiros anos deste século, a uma tradição de interesse em design por parte dos diretores de grandes companhias alemãs: os biscoitos Bahlsen, o Kaffe Hag e as tintas Günther Wagner "Pelikan" foram precursores no uso da imagem corporativa. O trabalho mais completo nessa área foi realizado por Peter Behrens. Seus primeiros trabalhos gráficos, como o pôster criado em 1901 para a exposição da colônia de artistas de Darmstadt, re-

ABCDEFGHI
JKLMNOPQR
STUVWXYZ
abcdefghijkl
mnopqrſßstuv

Família de tipos
Behrens-Schrift, 1902
[Peter Behrens]

PETER BEHRENS
NEUBABELSBERG
Allgemeine Elektrizitäts
Geſellſchaft

Letras sem serifa, 1916
[Peter Behrens]

"Lâmpadas incandescentes
AEG", cartaz, 1899-1900
[Otto Eckmann]

produzem claramente o formato alongado dos pôsteres da Escola de Glasgow, mas pertencem totalmente ao século XX pelo seu desenho discreto e comedido e por suas letras quase mecânicas. Behrens criou uma família de tipos, a Behrens-Schrift, com características absorvidas de elementos gráficos tradicionais. "Para obter a forma precisa de meus tipos", escreveu ele, "utilizei o princípio técnico da letra cursiva gótica, o traçado da pena de escrever. Além disso, para obter um caráter ainda mais germânico, inspirei-me fortemente nos caracteres góticos para determinar as proporções, a altura e a largura das minhas letras, bem como a espessura de seu traçado." Mas só em 1916 Behrens chegou a um formato de letra que teve repercussões históricas. Esse formato foi criado para o truste Allgemeine Elektricitäts Gesellschaft (AEG), para o qual Behrens trabalhava como arquiteto e designer (1907). Seu material publicitário para a AEG, austero e geométrico, é tido como pioneiro, pois foi a primeira vez que um trabalho de design foi tão amplamente adotado por uma companhia. Primeiramente conhecido como "estilo da casa" – que consistia numa série de regras que padronizavam os elementos gráficos de uma organização –, esse conceito foi desenvolvido nos anos 30 pela Olivetti na Itália e pela Container Corporation of America com o nome de Identidade Visual Corporativa. O elemento principal dessa programação visual era a marca de fábrica, uma espécie de emblema usado dentro e fora da companhia,

Marcas de fábrica da AEG

[Otto Eckmann] 1899-1900

[Peter Behrens] 1908

[Peter Behrens] 1912

"Lâmpadas de arco
voltaico AEG", capa
de catálogo, 1908
[Peter Behrens]

que empregava sempre o mesmo estilo de letras. (Nas tipografias, para imprimirem esses emblemas os impressores juntavam as letras ou então fundiam-nas numa única peça de metal, conhecida como logotipo.)

O principal empurrão no desenvolvimento do design gráfico após a Primeira Guerra Mundial fora dado pelo movimento de vanguarda e por suas aspirações. Uma outra evolução, todavia, menos agitada mas igualmente brilhante, estava ocorrendo no pôster comercial. Desde o começo do século os designs de pôster vinham não apenas sendo reproduzidos sob a forma de cartazes e anúncios esmaltados, como também eram copiados em fitas adesivas perfuradas, como os selos postais, e adaptados para embalagens. Isso encorajou uma economia no design e na cor. Na Alemanha, no período que se estendeu do começo do século até a Primeira Guerra Mundial, os designers

"Stiller", pôster, c. 1908
[Lucian Bernhard]

"Manoli", pôster, c. 1912
[Lucian Bernhard]

desenvolveram o refinado e vigoroso esteticismo de Beggarstaffs para anunciar bens de consumo. Em Berlim, um grupo deles associou-se à gráfica de Hollerbaum und Schmidt e revolucionou esse campo: seus pôsteres só usavam como imagem o objeto a ser anunciado e como texto a marca do produto. Esse estilo ficou conhecido como *Sachplakat* ("pôster-objeto"). Seu grande mestre foi Lucian Bernhard. Seus designs mais famosos, feitos para os fósforos Priester (1906), para os sapatos Stiller e para os cigarros Manoli, dispensavam elaborações verbais. O objeto é apresentado com a mesma simplicidade e precisão gráfica do texto.

Nessa mesma gráfica trabalhavam também outros dois mestres do *Sachplakat*, Hans Rudi Erdt e Julius Gipkens. O pôster para a fábrica de automóveis Opel de Erdt, que utiliza um número limitado de cores uniformes (preto, azul, cinza e dois tons de marrom), é excepcionalmente rico em invenções gráficas: o "O" de Opel é representado por um círculo totalmente regular, descrevendo um pneu com as mesmas convenções visuais utilizadas no desenho da cabeça do motorista. (Normalmente, o "O" teria a mesma forma das demais letras em "pel": teria de ser mais espesso dos lados, como o "O" no tipo usado no texto deste livro.)

"Automóveis Opel", pôster, 1911
[H. R. Erdt]

O quarto importante designer alemão a utilizar o estilo *Sachplakat*, Ludwig Hohlwein, trabalhava em Munique. Seu estilo, semelhante ao de Beggarstaffs, utilizava letras pesadas, sob a forma de retângulos, e grandes áreas de cor de extremidade irregular. A uniformidade das cores era quebrada pela textura da tinta úmida e solidificada. Esse efeito de irregularidade era ainda acentuado por sombras fotográficas e realces. Todo o desenho era emoldurado por uma borda.

O *Sachplakat* coexistiu com os pôsteres comerciais mais convencionais. Como nos anúncios, eles empregavam slogans, utilizando as

"Chá Marco Polo", pôster,
1910 [Ludwig Hohlwein]

'"Exposição de Cães de
Frankfurt", pôster, 1912
[Ludwig Hohlwein]

palavras da mesma maneira que eram usadas em jornais e revistas, como títulos e legendas de fotos. Independentemente de sua eficácia comercial, tais obras pertencem à história da publicidade. Somente quando o anúncio tem um único conceito visual, como nas peças publicitárias desenvolvidas nos Estados Unidos na década de 50 (ver capítulo 13), é que ele tem um papel importante na história do desenho gráfico.

3. GUERRA E PROPAGANDA: DE 1914 À DÉCADA DE 20

A Primeira Guerra Mundial estabeleceu a importância do design visual. Os diagramas, as ilustrações e as legendas ajudavam a informar e instruir. Os signos e símbolos para a identificação de posto e unidade militares eram um código de status imediatamente compreendido. A insígnia regimental, com seu emblema heráldico e seu mote, tinha em comum com os pôsteres modernos o mesmo design econômico e as imagens e os slogans enxutos e fortes. Os pôsteres foram utilizados pelos governos – que hoje utilizariam o rádio e a televisão – para fazer propaganda e anúncios públicos e exortar os cidadãos a participar no esforço de guerra.

Os pôsteres produzidos pelas nações em guerra – França, Grã-Bretanha, Itália, Império Austro-Húngaro, Alemanha, Rússia e, mais tarde, os Estados Unidos – refletiam o caráter e o estágio de desenvolvimento do design gráfico em cada um desses países. Aos principais designers alemães – Bernhard, H. R. Erdt, Gipkens e Hohlwein – juntaram-se outros artistas, notadamente Louis Oppenheim.

"U-Boote Heraus!", pôster do filme, 1915 [H. R. Erdt]

As virtudes do *Sachplakat* – imagens simples e concentradas, cores uniformes com letras uniformemente bem desenhadas e de textura densa – dão aos designs alemães uma unidade gráfica que não se encontra nos pôsteres das outras nações. Na Grã-Bretanha e nos Estados Unidos, o tipo mais comum de pôster de guerra consistia numa ilustração pintada e ampliada, à qual o impressor adicionava letras, de layout medíocre e design de baixa qualidade. Os pôsteres franceses eram caracteristicamente bem desenhados – por artistas como Jean Louis Forain e Steinlen – e freqüentemente vinham acompanhados por textos longos, às vezes poéticos.

Dois seguidores desse estilo francês, duas exceções nas tradições de seus respectivos países, foram o artista Joseph Pennell, nos Estados Unidos, e Frank Brangwyn, na Inglaterra. Os grandes contrastes, o dramático *chiaroscuro* e as imagens impressionantes nos designs de Brangwyn retratam a guerra com um realismo incomum. A esse realis-

GUERRA E PROPAGANDA: DE 1914 À DÉCADA DE 20 **29**

"De pé na trincheira iluminada pela aurora, o soldado sonha com a vitória e com sua família. Para que ele possa obter uma e voltar para a outra, contribua para o 3º Empréstimo da Defesa Nacional", pôster, 1917 [tenente Jean Droit]

"Compre bônus da liberdade", pôster, 1918 [Joseph Pennell]

"Compre bônus de guerra", pôster, c. 1917 [Frank Brangwyn]

"Pai, o que é que VOCÊ fez durante a Grande Guerra?", pôster, c. 1915 [Savile Lumley]

"Os britânicos [Kitchener] precisam de você", pôster, 1914 [Alfred Leete]

"Quero você no exército dos Estados Unidos", pôster, 1917 [James Montgomery Flagg]

mo, o artista adiciona a autoridade austera dos tipos romanos, desenhados em caixa alta e à mão.

Em todos os países, as categorias de pôsteres de guerra eram as mesmas. Os pôsteres para recrutamento de tropas apelavam para o patriotismo, procurando incutir nas pessoas um sentimento de culpa por permitir que outros arriscassem sua vida por elas. Na Grã-Bretanha, isso gerou o precursor dos anúncios com "direção de arte", nos quais objetos, pessoas e seus relacionamentos são arranjados para transmitir um significado preciso. O famoso slogan "Pai, o que é que VOCÊ fez durante a Grande Guerra?" acompanhava um tipo de ilustração muito comum nas revistas de época – uma ilustração banal em sua execução, mas com ingredientes bastante significativos. O estilo da sala e a caprichosa indumentária das crianças sugerem a prosperidade do período pós-guerra; a figura do menino brincando com soldados de brinquedo demonstra o "correto" espírito masculino, imbuído de militarismo romântico.

Na Grã-Bretanha havia também pôsteres que usavam uma imagem direta, sem retórica, para acompanhar uma afirmação abrupta e sem rodeios, do tipo "Seja honesto com você mesmo. Veja se seu suposto motivo não é apenas uma desculpa egoísta". O uso de imagens com textos sem serifa, ambos com o mesmo peso, traía uma abordagem objetiva e factual, que emergiu muito claramente na publicidade suíça vinte e cinco anos mais tarde (ver capítulos 10 e 14).

O mais famoso dos pôsteres de recrutamento foi criado na Grã-Bretanha em 1914 com os dizeres "Seu país precisa de você". Trazia uma ilustração de lorde Kitchener, o ministro da guerra, tirada da capa de uma revista e ampliada. Lorde Kitchener era uma figura facilmente reconhecida por causa de seu espesso bigode e de seu quepe e insígnia de marechal-de-campo. Esse trabalho foi muito imitado, inspirando o pôster "Quero você no exército dos Estados Unidos". A ilustração do pôster é um auto-retrato do artista, James Montgomery Flagg, representando o tio Sam. Os elementos nesse design são arranjados de maneira simples, e seu tom patriótico é enfatizado pelo uso do vermelho, do branco e do azul em sua borda. Mais tarde, o uso da imagem de uma figura pública dirigindo-se diretamente ao público tornou-se um importante artifício. Oppenheim deu um assombroso tratamento gráfico à cabeça do marechal-de-campo Von Hindenburg usando uma xilogravura em três cores. Além disso acrescentou à imagem uma mensagem escrita pelo próprio punho do comandante. Essa técnica simples e a economia gráfica da escrita à mão reforçam o apelo pessoal e direto do pôster. A forma gráfica transmite parte da mensagem. Esse trabalho não tem nada do estilo pictórico e literal representado pelo dedo acusador de Kitchener e do tio Sam.

Os designers alemães conheciam os pôsteres dos aliados. Eles eram reproduzidos na revista *Das Plakat* que foi publicada durante toda a guerra. Em Berlim chegou até mesmo a haver uma exposição de pôsteres de recrutamento britânicos em 1915. Como o serviço militar era obrigatório na Alemanha, esse tipo de pôster não era necessário no país. Todavia, para outros propósitos, os alemães precisavam urgentemente de idéias para pôsteres. A guerra não estava apenas matando um número muito grande de pessoas; estava também consumindo grande quantidade de munição e suprimento. Os pôsteres eram um meio utilizado pelo Estado para persuadir seus cidadãos a emprestar-lhe dinheiro através de subscrições para a guerra. Essas campanhas enfatizavam e refletiam as diferenças entre as nações em seus aspectos gráficos. A imagem do punho com a cota de malha, em estilo xilográfico, e as letras em preto e vermelho no tipo Fraktur, encontradas no pôster para empréstimo de guerra criado por Bernhard em 1917, passavam uma

"Quem subscrever para o [7º] Empréstimo de Guerra estará [me] dando o melhor presente de aniversário! – Von Hindenburg", pôster, 1917 [Louis Oppenheim]

canto esquerdo
"Este é o caminho para a paz – o inimigo pediu por isso! Por isso subscreva para o [7º] Empréstimo de Guerra.", pôster, 1917 [Lucian Bernhard]

"Quatro semanas de Nono Empréstimo de Guerra" – quatro semanas decisivas para a pátria.", pôster, 1918 [Lucian Bernhard]

"O Huno – Sua Marca", pôster, 1917 [J. Allen St. John]

idéia tranqüilizadora graças à sua associação com a história teutônica (representada pela densa textura da caligrafia religiosa e pelo punho couraçado). Para o nono e último empréstimo de guerra de 1918, Bernhard usou apenas letras pesadas, impecavelmente desenhadas e distribuídas no papel, a fim de produzir um estilo vigoroso e inequivocamente germânico.

Nos países aliados foram poucas as tentativas de utilizar uma metáfora visual. O pôster "O Huno – Sua Marca. Extirpe-a com os Bônus da Liberdade" é uma tradução visual crua da idéia "sangue nas mãos dele", mas funciona eficazmente como propaganda.

Os estereótipos, que apresentavam os soldados de seu país como heróicos cavalheiros e os do inimigo como animais predatórios, já eram conhecidos através das caricaturas de revistas e tornaram-se, em diferentes graus, graficamente simplificados. O soldado na frente de batalha era mais comumente apresentado como um galante cavaleiro de armadura do que como uma figura realista no estilo de Brangwyin, e o espírito nacional de luta era representado pelas águias americana e alemã, pelo galo francês, pelo leão britânico e pelo urso russo.

Em 1918 o designer austríaco Julius Klinger utilizou o número 8 em vermelho no cartaz do "oitavo empréstimo de guerra", para representar uma armadilha contra os Aliados, retratados como um dragão verde e preto trespassado no pescoço e na cabeça por uma série de flechas, cada uma delas representando um dos sete empréstimos anteriores.

"8º Empréstimo de Guerra", pôster, 1918 [Julius Klinger]

"Troféus de batalhas aéreas", pôster, 1917 [Julius Gipkens]

"Exposição de obras de prisioneiros de guerra alemães na Suíça", pôster, 1918 [Ludwig Hohlwein]

A maestria germânica na arte de combinar vários tipos de representação para formar uma idéia única, clara e penetrante acha-se exemplificada num dos trabalhos de Gipkens. Trata-se de um pôster para uma exposição de troféus conquistados em batalhas aéreas. Com a silhueta negra de uma águia pousada sobre o emblema crivado de balas de um avião aliado, Gipkens, de um jeito complexo, mas espantosamente natural, consegue transmitir uma mensagem rica de significados com uma linguagem gráfica extremamente econômica. O círculo branco, no meio do emblema vermelho, branco e azul, está cheio de furos de bala. Como esse círculo é na verdade uma área branca, não impressa, do papel, a impressão que se tem é que o pôster faz parte da própria superfície do avião. Os buracos de bala são ilustrações; a águia, embora seu contorno seja realista, é um símbolo, e a marca de identificação à qual ela está agarrada é híbrida – é ao mesmo tempo um desenho da marca e a própria marca.

A famosa marca gráfica da Cruz Vermelha era usada internacionalmente, e os designers alemães exploraram-na com notável perícia. Em um trabalho, ela aparece com as cores invertidas, como se fosse a bandeira suíça, para anunciar uma exposição de obras de prisioneiros de guerra alemães na Suíça. Esse design foi criado por Hohlwein, cujo trabalho não perdeu nada de sua elegância durante a guerra. Numa série de pôsteres para levantar fundos para prisioneiros e inválidos de guerra, Hohlwein demonstrou um estilo vigoroso que era ao mesmo tempo seco e comovente. Usou o coração vermelho, um símbolo banal, comum em cartões postais, como sinal de misericórdia, colocando-o por trás das barras verticais de uma prisão e de um retrato de meio corpo de uma figura solitária (ver p. 2).

Muitos dos elementos e características do design gráfico surgiram não apenas nos pôsteres, mas também na própria guerra. Os militares precisavam de um sistema de signos para organizar e identificar suas equipes e seus suprimentos. Também necessitavam de manuais de instrução claros para serem distribuídos e utilizados. A hierarquia de comando e autoridade era indicada por insígnias de posto, um sistema de signos que precisava ser aprendido. Além das insígnias regimentais para distinguir as tropas, o uso de transporte motorizado tornou necessária a criação de símbolos para identificar unidades e divisões do exército. Para dificultar sua identificação pelo inimigo, as formações do exército britânico ganharam tiras coloridas e retângulos de pano. Os oficiais de estado-maior em unidades e divisões desenhavam símbolos para suas organizações. Alguns deles eram simples monogramas, como o "HD" da Highland Division. O símbolo da 32.ª Divisão era mais elaborado, sendo composto por quatro "8".

Os pôsteres de guerra criaram estereótipos que formaram a base da propaganda política na Itália, Rússia e Alemanha nos turbulentos anos que se seguiram. As aspirações nacionais, que antes haviam concentrado suas atenções nos líderes da guerra, agora transformavam Marx, Lenin e os ditadores fascistas em ídolos. As caricaturas que retratavam o inimigo como bárbaros e animais predatórios serviam agora para representar os horrores do bolchevismo e os males do capitalismo.

Os pôsteres de 1914 e 1918 marcaram um momento decisivo na história do design. A ilustração desenhada e pintada deixa de ser a técnica pictórica dominante na arte gráfica impressa. As fotografias em preto e branco podiam agora ser reproduzidas mecanicamente sem qualquer problema. Os flashes, as emulsões fotográficas mais sensíveis e as novas lentes ajudaram a fotografia a se desenvolver como meio de registrar eventos e aparições públicas. A iluminação de estúdio e o retoque deram à imagem fotográfica uma dramaticidade, um glamour, uma emoção que a colocaram em pé de igualdade com o cinema.

Na Europa, os designers comerciais, como Bernhard, foram seguidos por artistas de vanguarda, que viram no design gráfico uma maneira de estender a arte para a vida moderna. Esses artistas usaram e

Pôster britânico, 1917

abusaram da tipografia tradicional. Exploraram a fotografia como uma forma objetiva de ilustração e utilizaram imagens justapostas para obter e transmitir novos significados. Ao mesmo tempo, eles a subverteram, destruindo e reagrupando suas imagens por meio de montagem, que viria a se tornar um novo, importante e expressivo recurso de comunicação.

"Miséria e destruição são o que se segue à anarquia", pôster, 1918 [Julius Engelhard]

"O bolchevismo traz a guerra", pôster, 1918 [Julius Engelhard]

> A vanguarda
> e as origens do
> modernismo
> na Europa
> 1914 a 1940

4. O FUTURISMO E A ITÁLIA

Nas décadas de 1910 e 1920, a velha Europa foi sacudida pela Primeira Guerra Mundial e convulsionada por agitações políticas. As bases da arte moderna foram lançadas pela vanguarda, que ao mesmo tempo introduziu novas maneiras de olhar as palavras e usar o alfabeto para formar imagens. O hábito de ler palavras dispostas em linhas horizontais, página por página, fora estabelecido muito antes da invenção da imprensa. Nos pôsteres e nas páginas de rosto dos livros, as palavras eram arranjadas de maneira simétrica, numa hierarquia de importância estabelecida pelo tamanho do tipo. Afora alterar o formato dos tipos, a maneira convencional de usá-los parecia imutável. Pouco havia sido feito até então no sentido de se arranjarem as palavras para realçar seu significado individual ou coletivo.

Um lance de dados, página dupla do poema, 1897 [Stéphane Mallarmé]

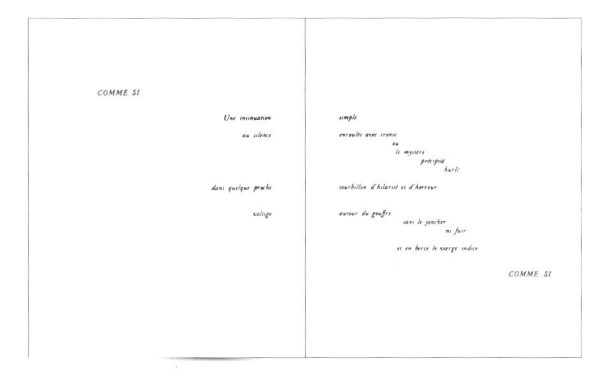

"Chove", poema de *Caligramas*, 1914 [Guillaume Apollinaire]

Em 1897 o poeta francês Mallarmé havia produzido um poema de vinte páginas, *Un coup de dés* (Um lance de dados), que não apenas quebrou as convenções tipográficas da época, como também deu razões para isso. Mallarmé via as duas páginas abertas de um livro como um espaço único. Ao longo das duas páginas abertas, ele deu a seu *vers libre* (verso livre de rima e métrica) o aspecto de "uma partitura musical para aqueles que desejarem lê-lo em voz alta. As diferenças de tipo utilizadas para o motivo principal, para o secundário e para os subsidiários determinam sua importância na hora de serem declamados". O espaço em branco era "como o silêncio". Nele o poeta colocou as palavras às vezes cada uma numa linha, como os degraus de uma escada. A vantagem "dessa distância, por meio da qual palavras ou grupos de palavras são separados mentalmente, é que ela ora parece acelerar, ora parece desacelerar o movimento". Mallarmé confessa que o poema "não quebra com a tradição o tempo todo; em sua apresentação, evitei, de várias maneiras, ir longe demais para não chocar, embora tenha ido longe o suficiente para abrir os olhos das pessoas".

Chocar, além de abrir os olhos das pessoas, era parte do programa futurista. Suas batalhas na frente tipográfica tiveram início antes da Primeira Guerra Mundial. O movimento foi liderado pelo poeta Filippo Tommaso Marinetti, um expoente do "verso livre", que publicou o primeiro e mais famoso manifesto futurista em Paris, em 1909. Marinetti pregou sua mensagem – que glorificava aspectos do mundo moderno como velocidade, automóveis, aviões e guerra – em polêmicas turnês pela Europa.

canto esquerdo
Zang Tumb Tumb, capa do livro, 1914
[F. T. Marinetti / Cesare Cavanna]

Palavras libertadas acima à esquerda
Poema (diagramado verticalmente) "Carta de uma bela mulher a um cavalheiro à moda antiga" (CHAIR = "CARNE")
acima
"De noite, na cama, ela relê a carta de seu artilheiro na frente de batalha" (página desdobrável), 1919
[F. T. Marinetti]

Em 1914, Marinetti publicou seu primeiro livro do que chamou de *"parole in libertà"*. Intitulado *Zang Tumb Tumb*, a obra era um tipo de pintura verbal para celebrar a recente batalha de Trípoli. Nela, o poeta tentou achar equivalentes visuais para sons através do uso de diferentes formatos e tamanhos de palavra. A obra era um exemplo do programa de Marinetti para a literatura futurista, que prognosticava as muitas maneiras de as palavras virem a ser utilizadas no design gráfico: "É preciso destruir a sintaxe e espalhar os substantivos ao acaso... É preciso usar infinitivos... É preciso abolir o adjetivo... abolir o advérbio... é preciso que se confunda deliberadamente o objeto com a imagem que ele evoca... é preciso abolir até mesmo a pontuação." Mais importante de tudo, Marinetti percebeu que as letras que compunham as palavras não eram apenas meros signos alfabéticos. Pesos e formatos diferentes, e não apenas sua posição na página, davam às palavras um caráter expressivo distinto. As palavras e as letras podiam ser usadas quase como se fossem imagens visuais.

Marinetti se uniu ao escritor Giovanni Papini e ao pintor Ardengo Soffici, que compartilhavam de suas idéias, na revista *Lacerba*, que era publicada em Florença desde 1913. A revista tinha uma postura vanguardista radical, e sua circulação quinzenal de vinte mil cópias era lida predominantemente por operários. Os experimentos tipográficos da *Lacerba* exploraram o campo onde, nos trinta anos que se seguiram, seriam travadas as batalhas entre os vanguardistas e seus inimigos. Em várias cidades da Itália, surgiram revistas e panfletos animados por palavras libertadas. Alguns artistas e escritores enchiam as páginas com extrema e desenfreada liberdade; outros se restringiam a umas poucas palavras.

As palavras substituíam as imagens do mesmo modo que, nos filmes mudos, interrompiam a cena na tela para darem, elas mesmas, prosseguimento à narrativa – "Chega o nosso herói" – ou então substituírem o som na hora em que a heroína gritava "Socorro!".

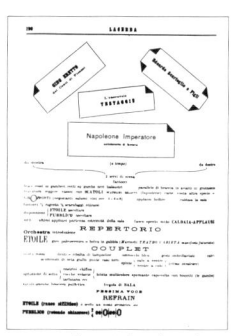

Lacerba, página da revista, 1914 [Francesco Cangiullo]

Os barulhos da batalha eram mais altos na *Zang Tumb Tumb*, em cujas páginas as palavras eram dispostas em ângulos oblíquos – algo difícil e demorado de ser feito, já que os impressores trabalhavam com peças tipográficas metálicas e retangulares. Para esse problema, todavia, Marinetti arranjou uma solução: em Roma ele vivia em cima de uma gráfica, cujos tipos de madeira ele cortou e grudou uns nos outros. De um modo mais convencional, podia-se também colocar no componedor letras já impressas e, a partir delas, criar uma linha-bloco em relevo a ser reproduzida por fotogravura para a impressão.

Para a capa de seus poemas, *BIF & ZF+18*, Soffici reuniu composições comuns, tipos de madeira recortados por ele, letras de pôsteres e fotogravuras já prontas e utilizou-os com uma técnica que viria a ser usada pelos dadaístas alemães alguns anos mais tarde. Nesse mesmo livro revolucionário, Soffici introduziu em colunas de texto convencionais mudanças súbitas de estilo e tamanho de tipo: algumas vezes usava letras grandes e geralmente sem serifa; outras, linhas de tamanho bem menor – que eram quase um sussurro na página. Mais extraordinário de tudo, Soffici pontuava seu texto com pedaços de anúncios.

BIF & ZF +18, páginas duplas e capa, 1915
[Ardengo Soffici]

Na condição de autopropagandistas, os futuristas acolhiam com boa vontade a publicidade como manifestação da vida moderna e a antítese daquela cultura de museu que eles tanto desprezavam. Marinetti disse, por exemplo, que os sinais luminosos em frente à catedral de Milão "expressavam o esplendor de uma imaginação poética irradiando-se em direção à eternidade". Era uma maneira de dar continuidade à poesia por outros meios. Para a mais importante figura do design gráfico, Fortunato Depero, a publicidade era um veículo para difundir as idéias futuristas.

Depero trabalhava com o pintor futurista Giacomo Balla e juntos eles assinaram o manifesto *A reconstrução futurista do universo*, em

38 DESIGN GRÁFICO

Pavilhão de exposição dos Irmãos Bestetti, Tumminelli e Treves, editores, Terceira Bienal Internacional de Artes Decorativas de Monza, 1927 [Fortunato Depero]

"Pavilhão do livro: arquitetura tipográfica", em *Depero Futurista*, 1927 [Fortunato Depero]

1915. De sua instigante lista de sugestões constavam "anúncios tridimensionais sonoros e cinéticos". Em 1927, Depero chegou perto de seu objetivo ao criar um estande para a editora Treves, na Feira Internacional de Arte Decorativa, em Monza. Com nove metros de altura, o estande era parcialmente construído com enormes letras sólidas, e estes elementos eram reproduzidos em escala menor nas prateleiras e na decoração interna.

Nesse mesmo ano foi publicado seu livro *Depero Futurista*, um importante trabalho de autopromoção futurista e design gráfico. Publicado pelo artista aviador Fedele Azari, num formato um pouco maior do que o A4, com capa dura e oitenta páginas presas por duas grandes porcas e parafusos, o livro é um catálogo de design de publicidade. No ano seguinte, em 1928, Depero foi para Nova York. Lá continuou a pintar, expor e criar designs para o teatro, além de trabalhar como designer autônomo na área de publicidade. Também criou capas para revistas como a *Vanity Fair*, mas, como era de esperar, seu trabalho se concentrou na divulgação do futurismo e na sua promoção pessoal.

Depero Futurista, capa do livro em metal, 1927 [Fortunato Depero]

"Trabalhos tipográficos de Depero", em *Depero Futurista*, 1927 [Fortunato Depero]

Havia um elemento infantil no futurismo. A "reconstrução futurista" incluía a "o brinquedo futurista", cujo primeiro critério era fazer a criança rir alto e estimular os adultos. Todas as imagens publicitárias de Depero parecem ter sido feitas para um jardim de infância, como, por exemplo, recortes de papel com inversões simples de preto e branco. Sua força está nessa simplicidade heráldica. Seus designs eram facilmente reproduzidos em jornais, por meio de clichês a traço, e em pôsteres de cores uniformes, por meio de litografia. A associação de Depero com a empresa que produzia o aperitivo Campari resultou numa série de anúncios coletados num livro, *Numero unico futurista Campari 1931*.

Depero regozijava-se com o sucesso do futurismo. "A influência do estilo futurista em todos os veículos de comunicação e na área criativa da publicidade é, categórica e definitivamente, evidente – percebo

Numero unico futurista Campari, capa de livrete, 1931 [Fortunato Depero]

isso em cada esquina, em cada espaço reservado à publicidade, de maneiras mais ou menos plagiadas ou surrupiadas, com mais ou menos inteligência, com mais ou menos bom gosto – minhas cores dinâmicas, meu estilo mecânico e cristalino, minha flora, minha fauna e meus seres humanos metálicos, geométricos e imaginativos estão sendo amplamente imitados e explorados – estou encantado."

Os futuristas incorporaram elementos da publicidade em sua literatura. De maneira inversa, levaram o futurismo para a publicidade. Agora, fascinados pela tecnologia, ou pelo menos pela imagem de modernidade que ela transmitia, esses artistas se apropriavam de elementos da produção industrial. As porcas e parafusos de *Depero Futurista* foram o primeiro exemplo disso. Três cópias do livro foram encadernadas em folhas-de-flandres, um material que voltou a ser usado em 1932, pelo poeta Tullio D'Albisola, numa versão de *Parole in Libertà Futuriste*, criada para agradar os sentidos do tato, calor e olfato.

Palavras futuristas libertadas: tátil térmico olfativo, páginas do livro em folhas-de-flandres, 1932 [Tullio D'Albisola]

O livro tem páginas duplas com cores uniformes num lado e impressão em preto e branco no outro. O layout afastou-se do estilo frenético da edição anterior do livro de Marinetti. De formato quadrado, era refreado por uma austera geometria e pelo uso de um tipo geométrico sem serifa.

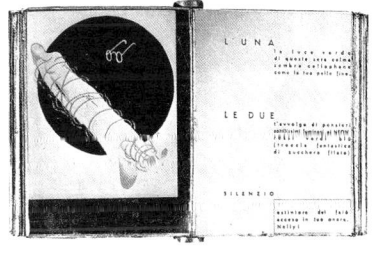

A melancia lírica, páginas do livro em metal, 1934 [Bruno Munari]

Em 1934, foi lançado o livro do próprio D'Albisola, *L'Anguria Lirica*. O design da obra foi criado pelo precoce milanês Bruno Munari, que continuaria ocupando lugar de destaque no design italiano por mais de cinqüenta anos. O retrato de D'Albisola na folha de rosto foi desenhado por Nicolay Diulgheroff, filho de um tipógrafo búlgaro que concluíra o curso básico na escola da Bauhaus na Alemanha (ver capítulo 6). Como pintor e designer comercial, ele seguia o popular estilo futurista de Depero. Isso era percebido mais claramente em suas letras geométricas. Por exemplo, seu "A" maiúsculo tinha o formato de um triângulo. O futurismo tornara-se mais um estilo do que um princípio.

"Centro Futurista", detalhe do timbre, 1929
[Nicolay Diulgheroff]

O pôster comercial de maior sucesso de Depero, criado para a magnésia S. Pellegrino, usa as técnicas tradicionais de pôster: uma figura única, ligada ao produto por uma idéia visual. O futurismo era influente, mas os grandes designers de pôster italianos – Cappiello, Dudovich, Mazza, Sepo e Sêneca – mantiveram a tradição, introduzindo em seus trabalhos poucos traços modernistas.

Magnésia S. Pellegrino, pôster, 1930 [Fortunato Depero]

"Modiano", pôster para papéis de enrolar fumo, 1930 [Federico Seneca]

Quando esteve em Nova York em 1929, Depero preparou um esboço de seu *Il Futurismo e l'arte pubblicitaria* (O futurismo e a arte publicitária), publicado após seu retorno à Itália em 1931. "A arte do futuro será inevitavelmente a arte publicitária", declarou Depero, conclamando o mundo da publicidade a expressar novo entusiasmo por "nossas glórias, nossos homens, nossos produtos". Tal retórica ajudou a envolver o futurismo na promoção de Mussolini como líder de uma Itália fascista e imperialista.

O futurismo apresentava tendências conflitantes: de um lado, um modernismo agressivo; do outro, um forte neoclassicismo, com constantes referências ao antigo Império Romano e uma visão extremamente rasteira da arte, que levava os artistas a darem um aspecto heróico a tudo o que representavam. Os dois lados juntaram suas forças na enorme mostra ocorrida em Roma em 1933, para celebrar o décimo aniversário do movimento fascista. Na confusão tipográfica do pôster de Leandri, em que o artista exorta o público a apoiar as comemorações, as palavras diagonais e a assimetria da *"parole in libertà"* produzem um efeito dinâmico que, por outro lado, obscurece a mensagem. Nenhum princípio organiza a leitura das palavras de modo que concentre a atenção do olho do leitor; não há hierarquia de importância – uma característica do trabalho de Marinetti. Nessa época, a Nova Tipografia alemã (ver capítulo 6) havia aprendido a usar o espaço em branco nos designs

"Mostra da Revolução Fascista", pôster, 1933
[C. V. Testi]

AS ORIGENS DO MODERNISMO 41

"Futurismo: Futuristas
– venham todos a Roma
no dia 15 de abril", pôster
publicado como encarte
de revista, 1933 [Leandri]

"A Marcha sobre Roma",
Mostra da Revolução
Fascista, Hall P, 1933
[Mario Sironi]

para enfatizar o sentido das palavras. Foi esse tipo de funcionalismo que mais influenciou muitos dos mais jovens designers associados ao futurismo. Sua reação ao crescente nacionalismo e ao conservantismo neoclássico e neo-renascentista da indústria gráfica foi apresentada na revista *Campo Grafico*. Publicada pela primeira vez em 1933, a revista visava para além do universo italiano – para Paris, bem como Alemanha –, ao mesmo tempo que apresentava o trabalho da nova geração de designers italianos. O mais importante deles, Edoardo Persico, também tornou-se editor de outra nova revista, *Casabella*. Marinetti continuou representando o progresso para os designers mais jovens. A *Campo Grafico* dedicou-lhe um número ainda em 1939.

Casabella, capa da revista,
1937 [Edoardo Persico]

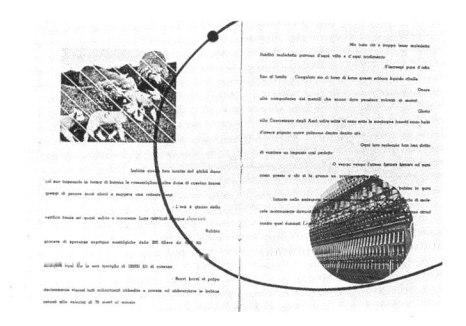

Poema do terno de leite,
livrete, 1937
[Bruno Munari]

Foi para um poema de Marinetti que Munari produziu um dos mais impressionantes trabalhos da fase inicial do design gráfico italiano. Esse poema foi *Il poema del vestito di latte* (O poema do terno de leite), escrito para promover um tecido sintético. Munari apresentou o utilizando técnicas totalmente modernas: fotografias recortadas impressas em preto, sobrepostas por texto impresso em cores. O texto utilizava Bodoni com serifas talhadas e era justificado para formar uma área quadrada. Esse trabalho pós-futurista retinha a confiança e a energia introduzidas por Marinetti mais de vinte anos antes, embora descartasse sua anarquia tipográfica. O brilho e a disciplina das páginas de Murani refletem o novo tipo de design gráfico que surgia na Itália (ver capítulo 15).

O futurismo é importante por ter rompido com o layout simétrico e tradicional da página impressa. Ele abriu caminho para as inovações tipográficas dos dadaístas na Alemanha, emprestando seu nome para o experimentalismo russo, que surgiu pouco antes da revolução de 1917.

Campo Grafico, capa
da revista, 1939
[Enrico Bona]

5. A RÚSSIA SOVIÉTICA

Resultados do primeiro plano qüinqüenal, fotomontagem em página dupla (design), 1932.
[Varvara Stepanova]

Nos anos que se seguiram à revolução de 1917 na Rússia, o design gráfico se desenvolveu, juntamente com o cinema, para se tornar um veículo de comunicação de massa. Na Alemanha e na Holanda, essa nova linguagem exportada exerceu importante influência no período entre as guerras. A Rússia tinha uma poderosa tradição visual, expressa através dos ícones *lubok* – folhas com narrativas, ilustradas por xilogravuras – e de revistas políticas ilustradas; tinha também uma intelligentsia artística que, impulsionada pelo futurismo, estava decidida a dar as costas ao passado. Numa atmosfera de otimismo, numa época agitada por debates, privações, guerra civil e convulsão política, numa sociedade semi-analfabeta, as palavras e imagens tornaram-se os agentes da revolução. Antes da chegada da eletricidade e do uso generalizado do rádio, somente um orador numa reunião ou comício podia explicar os eventos políticos e relatar os acontecimentos na frentes de batalha durante a guerra civil (1918-21).

Nos primeiros anos da revolução, os pôsteres tornaram-se oradores públicos, gritando slogans visuais e ilustrando alegorias políticas. À medida que a revolução avançava, lançava mão dos recursos da fotografia e da perícia de designers especializados em cartografia e apresentações gráficas de estatísticas; a união desses dois recursos produziu imagens que transcendiam a objetividade na representação poética do romance do progresso.

Podem-se distinguir claramente três tipos de design de pôster. O primeiro, produzido mais notadamente por Viktor Deni e D. S. Moor, era um desenvolvimento da ilustração política. As alegorias de Moor ganhavam força quando ampliadas e apresentavam um contraste obsessivo entre passado e presente, inimigos e bravos aliados, imperialismo e luta operária. A esses contrastes, ele adicionava um slogan simples: *Smert' Mirovomu Imperializmu* (Morte ao imperialismo mundial). A indústria, oprimida pelo dragão reacionário, está prestes a ser salva pelas forças armadas da revolução. Menos típico do trabalho de Moor é a figura solitária encontrada no pôster que ele criou para pedir auxílio às vítimas da fome de 1920. O design utiliza uma única palavra, *Pomogi* (Socorro). O desenho de um homem idoso esquelético, com

"Morte ao imperialismo mundial", pôster, 1919
[Dmitri Moor]

"Socorro", pôster, 1920
[Dmitri Moor]

"A Terceira Internacional [Comunista]", pôster, 1921 [Viktor Deni]

Edito sobre o uso de barbas, gravura *lubok*, século XVII

duas míseras hastes de cevada, não é mais uma ilustração; é uma idéia gráfica, um ideograma da fome.

Muitos dos pôsteres de Moor e Deni utilizavam apenas preto e vermelho. O vermelho podia ser usado para identificar os elementos revolucionários, especialmente as bandeiras, as camisas dos trabalhadores e as blusas dos camponeses. O preto era usado no desenho principal e como cor chapada para as roupas dos capitalistas e clérigos. A restrição no uso das cores foi explorada com resultados impressionantes. No pôster mais conciso de Deni, sob o ponto de vista gráfico, uma mão vermelha escreve em vermelho "Terceira Internacional" sobre uma lousa retangular preta, forçando a figura estereotipada de um capitalista com cartola a encolher-se. Moor conseguiu assim integrar slogan e ilustração.

Os pôsteres em xilogravura, uma tradição que fora revivida e adaptada para propaganda patriótica na Primeira Guerra Mundial, assumiram nova forma como "Janelas Rosta", produzidas entre 1919 e 1922. A Rosta era o órgão de transmissão via telégrafo de notícias e informações e também controlava as matérias publicadas nos jornais. As Janelas Rosta eram boletins impressos num só lado da folha – muitas vezes narrativas cômicas ilustradas – que se penduravam nas vitrinas das lojas, nas estações ferroviárias e nas frentes de batalha da guerra civil. Eram grandes – iam de um a quatro metros de altura –, e de cada estêncil tiravam-se mais de cem cópias.

"No vagão de luxo", pôster, 1921 [Mikhail Cheremnykh]

O introdutor desses pôsteres foi o cartunista político Mikhail Cheremnykh, que produziu para a Rosta mais de quinhentos trabalhos. Diz-se que Cheremnykh chegou a criar cinqüenta designs numa só noite. O mais ilustre criador de pôsteres para a Rosta, e igualmente fecundo, foi o poeta Vladimir Maiakóvski. Além de escrever a maior parte dos textos, Maiakóvski desenhou um terço da produção total das oficinas, que em dois anos publicaram cerca de mil e seiscentos trabalhos. "Façamos das praças nossas paletas, das ruas nossos pincéis!",

à esquerda
"Acendemos esta verdade no topo do mundo...", pôster da Rosta (a respeito da eletrificação), Moscou, 1920
[Vladimir Maiakóvski]

disse ele. Os pôsteres eram criados e impressos durante a noite em oficinas comunitárias. A técnica de estêncil exigia o uso de cores uniformes e formatos simples; linhas e traços finos ou letras delicadas eram impossíveis. No início, cópias de estêncil eram distribuídas por trem, a fim de que o mesmo pôster pudesse ser reproduzido em partes remotas da União Soviética. Mais tarde, foram criados estúdios regionais da Rosta.

Os artistas de Petrogrado usavam linoleogravuras na produção de seus pôsteres. As cores eram acrescentadas à mão sobre as chapas pretas. Vladimir Lebedev e Vladimir Kozlinski eram os artistas mais conhecidos no uso dessa técnica, que, embora simples, não tinha o aspecto de cartum, como os trabalhos de Maiakóvski. As figuras eram desenhadas como em estênceis feitos por crianças, com traços pesados e

"Camponês, se você não quer alimentar o proprietário de terra, alimente a frente de batalha...", pôster da Rosta, Petrogrado, 1920
[Vladimir Lebedev]

à esquerda
"O exército vermelho está lutando heroicamente na frente de batalha", pôster da Rosta, Smolensk, 1920
[Kasimir Malevitch]

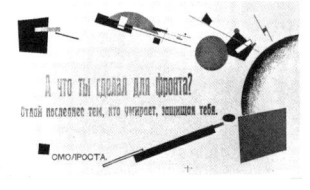

"O que você fez pela frente de batalha?"

"Derrote os brancos com a cunha vermelha", pôster, 1920 [El Lissitzki]

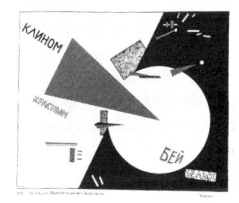

Timbre do designer, 1923 [El Lissitzki]

abaixo, à direita
O construtor, auto-retrato, colagem, fotomontagem, impressão dupla, tinta, refotografia, 1924

Fotografias da mão e do rosto do designer, 1924 [El Lissitzki]

áreas de preto chapado, combinando com letras igualmente pesadas, atenuadas por borrifos de tinta colorida.

Um dos trabalhos da Rosta continha dois desenhos. O de cima foi produzido no estilo convencional das revistas em quadrinhos. O de baixo, ao qual se acrescentou o slogan "*Cht ty sdelal dlya fronta?*" ("O que você fez pela frente de batalha?"), era geométrico e abstrato. Esse trabalho foi produzido por um construtivista.

Os construtivistas rejeitavam a idéia de que uma obra de arte era única. Para eles, isso era uma crença da velha sociedade burguesa. Armados de formas oriundas da nova pintura abstrata, partiram para demolir a divisão entre arte e trabalho. A produção mecânica de imagens através da fotografia se adequava à sua ideologia. A reprodução industrial por meio das máquinas impressoras também convinha a seus objetivos de trabalharem todos juntos no estabelecimento do comunismo.

O famoso pôster Klinom Krasnym bei Belykh (Derrote os brancos [os contra-revolucionários] com a cunha vermelha) revela um vínculo mais coerente entre aquilo que é sugerido pela imagem e o que é dito pelas palavras, cujo sentido é enfatizado por sua relação com os elementos do design. A imagem e o texto desse pequeno pôster foram criados por El Lissitzki, um artista típico do construtivismo por suas diversificadas atividades na área do design. Lissitzki formou-se em arquitetura na Alemanha, e seus mais importantes trabalhos foram na área do design de livros e exposições. Ele foi um dos pioneiros da fotomontagem – a reunião de diferentes elementos que davam vida à fotografia, essencialmente estática, mediante a justaposição ou superposição dos elementos, pela combinação de diferentes pontos de vista, de cortes e recortes de imagens e da exploração de violentos contrastes e mudanças de ângulo. Em seu auto-retrato *O construtor*, Lissitzki empregou a colagem e a montagem, desenhando e colocando letras sobre a foto e sobrepondo imagens de sua mão, de si mesmo e da folha quadriculada. O designer torna-se um ícone auto-explicativo: o olho e a mão ligados por um instrumento – o compasso desenhando um círculo no papel, para sugerir precisão, e abarcando parte do texto –, as três últimas letras do alfabeto e o nome do artista impresso com as letras de seu timbre. Essa obra bem poderia ter sido feita para ilustrar um slogan da época: "Abaixo a manutenção das tradições na arte! Viva o técnico construtivista!"

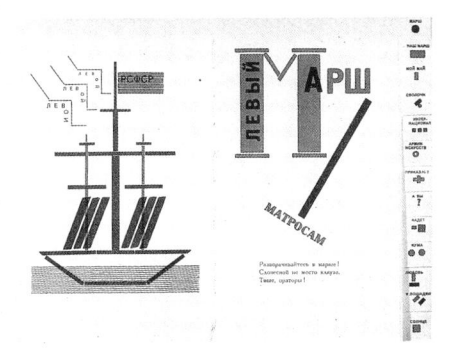

Para ser lido em voz alta, página dupla do livro, 1923 [El Lissitzki]

História suprematista de dois quadrados em seis construções, página do livro, 1922 [El Lissitzki]

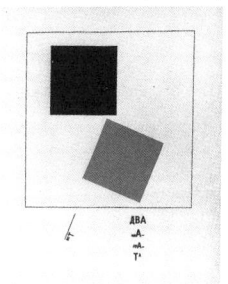

Os designs para livros de Lissitzki uniam abstração geométrica com funcionalismo. Expressavam sua crença de que "as palavras impressas são vistas, não ouvidas" e que "uma seqüência de páginas faz com que um livro se pareça com um filme". Em *História suprematista de dois quadrados*, publicado em 1922, a narrativa se desenvolve nas margens das páginas, com legendas explicativas das composições geométricas quadradas, em tipografia dinâmica. No ano seguinte, Lissitzki fez o design de um livro de poemas de Maiakóvski, *Dlia Golossa* (Para ser lido em voz alta – literalmente, "Para a voz"), que tinha um índice de dedo com um símbolo para cada poema. As ilustrações foram construídas a partir de materiais usados pela gráfica, especialmente "fios" (peças de metal ou madeira utilizadas para imprimir linhas de espessuras variadas).

Maiakóvski desempenhou um importante papel não apenas na produção dos pôsteres da Rosta, como também na criação de embalagens e materiais promocionais de empreendimentos estatais. Nesse campo, trabalhou intimamente com o pintor, designer e fotógrafo Alexander Rodchenko, que se auto-intitulava "Reklam-Konstructor" ("construtor de anúncios"). Típico do estilo de ambos é um anúncio de jornal para a loja de departamentos Gum, de Moscou. Quatro silhuetas de figuras humanas com braços e pernas estendidos, que parecem ter sido desenhadas por uma criança e lembram moldes de costura, agarram-se a um círculo achatado com os dizeres "Agarre o salva-vidas! Tudo para todos. Produtos baratos e de alta qualidade! Acredite em nós, sabemos disso de fonte limpa!" Enormes pontos de exclamação, um em cada lado do design, infundem a idéia de urgência à simetria tosca do desenho, típica dos primeiros trabalhos de Rodchenko. Esses trabalhos utilizavam basicamente espessas tiras coloridas e a inversão de cores no eixo central, uma técnica que deu grande impacto às capas das revistas *Lef* e *Novy Lef*, de 1923 a 1928. Por essa época, os trabalhos já exibiam algumas das características do estilo internacional. Entre as particularidades desse estilo que se tornaram comuns no design gráfico de trinta anos mais tarde, incluem-se a ostensiva utilização da retangularidade e dos espaços em branco como partes do design, o emprego exclusivo de tipos sem serifa e o uso de fotografias no lugar de desenhos.

Rodchenko foi um dos primeiros a fazer experiências com fotomontagem. Em 1923, ele ilustrou *Pro Eto* (Sobre isso) de Maiakóvski combinando partes de fotografias tiradas especialmente para esse

"Agarre o salva-vidas", anúncio da loja *Gum*, 1923 [Alexander Rodchenko]

Novy Lef, capa da revista, 1927 [Alexander Rodchenko]

AS ORIGENS DO MODERNISMO 47

trabalho com imagens recortadas de revistas, voltando a usar essa técnica em 1924, ao criar uma série de capas de duas cores para romances policiais. Embora o efeito de suas justaposições seja surpreendente, essas colagens são toscas se comparadas com a sutil profundidade obtida por Lissitzki ou com os trabalhos criados pelo principal mestre da fotomontagem, Gustav Klutsis. Descrevendo esse novo veículo como "a arte de construção do socialismo", Klutsis empregava a fotomontagem para criar imagens heróicas das conquistas e realizações soviéticas, às quais ele freqüentemente anexava estatísticas explicativas. Seu pôster *Desenvolvimento do transporte: o plano qüinqüenal*, de 1929, é uma construção que combina elementos gráficos e fotográficos. Ele usa uma escala para mostrar números e graus de importância. O significado das imagens pode ser compreendido sem a leitura dos slogans ou das legendas. O progresso está sendo observado de um camelo, uma metáfora para o Antigo; o Novo, a locomotiva que domina a foto, trazendo como identificação a estrela vermelha – o Estado –, aproxima-se rapidamente do animal e seu observador. As palavras e os números dão ao design um significado mais específico, mas seu papel é secundário em relação às imagens metafóricas que têm maiores proporções.

Miss Mend, capa do livro, 1924
[Alexander Rodchenko]

acima, à direita
"Desenvolvimento do transporte: o plano qüinqüenal", pôster, 1929
[Gustav Klutsis]

Tais pôsteres prenunciavam o amadurecimento do design gráfico soviético. A geometria e as cores primárias da arte abstrata construtivista permaneceram, porém os trabalhos mais complexos não extraíam suas formas e arranjos gráficos de um estilo imposto, mas de um esfor-

O ano de 1914, página dupla do livro, 1934
[Solomon Telingater]

ço para dar clareza a seus significados. Isso é particularmente evidenciado nos designs de livro criados por Klutsis e na tipografia de Alexei Gan e Solomon Telingater.

O design criado por Telingater, em 1934, para o livro de Ilya Feinberg, *1914-i* (O ano de 1914), é um exemplo desse novo uso da palavra e da imagem. A obra é um relato antimilitarista e antiimperialista da eclosão da Primeira Guerra Mundial e da resposta de Lenin a esse acontecimento. Ela é apresentada como um catálogo de recortes tirados de jornais contemporâneos. As colunas de texto são quebradas por frases impressas com tipos em negrito de diferentes tamanhos. Mas são as imagens que carregam o argumento. O texto e as imagens são inseparáveis e inteiramente documentais. Essa documentação é quase toda composta por fotos de jornais, embora inclua também insígnias e medalhas, selos postais e imagens de armas de fogo e munição. O significado dessas imagens é tornado claro pela relação de umas com as outras e por sua vinculação com o texto.

Construtivismo, design da página do livro pelo autor, 1922 [Alexei Gan]

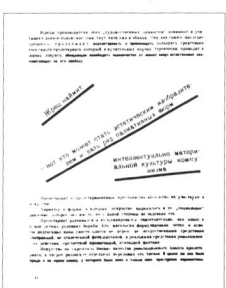

Um homem com uma máquina de filmar, pôster do filme, 1929 [Vladimir e Giorgi Stenberg]

Esse tipo de montagem originou-se em parte dos filmes feitos no começo dos anos 20 por diretores pioneiros como Sergei Eisenstein e Dziga Vertov, nos quais fragmentos contrastantes eram justapostos. Essa técnica foi empregada pelos irmãos Vladimir e Giorgi Stenberg na criação de pôsteres de filmes. Eles não usavam uma figura única e dominante (o tipo de arranjo visual mais comum em pôsteres), mas uniam detalhes de fotografias de cenas do filme. Tais fragmentos aparecem em um dos pôsteres criados pelos irmãos para um filme de demonstração das possibilidades do cinema feito por Vertov, *Um homem com uma máquina de filmar*. No pôster, a lente da câmara é substituída por um olho, ao lado do qual acha-se uma foto pela metade de um rosto sorrindo, como se o olho da filmadora fosse uma maneira alternativa de ver. As pernas do tripé da câmara formam um espaço, dentro do qual um par de pernas com saia pinoteia. O tripé da câmara é repetido na silhueta de um outro tripé, que dessa vez carrega uma metralhadora em vez de uma câmara. O espectador completa as imagens, fazendo as conexões, como se elas fossem seqüências narrativas e contínuas de um filme. Os irmãos Stenberg e outros designers, notadamente Nikolai Prusakov, fizeram muitos pôsteres desse tipo totalmente coloridos. Em-

O olho do cinema, de Tziga Vertov, designs do título na revista *Kino-fot*, 1922 [Alexander Rodchenko]

AS ORIGENS DO MODERNISMO 49

Cimento, pôster de filme, 1928 [Mikhail Dlugach]

bora menos rígidos e eficientes em sua concepção, eram ainda assim instigantes, decorativos e imaginativos.

Efeitos cinematográficos e dinâmicos também podiam ser encontrados na revista mensal *URSS em construção*, que se tornou a mais avançada e coerente realização do design gráfico soviético. Publicada em edições separadas em russo, alemão, francês e inglês, de 1930 a 1941, a revista era uma espécie de vitrina das realizações soviéticas, empregando os maiores fotógrafos, designers e jornalistas da época.

Usando e inventando uma variedade de técnicas de impressão e reprodução, suas páginas exigiam que o leitor cooperasse física e imaginativamente durante a leitura, para participar dos heróicos progressos da revolução. A vista de um avião, cuja silhueta se reproduz sobre uma fotografia aérea, leva o leitor para um passeio aéreo (ver p. 15). A história do exército vermelho é contada através de fotos acompanhadas de datas apresentadas em grandes algarismos brancos e vazados: miliciano, 1917; marinheiro, guerrilheiro da guerra civil, 1919; soldado de cavalaria, 1920; soldado de infantaria asiático na frente chinesa, 1929; soldado do exército vermelho, 1933. O soldado está protegendo algo que só é revelado quando se abre a última meia página vertical – o

Mostra de imprensa *Pressa*, catálogo, 1928 [El Lissitzki]

Mostra *Pressa*, pavilhão soviético, 1928 [El Lissitzki]

desenvolvimento industrial e as realizações da engenharia civil durante o plano qüinqüenal, com uma asa de avião no primeiro plano que dá sentido à visão aérea do complexo habitacional. Diferentes tipos de dobras, colagens semitransparentes e recortes, até mesmo um pára-quedas de papel, eram incluídos na revista. Tudo quanto era tipo de técnica gráfica, desde desenhos de engenharia até borrifos de aerógrafo, eram empregados para explicar e dramatizar as mensagens.

Além da propaganda impressa, os designers soviéticos também se dedicavam à criação de bandeiras e decorações para as paradas de rua, nas quais eram utilizadas estruturas tridimensionais para transmitir as mensagens revolucionárias. Durante os anos 20, as mostras e feiras internacionais foram importantes meios para a promoção do comércio e a propagação da cultura soviética. Lissitzki era o mais original e o mais solicitado dos designers de exposição. Seus designs para a mostra de imprensa *Pressa* em Colônia, em 1928, utilizaram uma fotomontagem de grandes proporções. Tiras enormes, lembrando papel em prensas rotativas, traziam exemplos de pôsteres e folhetos soviéticos; faixas curvas e verticais, lembrando clichês de jornal, traziam impressas em estêncil a imagem repetida de um enorme soldado para representar a imprensa do exército vermelho. Da mesma maneira, em 1930, na Exposição Internacional de Higiene em Dresden, o visitante foi bombardeado com slogans por todos os lados e pôsteres cobrindo o teto. A influência de Lissitzki fora da Rússia era considerável. Ele passou longos períodos trabalhando na Alemanha, lançando uma revista em Berlim e outra na Suíça, e seu livro *A história de dois quadrados* foi traduzido para o holandês. Filmes como *O encouraçado Potemkin* atraíram a atenção da intelligentsia ocidental para as realizações culturais soviéticas. Mas o tráfego de idéias não era unilateral. A Rússia acolhia bem os designers estrangeiros. Em 1931, o alemão John Heartfield visitou Moscou, onde demonstrou como fazer fotomontagens. Ele criou o design de um dos números de *URSS em construção*, cuja apresentação pictórica de estatísticas fora inspirada pelo vienense Otto Neurath, criador do Isotype (ver p. 13). Até que Stalin reprimisse o vigor vanguardista, a União Soviética, aos olhos de muita gente no Ocidente, parecia conciliar as necessidades sociais com a estética revolucionária. O design gráfico soviético, além disso, era visto como a expressão de uma sociedade de massa na era da máquina.

"Mostra russa da URSS", pôster, 1929 [El Lissitzki]

"Produção da carne de coelho em milhares de toneladas", pôster, 1932 [Instituto Isostat]

6. ALEMANHA

A Primeira Guerra Mundial na Alemanha foi seguida pelo desemprego, pelo caos político e pela inflação. Ainda assim, foi nessa época que o design gráfico emergiu como parte de uma sociedade moderna nas cidades setentrionais do meio da Europa – não apenas em pôsteres nas ruas, mas em letreiros, folhetos publicitários, catálogos de peças industriais e feiras comerciais. A Alemanha, situada entre duas poderosas vanguardas, estava aberta a suas influências. A leste estavam o comunismo e o construtivismo da União Soviética; a oeste, o entusiasmo doutrinário dos artistas holandeses do movimento De Stijl, descrito no próximo capítulo. A chamada Arte Comercial sobreviveu na propaganda, notadamente no trabalho de destacados artistas de pôster como Hohlwein e Bernhard. A comunicação visual nos anos 20, todavia, foi moldada pelos artistas de vanguarda.

Os movimentos artísticos mais proeminentes ao final da guerra eram o expressionismo e o dadaísmo. Pôsteres, livros e jornais produzidos por artistas expressionistas caracterizavam-se por uma ilustração agressiva, de violentos contrastes, que era combinada com letras desenhadas livremente ou com tipos pesados, desenhados originalmente para anúncios publicitários.

Essas técnicas foram utilizadas exageradamente, legando-nos alguns notáveis pôsteres de filme, mas nenhuma marca duradoura no design. Foram os poetas e artistas do movimento dadaísta, com sua postura de oposição ao *establishment*, ao militarismo e à arte, com seu desdém futurista pela tradição, que continuaram a revolução no uso de palavras e imagens. Utilizavam especialmente a montagem, a reunião de imagens prontas, misturando todos os tipos de letras e ornamentos em suas composições tipográficas.

O anúncio criado por John Heartfield em 1917 para anunciar um portfólio de litografias de seu colega dadaísta George Grosz combinou antigas fotogravuras, encontradas na gráfica, com slogans em tipos sem serifa. A necessidade de prender os tipos na impressora exigia o uso de unidades retangulares, o que impunha uma diagramação estritamente horizontal-vertical. Para Heartfield, isso não representou uma restri-

Tintas Pelikan, pôster, 1921 [César Klein]

Cores artísticas da Pelikan, pôster, c. 1925 [Ludwig Hohlwein]

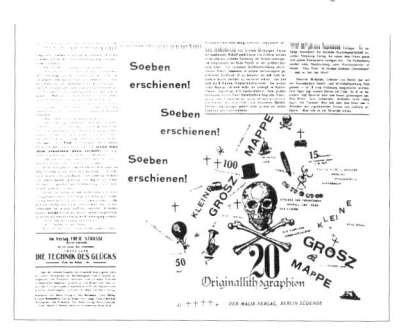

"Pequeno portfólio de Grosz – recém-publicado", anúncio, 1917 [John Heartfield]

ção: ele derramou gesso em torno dos tipos e blocos angulosos para prendê-los na posição desejada para a impressão.

A habilidade dos dadaístas para fazer propaganda, a princípio empregada em sua própria autopromoção, foi desviada para a divulgação do próprio design como parte de uma revolução social, na qual a liberdade seria obtida por meio da crescente mecanização. Na tipografia, seguiam uma versão mais disciplinada de construtivismo, que utilizava uma menor variedade de tipos e tamanhos de papel. Além disso, a estrutura de cada design tinha de ser montada a partir de seu conteúdo verbal e não copiada de um modelo ou estilo convencional. No que diz respeito às imagens, os desenhos foram substituídos pela ilustração feita pela máquina, a fotografia. O designer trabalhava numa prancheta tal como um arquiteto, produzindo layouts com instruções. Dessa forma, as decisões gráficas foram tiradas das mãos do impressor e passaram a ser tomadas nos estúdios, longe do processo industrial.

Esses progressos, do expressionismo para o funcionalismo e do artesanato para designs reproduzidos em máquinas, remontam à época das mudanças no design gráfico introduzidas pela Bauhaus, a famosa escola de artes e ofícios fundada em Weimar em 1919. O primeiro timbre da escola utilizava um tipo desenhado por Behrens, o Mediäval. O primeiro emblema lembrava uma marca de construtor; era uma figura com pernas e braços estendidos, carregando uma pirâmide. Por volta de 1924, esse símbolo foi substituído pelo perfil geométrico de uma cabeça (adaptado de um design feito muito tempo antes por Oskar Schlemmer, um membro da equipe) que podia ser reproduzido de maneira simples, usando-se apenas "fios" de impressão – tiras de madeira ou metal usadas na impressão de linhas cheias.

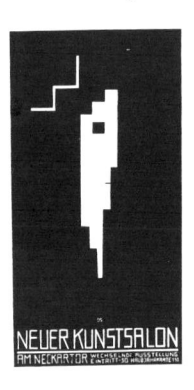

Os "fios" tornaram-se o estereótipo da "tipografia Bauhaus" – tal como ficou popularmente conhecida. De fato, os "fios" e os tipos sem serifa eram típicos da escola, mas faziam parte de uma reforma muito mais radical, que examinava os elementos do design gráfico e a função de cada um deles na transmissão de informação. Já no almanaque da Editora Utopia de 1921, o mestre da Bauhaus Johannes Itten havia sobriamente aplicado técnicas futuristas, para tornar os tipos de impressão mais articulados, dando-lhes um pouco de ênfase e da inflexão

Símbolos da Bauhaus

Usado no período 1919-22

Utilizados a partir de 1922 [Oskar Schlemmer]

Utopia: documentos da realidade, página do livro, 1921 [Johannes Itten]

Novo Salão de Arte, pôster, 1914 [Oskar Schlemmer]

Exposição da Bauhaus, pôster, 1923 [Fritz Schleifer]

Material de escritório Yko, capa do catálogo, 1925 [Joost Schmidt]

contidas na fala. Itten fez isso misturando letras pretas (Fraktur), tipos vitorianos pesados e ornamentos de impressão, como pontos e quadrados, e equilibrando-os sobre um eixo central. As páginas eram governadas pela geometria retangular do material utilizado pelo impressor, e os espaços em branco ajudavam a estabelecer relações de significado no texto.

Na Bauhaus, uma completa análise da comunicação visual começou a ser feita a partir do exame do alfabeto. Na Alemanha, o alfabeto apresentava problemas especiais: o estilo de escrita prevalecente era o gótico, cujo formato arcaico era claramente inadequado à era das máquinas. Uma atitude ainda mais radical foi tomada em relação ao emprego de maiúsculas nas iniciais dos substantivos. Uma nota de pé de página a respeito do timbre da Bauhaus criado por Herbert Bayer, em 1925, expôs a postura da escola em termos inflexíveis:

com vistas a uma maneira mais simples de escrever
1. esta é a maneira recomendada pelos reformadores para nossa futura forma de escrever. cf. o livro *"sprache und shrift"* [fala e letra] do dr. portsmann, editora do sindicato dos engenheiros alemães, berlim 1920.
2. ao nos limitarmos a usar minúsculas, nossos tipos não perdem nada, mas tornam-se mais legíveis, mais fáceis de serem aprendidos e substancialmente mais econômicos.
3. por que é que um som, como por exemplo a, tem dois signos, A e a? um som, um signo. para que dois alfabetos para uma palavra? para que dobrar o número de signos, quando o uso da metade atinge o mesmo objetivo?

Todas as formas de letra que a Bauhaus e outros tentaram criar tinham uma base estritamente geométrica. A geometria era a principal maneira de o designer funcionalista fugir ao estilo renascentista, ao Fraktur e à tradição germânica de tipos caligráficos pesados e artesanais. Um exemplo disso é a família de tipos Neuland, criada por Rudolph Koch em 1924, cujo design é determinado pelas marcas feitas por um instrumento de trabalho e não por uma idéia formal imposta de fora. Koch inspirou-se na Erbar, uma família de tipos geométricos criada no início dos anos 20, para desenhar seu tipo Kabel (Cable), surgido na mesma época (1927) que o mais popular dos novos tipos sem serifa, o Futura. Joseph Albers e Joost Schmidt, professores da Bauhaus, trabalharam numa série de alfabetos, mas foi Bayer quem se dedicou a eles de maneira mais consistente. Como os demais alfabetos desse estilo, seu Universal (1926) foi construído a partir de círculos e linhas retas de igual espessura, desenhados numa folha quadriculada.

A primeira declaração de objetivos dessa "Nova Tipografia" (como logo veio a ser chamada) não manifestava preferência por nenhum estilo de tipo. "Usamos todos os tipos, tipos de todos os tamanhos, formas geométricas, cores etc.", escreveu Laszlo Moholy-Nagy, em 1923. O pintor húngaro Moholy-Nagy chegara à Bauhaus para dar aula poucos meses antes de a escola abrir suas portas ao público no verão daquele ano com uma mostra na qual expunha seus objetivos e realizações. Esses objetivos e realizações também foram expostos num livro, *Staatliches Bauhaus in Weimar 1919-1923*, que contém a observação de Moholy-Nagy e cujo design demonstra a nova postura da escola. A capa foi toda ocupada com o título da obra, desenhado em letras maiúsculas por Bayer. Nas páginas internas, criadas por Moholy-Nagy, o designer fez livre uso dos espaços em branco e dos fios negros que, nas folhas do sumário, foram utilizados como enormes algarismos romanos.

Entre os visitantes da mostra da Bauhaus, estava um jovem designer de livros e calígrafo que lecionava na academia de sua cidade natal, Leipzig, o centro da produção editorial da Alemanha. Jan Tschichold viria a se tornar o maior divulgador da Nova Tipografia com a publicação, em 1925, de *elementare typographie*, um número especial do jornal comercial *Typographische Mitteilungen*. Essa edição, que se planejava dedicar à Bauhaus, acabou incluindo o trabalho de muitos designers de fora da escola, especialmente Lissitzki. Tschichold elaborou dez princípios "elementares" (ou "básicos"), começando com:

Staatliches Bauhaus in Weimar, 1919-1923, capa do livro, 1923 [Herbert Bayer] Folha de rosto [Laszlo Moholy-Nagy]

1. A tipografia é moldada por necessidades funcionais.
2. O objetivo do layout tipográfico é a comunicação (da qual o layout é o veículo gráfico). A comunicação deve ser feita através da forma mais concisa, simples e penetrante.
3. Para que a tipografia sirva a fins sociais, seus ingredientes precisam ter *organização interna* (conteúdo ordenado) e *externa* (material tipográfico adequadamente relacionado).

Tschichold prosseguiu enfatizando a importância da fotografia; dos tipos sem serifa – que para ele eram os mais corretamente "básicos" (embora admitisse a legibilidade dos tipos renascentistas *Mediäval-Antiqua*); das áreas não impressas do papel; da possibilidade de as linhas serem arranjadas oblíqua ou verticalmente; da adoção de tamanhos de papéis estandardizados no padrão DIN (Deutsche Industrie Normen), como A4 para as folhas de escrever; e da rejeição de todos os ornamentos, com exceção de quadrados, círculos e triângulos, e mesmo assim somente se suas formas estivessem enraizadas na estrutura geral do design. Tschichold desenvolveu e refinou esse tema no mais importante documento do movimento moderno, seu livro *Die neue Typographie*, publicado em 1928.

Família de tipos City, 1930 [Georg Trump]

Nessa época Tschichold dava aula em Munique, na escola de impressão dirigida por Paul Renner, designer da família de tipos Futura. Em 1929, Georg Trump, designer do peculiar tipo City (1930), juntou-se a eles. Esse triunvirato aperfeiçoou um modernismo funcional aplicado na criação de folhas volantes (convites, circulares, manifestos, anúncios etc.) e mais particularmente no design de diferentes tipos de papel para preenchimento à máquina, tais como formulários. Os pôste-

Registro de livro e design gráfico, capa da revista, 1931 [Georg Trump]

AS ORIGENS DO MODERNISMO 55

A depravação do homem,
pôster, 1927 [Jan Tschichold]

"Novo design na tipografia",
tabela mostrando a proporção
da função de "informação"
(coluna esquerda)
"anúncio" (coluna direita)
em "timbres / envelopes /
faturas e notas / formulários /
prospectos e folhetos /
livros / anúncios / programas /
catálogos / entradas /
embalagens / anúncios oficiais /
anúncios luminosos",
capa de livrete, 1930
[Kurt Schwitters]

"Conferência noturna
do Merz", convite, 1926
[Kurt Schwitters]

Símbolos do Merz
[Kurt Schwitters] 1923,
c. 1926

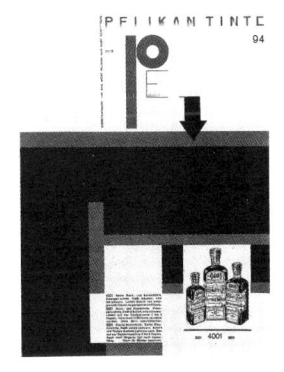

Merz nº 11, página
dupla, demonstração
de anúncio, 1924
[Kurt Schwitters]

res de filmes de Tschichold, litografados em duas cores, eram essencialmente composições abstratas com letras desenhadas à mão, muitas vezes dispostas diagonalmente, com uma única foto pequena, comumente circular. O mais interessante desses trabalhos foi realizado para o filme *Laster der Menschheit* (A depravação do homem), no qual a estrela Asta Nielsen é mostrada na parte de cima do pôster, ocupando quase um terço da área total da folha. Sua fotografia parece estar sendo projetada numa tela de cinema. Isso é sugerido pelas linhas que se irradiam do canto inferior esquerdo do design. Essas linhas definem os cantos da tela. O título do filme e o nome do cinema obedecem à mesma perspectiva da imagem projetada. Esse trabalho é um exemplo, quase uma caricatura, do objetivo de Tschichold de criar os elementos gráficos do design a partir do conteúdo. Ele não apenas anuncia o filme e a estrela, mas também revela a natureza geral do filme como uma imagem ampliada e projetada.

Junto com Tschichold, um dos principais ativistas da Nova Tipografia foi o dadaísta Kurt Schwitters. Em sua casa em Hanôver, ele deu início a um movimento de uma só pessoa com seu jornal *Merz*, cujo primeiro número foi lançado em janeiro de 1923. No quarto, lançado em julho do mesmo ano, antes da mostra da Bauhaus, imprimiu "Topografia da Tipografia" de Lissitski, um conjunto de sete princípios que começava com: "As palavras na folha impressa são vistas, não ouvidas". Schwitters produziu uma série de anúncios e um prospecto, com a colaboração de Lissitzki, para sua própria agência de publicidade, aberta em 1924. O *Merz* n? 11 foi dedicado à publicidade da Günther Wagner, uma firma de Hanover que fabricava artigos de papelaria e materiais usados por artistas sob o nome comercial de Pelikan. As páginas do *Merz* foram criadas segundo os princípios da Nova Tipografia, com tipos sem serifa e fios no fim das páginas, e seguiam o programa tipográfico do próprio Schwitters, cuja regra principal era "Faça de um jeito que ninguém jamais fez antes". Ele usou essa abordagem em suas tentativas de reformar o alfabeto, que constituíram a sua mais radical contribuição para o novo movimento: seu *Systemschrift* criou as letras "optofonéticas", com um sinal diferente para cada som. Esse sistema não foi levado adiante, mas seus elementos apareceram em pôsteres desenhados à mão por Schwitters naquele ano.

"Novo Sistema de Letras Plasticista", 1927
[Kurt Schwitters]

Apesar de sua abordagem idiossincrática, Schwitters era um editor e propagandista que visitava artistas e designers, correspondia-se com eles e dava conferências na Alemanha e no exterior (colaborando com seu colega holandês, Theo van Doesburg; ver capítulo 7). Essa atividade resultou na formação de um pequeno grupo, o Ring neuer Werbegestalter (Círculo de Novos Designers de Publicidade). Por volta de 1930, o círculo era composto de doze membros, incluindo dois designers holandeses, Paul Schuitema e Piet Zwart.

Schwitters organizou muitas exposições para o Ring, convidando colaboradores. Entre esses incluíam-se importantes figuras da vanguarda da Europa central. Ladislav Sutnar era especialista em design gráfico, além de desenhista industrial. Era ainda propagandista do Družtevní práce (Trabalho Cooperativo), uma organização cujas publicações promoviam uma visão modernista, e dirigiu a Escola Estatal de Artes Gráficas em Praga de 1932 a 1939. Karel Teige, que também morava em Praga, foi primeiro pintor e depois passou a dedicar-se à fotomontagem e à tipografia. Ele era um teórico do grupo Devětsil, cujas revistas e almanaque ele desenhava a partir do material encontrado na caixa de tipos do impressor. (Revistas semelhantes, como a *Zenit*, de Belgrado, e a *Tank*, de Zagreb, representavam a vanguarda na Iugoslávia.) O terceiro designer do leste europeu exibido por Schwitters foi o húngaro Lajos Kassák, designer da revista *MA*. A primeira exposição do Ring ocorreu no Kunstgewerbemuseum de Colônia em 1928. Essa foi uma das muitas mostras e manifestos públicos realizados por seus membros, nos quais foram estabelecidos os objetivos das novas técnicas de design visual.

Alfabeto: composições coreográficas, letra "V", página do livro, 1926
[Karel Teige]

"O que é a Nova Tipografia?", artigo no *Frankfurter Zeitung*, 1927
[Walter Dexel]

Em 1927, as convencionais colunas do *Frankfurter Zeitung*, compostas com o tipo Fraktur, foram interrompidas por blocos de texto compostos com tipos sem serifa. Eram ilustrações de um artigo na primeira página, "O que é a Nova Tipografia?", escrito por Walter Dexel. Tratava-se de uma explicação simples, dentro da linha bauhausiana de Moholy-Nagy, que no entanto manifestava restrições a alguns maneirismos da Bauhaus, especialmente ao uso de fios – "gestos modernos" que prejudicavam a legibilidade – e até mesmo aos ornamentos geométricos, que Dexel não considerava superiores às vinhetas vitorianas. Ele também deplorava as linhas enviesadas de Nagy. Por profissão, Dexel era um historiador da arte. Foi designer e organizador de exposições na Jena Kunstverein, a galeria de arte municipal, para a qual criou convites (algumas vezes feitos de recortes e colagens, tais como pôsteres) cada vez mais padronizados no uso de tipos sem serifa e eventuais fios horizontais. Diferentemente de seus contemporâneos, Dexel resolveu o problema do uso de caixa-alta e caixa-baixa utilizando apenas maiúsculas.

"Culto e Forma", folheto da exposição, 1929 [Walter Dexel]

"Fotografia contemporânea", pôster, 1929 [Walter Dexel]

Das Neue Frankfurt (A Nova Frankfurt), capa da revista, 1929 [Hans Leistikow]

Pontos de bonde iluminados, Frankfurt, 1928 [Walter Dexel]

Seu anúncio para uma exposição de fotografia em Magdeburg, em 1929, foi uma das mais puras expressões da Nova Tipografia. Apesar disso, esse foi um trabalho incomum, pois as letras desenhadas à mão formavam uma imagem em preto e branco cuja inversão, dando a idéia de positivo e negativo, representava o processo fotográfico.

A mais importante contribuição de Dexel foi na criação de designs para quiosques e sinais luminosos de rua em Jena e Frankfurt, onde o design era considerado um importante assunto cívico. A cidade tinha sua própria revista dedicada a planejamento e design, *Das neue Frankfurt*, com capas criadas por Hans e Grete Leistikow e, mais tarde, Willi Baumeister. A revista tinha ainda um suplemento desenhado por Johannes Canis, *Das Frankfurter Register*, que era um catálogo de produtos selecionados por sua qualidade e aparência. O design criado por Baumeister para a exposição *Die Wohnung* (O Lar) da Werkbund em 1927 foi notável por várias razões. Foi uma das primeiras vezes que todo o trabalho de design gráfico de uma grande empresa ficou sob a responsabilidade de um único designer. Baumeister desenhou os papéis da companhia, uma variedade de folhetos, guias, um catálogo, além de fazer enormes letras em recorte para a área de exposição. Tal como Dexel, utilizou apenas letras maiúsculas sem serifa. Baumeister também foi requisitado para a

Das Frankfurter Register (O Catálogo de Frankfurt), capa do catálogo, 1929 [Johannes Canis]

criação de um selo postal. Para esse trabalho, utilizou material de impressão, inclusive no desenho de uma casa moderna. Seu pôster em vermelho e preto foi produzido em diferentes tamanhos e com duas diferentes imagens de ambientes interiores antigos. Essas imagens eram fotografias e foram parcialmente encobertas por um xis pintado sobre elas e pela pergunta *"Wie wohnen?"* (Como viver?). Esse trabalho é um exemplo perfeito da crença de Baumeister na tipografia como algo inerentemente ligado ao movimento do olho, para o qual o uso de arranjos simétricos e essencialmente estáticos é inadequado. Além disso, ecoa a máxima de Moholy-Nagy de que a nova tipografia deve ser a "Comunicação em sua forma mais intensa" e insiste também no uso de uma "clareza absoluta". Nada podia ser mais claro do que o didático risco sobre as confortáveis salas de estar, nada podia ser mais simples do que o princípio de Baumeister de organizar as palavras por tamanho, de acordo com seu grau de importância na mensagem.

As declarações de princípios iam lado a lado com o trabalho prático. Como pintor em Weimar, Max Burchartz tivera íntimo contato com a Bauhaus e Van Doesburg. Em 1924, fundou, junto com Canis, o estúdio de publicidade Werbebau, no Ruhr. Em 1926, expressou sua postura em relação à publicidade na revista *Form* da Werkbund. Num longo artigo Burchartz analisa a função da publicidade, o que a torna eficaz e como o leitor é envolvido por ela. O conceito de mensagem e receptor, que se tornou comum na abordagem da comunicação nos anos 50, foi então introduzido. Mas a maior parte do ensaio do Burchartz é devotado à "organização estética dos meios utilizados pela publicidade". "A expressão funcional", escreveu, deve sair da organização da "matéria-prima" e do equilíbrio de "contrastes: oposições, tensões e conflitos". Burchartz elaborou e desenvolveu esses princípios em designs que estabeleceram o estilo do Modernismo Internacional, que sobreviveu ao nazismo e tornou a surgir nos anos 60 como "estilo suíço".

"Exposição da Werkbund: o lar", pôster, etiquetas adesivas publicitárias e prova de selo postal (não emitido), 1927 [Willi Baumeister]

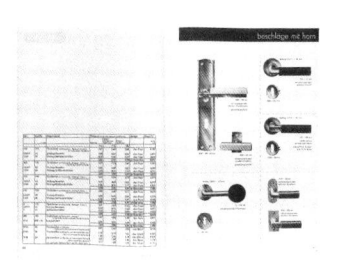

Acessórios de porta Wehag, catálogo, página dupla, 1931 [Max Burchartz]

Em suas brochuras para materiais de construção, a "matéria-prima", ou seja, as fotografias recortadas do produto, iluminadas e posicionadas para fornecer o máximo de informações a respeito de sua forma e acabamento, era integrada à página (cujo tamanho seguia sempre o padrão DIN) segundo a idéia de contraste de Burchartz: "Claro e escuro, espaço vazio e objeto sólido, estacionário e dinâmico, grande e pequeno, vertical e horizontal." Em 1931, Burchartz ajudou a organizar em Essen uma mostra internacional, "Kunst der Werbung" (A arte da publicidade). Para esse evento ele desenhou um pôster, reimpresso na capa do catálogo, que oferece uma síntese dos elementos do design

AS ORIGENS DO MODERNISMO 59

"A arte da publicidade", capa do catálogo da exposição [Max Burchartz]

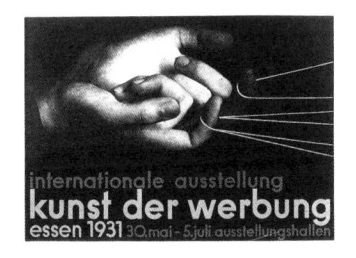

Orion, brochura do aspirador de pó, 1926 [Max Burchartz]

gráfico moderno: uma imagem fotográfica com letras sem serifa, combinando-se como metáfora e informação. Em seu arranjo dramático, as palavras e imagens formam uma única unidade de significado posicionada contra um fundo escuro. As mãos são uma metáfora para a atração do público, mas essa imagem só ganha significado com a palavra "Werbung" (publicidade), que ela está ilustrando.

Os designers aprendiam a fotografar sozinhos. A fotografia era um veículo aprovado por todos os manifestos. Publicada pela Bauhaus, a obra de Moholy-Nagy *Malerei, Fotografie, Film* (Pintura, fotografia, filme) discutia o papel da fotografia no design gráfico – o que ele descreveu como "tipofoto":

A tipografia é a comunicação através de tipos.
A fotografia é a apresentação visual daquilo que pode ser percebido opticamente.
A tipofoto é a maneira mais exata de retratar visualmente a comunicação...
A fotografia é altamente eficaz quando usada como material tipográfico. Ela pode aparecer sob a forma de ilustração, ao lado de palavras, ou como "fototexto", substituindo as palavras, representando as idéias com tal objetividade e precisão que não deixa margem para interpretações subjetivas.

O ano de 1929 testemunhou vários eventos que reforçaram o interesse pela fotografia. Tschichold, junto com Franz Roh, publicou uma seleção de fotografias internacionais, *foto-auge* (foto-olho). Nesse trabalho, um grande número de designers foi incluído entre os pioneiros dessa arte, tal como aconteceu em mostras como "Film und Foto" da Werkbund (1929), em Stuttgart. Entre os organizadores estava Werner Graeff, que utilizou a idéia do "fototexto" num livro publicado para a

"Werkbund", Mostra Internacional de Filme e Foto, pôster, 1929 [designer desconhecido]

canto direito
O novo fotógrafo está chegando!, página do livro, 1929 [Werner Graeff]

Alemanha, Alemanha acima de tudo, página dupla, 1929 [John Heartfield]

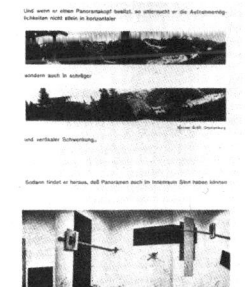

exposição, *Es kommt der neue Fotograf* (O novo fotógrafo está chegando), no qual as imagens interrompiam o texto, mesmo no meio de uma frase, para formar um argumento contínuo.

Uma das salas da "Film und Foto" foi arranjada por John Heartfield. Acima da porta estava o slogan "Use a Fotografia como Arma". As armas de Heartfield evoluíram de combinações tipográficas aleatórias e experimentais de seu período dadaísta, ao final da Primeira Guerra Mundial, a colagens fotográficas feitas mediante a junção de imagens, ou partes de imagens, na qual o resultado era refotografado e os pontos de junção cuidadosamente retocados. O contraste inesperado e o humor irônico dessas imagens chocavam o espectador, que reconhecia nelas a visão comunista que Heartfield tinha da realidade política.

O pôster mais conhecido de Heartfield, que também foi capa da revista do partido comunista, *Die Rote Fahne* (A bandeira vermelha), em 1928, começou com a questão de como transmitir a idéia, e fazer com que as pessoas se lembrassem dela, de que para votar no partido era preciso "votar na lista cinco" da cédula eleitoral. "O que você pode dizer de novo sobre isso?" Alguém lembrou-lhe então de que a mão tem cinco dedos. A mão tornou-se assim o slogan e a imagem.

A maior parte dos trabalhos de Heartfield nos anos 20 foi com sobrecapas de livro. Algumas delas utilizavam uma única foto cuidadosamente recortada. No livro satírico de Kurt Tucholsky *Deutschland, Deutschland über alles*, Heartfield utilizou fotografias tanto em ilustrações diretas e objetivas como em montagens simples e espirituosas – por exemplo, acrescentando um par de orelhas a um traseiro vestindo calça, com a legenda "idioma de Berlim". Na sobrecapa, o título do livro sai da boca de uma cabeça que é meio classe dominante, meio classe militar, e cujos olhos estão vendados pela bandeira nacional. Na parte de trás da sobrecapa, há recortes de uma mão empunhando um cassetete de polícia e de outra segurando uma espada com a irônica legenda *"Brüderlich zusammen hält"* ("Unidos como irmãos").

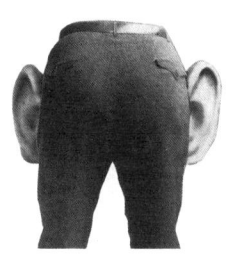

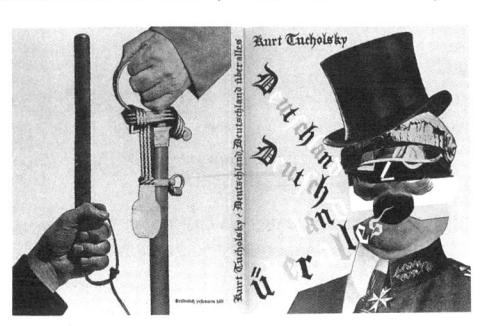

"A mão tem cinco dedos – com cinco você pode mandar seu inimigo para o olho da rua. Vote na lista 5."

Alemanha, Alemanha acima de tudo
acima
"Idioma de Berlim",
ilustração feita por fotomontagem
à esquerda
Sobrecapa do livro, 1929
[John Heartfield]

A capa é impressa em cores patrióticas – vermelho, amarelo e branco –, e os tipos utilizados são cem por cento germânicos. Tal uso de símbolos e signos representando nacionalismo, militarismo, capitalismo, lei e ordem substituiu a caricatura com uma economia e uma eficiência absolutamente notáveis e inauditas.

Heartfield planejava e usava suas próprias fotografias. Por exemplo, vestidos a rigor, amigos seus subiram no andaime de uma construção

AS ORIGENS DO MODERNISMO

How to Coin Dollars / Como cunhar dólares (Mountain City, de Upton Sinclair), sobrecapa do livro (frente) e amigos de John Heartfield pousando para a foto em 1931 [John Heartfield]

"O significado da saudação de Hitler", capa de revista (fotomontagem), 1932 [John Heartfield]

para serem fotografados. Mais tarde foram transformados em "capitalistas" escalando um símbolo do dólar, que servia também como "S" inicial do título do livro, *So Macht man Dollars*. Combinadas com legendas e slogans, essas fotos podiam conter uma riqueza de sentidos que superava as dinâmicas combinações de imagens das fotomontagens russas.

Heartfield vasculhava jornais e revistas semanais, nos quais já era comum usar fotografias para registrar eventos, em busca de fotos e discursos políticos: imagens que ele pudesse distorcer e recombinar com palavras para criar relações grotescas entre elas. Suas criações apareceram em centenas de capas do semanário *Arbeiter-Illustrierte-Zeitung* (Revista Ilustrada dos Trabalhadores), entre 1929 e 1936. Heartfield usou uma foto de Hitler saudando seus seguidores e a alterou. Com um braço elevado atrás da cabeça e a palma da mão para cima, o ditador alemão recebe o dinheiro depositado em sua mão por uma figura enorme e corpulenta. Imediatamente acima da imagem mostrando essa transação, encontra-se a manchete "O significado da saudação de Hitler", que é explicada na parte de baixo com os dizeres: "O pequeno homem pede grandes dádivas", seguidos de um mote em letras muito menores, "Milhões estão por trás de mim", um trocadilho referindo-se aos milhões de partidários de Hitler. Heartfield usou diferentes escalas na justaposição das duas imagens, enfatizando dramaticamente a figura de Hitler como um homem pequeno manipulado por interesses econômicos.

O trabalho de Heartfield e dos jovens pioneiros da Nova Tipografia foi divulgado pela imprensa da indústria gráfica e na revista mensal de publicidade *Gebrauchsgraphik* (Arte Comercial). Tschichold reproduziu exemplos desses trabalhos em duas cores no seu segundo tratado didático, *Eine Stunde Druckgestaltung* (Design para impressos feitos em uma hora), lançado em 1930. O formato A4 e a capa prateada com nervuras proclamavam os princípios da era da máquina. A mais ampla e completa exposição dos trabalhos e idéias desses novos designers foi apresentada no livro *Gefesselter Blick* (Olhar capturado), em 1931. Os editores relacionaram o texto ao tempo e a imagem ao espaço. Esse tema foi retomado no ano seguinte na exposição "Fotomontagem", em Berlim, que incluiu não apenas obras de Heartfield, mas também de artistas russos (entre eles Klutsis, Lissitzki e Rodchenko) e dos pioneiros da Bauhaus, Moholy-Nagy e Bayer.

Bayer ficara responsável pelos seminários de impressão e publicidade depois que a Bauhaus mudara-se para Dessau em 1925. Moholy-Nagy, na condição de co-editor, era responsável pela publicidade e layout do jornal da escola e pelos livros da Bauhaus, que eram clássicos da teoria arquitetônica e da arte moderna. Os primeiros oito livros foram lançados em 1925. Sua tipografia é muitas vezes tosca, mas demonstra a tentativa de Moholy-Nagy de quebrar a continuidade do texto e organizá-lo de modo a refletir seu conteúdo. Espessas linhas negras ainda distraem a atenção. Tipos sem serifa em negrito são usados não apenas em títulos e subtítulos com uma só palavra ou expressão, mas também

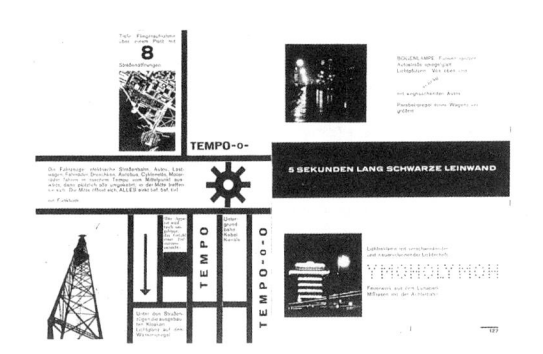

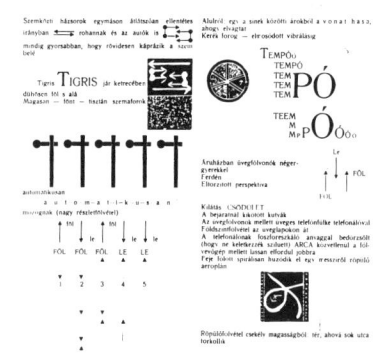

"Alguns sinais tipográficos úteis", ilustração de "Tipografia agora: objetivos, prática, crítica", revista *Offset*, 1926 [Laszlo Moholy-Nagy]

para interromper o fluxo das linhas, compostas em Antiqua, e assim introduzir no texto um pouco da ênfase encontrada na fala. Esse tipo de inovação apresentava complicações técnicas quando se trabalhava com tipos de metal, encontrando por isso poucos seguidores. Seu esboço para o roteiro de um filme, publicado em *Malerei, Fotografie, Film* [Pintura, fotografia, filme] (uma versão mais antiga fora reproduzida num número de 1923 do jornal húngaro *MA*), utilizava material retirado da caixa de tipos, além de suas próprias xilogravuras, e jamais foi imitado.

Essas composições tipográficas estavam mais ligadas aos esforços expressionistas de Joost Schmidt do que ao Movimento Moderno. Foi após a transferência da Bauhaus para Dessau que Moholy-Nagy produziu designs de tal sofisticação técnica que acabaram por transformar o artesão improvisador em desenhista industrial. A ambigüidade habil-

MA, detalhe de página da revista, 1924 [Laszlo Moholy-Nagy]

acima, à esquerda *Pintura Fotografia Filme*, página dupla do livro da Bauhaus, 1925 [Laszlo Moholy-Nagy]

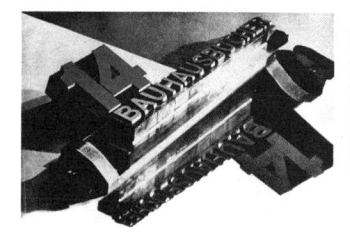

"14 Livros da Bauhaus", livrete, 1927 [Laszlo Moholy-Nagy]

"Mostra de Walter Gropius", catálogo, 1930 [Laszlo Moholy-Nagy]

AS ORIGENS DO MODERNISMO 63

Dinheiro de emergência, 1923 [Herbert Bayer]

Timbre da Bauhaus, 1925 [Herbert Bayer]

Besuchsanzeige, frente e verso de cartão postal, 1925 [Herbert Bayer]

mente disfarçada desses trabalhos fascina pelo poder que tem de evocar idéias. Ao mesmo tempo, esses designs parecem expressar uma vontade de expor o processo pelo qual se obtém tal ambigüidade.

Para uma brochura de divulgação dos quatorze livros da Bauhaus, em 1927, Moholy-Nagy fotografou os próprios tipos de impressão, exatamente como haviam sido reunidos, letra por letra (ver ilustração colorida, p. 14). Ele inverteu os lados esquerdo e direito da foto, para que as letras pudessem ser lidas, e adicionou uma nova linha de tipos, como que para espelhar a primeira. Os tipos da segunda linha, todavia, embora de cabeça para baixo, não estão invertidos.

Moholy-Nagy repetiu esse truque espacial na capa de um catálogo da exposição de Gropius, em 1930, mostrando uma foto do edifício da Bauhaus iluminado pelo sol. As letras são impressas em rosa sobre o papel branco que sai dos tons cinza da fotografia. Apesar disso, as letras lançam sombras na foto, exatamente como se estivessem no mesmo espaço da cena que descrevem, iluminados pelo mesmo sol.

Herbert Bayer, que desenhou as letras nos edifícios mostrados na foto, iniciara sua carreira como artista comercial antes de se matricular na Bauhaus em 1921. Seus designs para cédulas de dinheiro de emergência, feitos para o governo local durante a inflação de 1923, são famosos – entre eles inclui-se o de uma nota de cinco milhões de marcos.

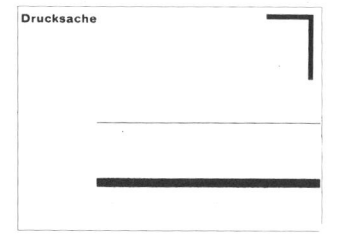

Bayer foi o responsável pelo design dos papéis de escritório da Bauhaus e pela padronização dos tamanhos de papel usados pela escola. Ele organizara o departamento de publicidade e impressão da escola para que esta pudesse receber encomendas e imprimi-las em suas próprias máquinas. Como a oficina trabalhava com uma variedade pequena de tipos sem serifa, todos os trabalhos impressos na primeira fase do departamento, em 1925, inevitavelmente se parecem. Impressos em vermelho e preto, com espessos "fios" verticais e horizontais, constituem um estereótipo do "estilo Bauhaus", embora esses elementos também fossem comumente encontrados nos trabalhos de muitos artistas de vanguarda, como Lissitzki, que trabalhava em Berlim, e Kurt Schwitters, que trabalhava em Hanôver. Embora essa técnica pareça muitas vezes tosca, conseguia transmitir idéias com eficácia e clareza. No trabalho promocional feito por Bayer para a indústria, especialmente para a fábrica Fagus, as linhas e os pontos foram utilizados não tanto para agradar a vista mas principalmente para dirigir a atenção do olhar, da mesma forma que no catálogo de Marcel Breuer para os móveis "Standard", no qual círculos em vermelho chapado assinalavam o código de cada item que podia ser encomendado. Os designs de Bayer para timbres eram simples e funcionais: continham marcas impressas que indicavam onde dobrar a folha para que o endereço datilografado aparecesse corretamente na janela do envelope. Todos os papéis tinham o tamanho padronizado A e eram brancos com impressão em vermelho e preto.

O trabalho mais ambicioso de Bayer nessa época foi um pequeno pôster para a mostra de 60 anos de seu antigo mestre Kandinsky. Impresso em vermelho e preto sobre uma folha de pôster laranja, a extrema retangularidade do design é ressaltada por sua disposição oblíqua no papel. Em 1930 e 1931 Bayer colaborou em duas exposições com outros colegas da Bauhaus. A primeira colaboração foi no pavilhão da Werkbund na exposição da Société des Artistes Décorateurs de Paris. A segunda foi na Exposição da Indústria de Construção em Berlim, montada como um cenário de teatro, com estatísticas tridimensionais. Em Paris, o funcionalismo de Bayer foi expresso em seu pequeno, brilhante e prático catálogo. Através da capa plástica transparente, com o título gravado em relevo, via-se o edifício da exposição de uma perspectiva aérea, com uma multidão de visitantes composta por fotomontagem. Um índice de dedo no lado direito do impresso mostrava o lugar das salas no catálogo. Uma das salas da exposição foi arrumada com uma maquete dos edifícios da Bauhaus em Dessau, colocada no chão para que o visitante pudesse ter uma visão de cima. Um conjunto de cadeiras pendia das paredes, sugerindo a produção industrial com suas linhas de montagem, e fotos foram penduradas em ângulo, seguindo um diagrama teórico da mecânica do olho preparado por Bayer.

"Mostra de 60 anos de Kandinsky", pôster, 1926
[Herbert Bayer]

Sala 5 da exposição da Werkbund, em Paris, página do catálogo, 1930
[Herbert Bayer]

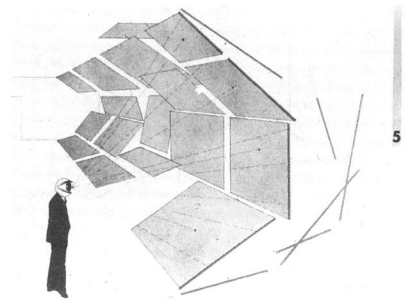

Para Bayer, o método construtivista de organizar as relações entre os elementos na folha impressa por meio de geometria e do uso de tipos sem serifa dera lugar ao uso de ilustrações menos dinâmicas e de tipos serifados, especialmente o neoclássico Bodoni. Essa mudança marcou o início de sua nova preocupação com "as leis da fisiologia e psicologia" e já sugere a linguagem da publicidade. Em 1928, Bayer tornara-se diretor de arte de uma agência internacional em Berlim. A brochura do Studio Dorland oferece a seus clientes "artistas que dominam todas as formas modernas de apresentação". Essas formas modernas são então ilustradas na brochura: tinta e pincel, lápis, esquadros, um único tipo metálico, câmara e aerógrafo. Durante a década de 30 Bayer usou o aerógrafo não apenas para criar mundos surrealistas habitados por modelos de moda, mas também para evocar a realidade da

Studio Dorland, página da brochura, 1931
[Herbert Bayer]

AS ORIGENS DO MODERNISMO

fotografia. Os diagramas explicativos das enciclopédias, que podem mostrar o lado externo e o funcionamento interno de qualquer estrutura, foram refinados e desenvolvidos, tornando-se uma ferramenta daquilo que veio a ser conhecido como Design Informativo. Bayer usou essa ferramenta para mostrar o corpo como uma máquina na exposição "Das Wunder des Lebens" ("A maravilha da vida").

"A maravilha da vida", catálogo da exposição, 1935 [Herbert Bayer]

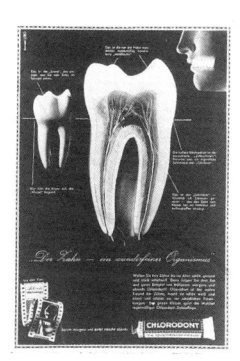

"O Dente – um organismo sofisticado", anúncio da pasta de dente Chlorodont, 1937 [Herbert Bayer]

"Diga para onde você vai, a extensão da viagem, e sempre pague com dinheiro trocado", pôster de bonde, 1929 [Kurt Schwitters]

abaixo, à direita
Tabela de horário escolar (com símbolo da cidade de Hanôver, criado por Schwitters), 1930
[Kurt Schwitters]

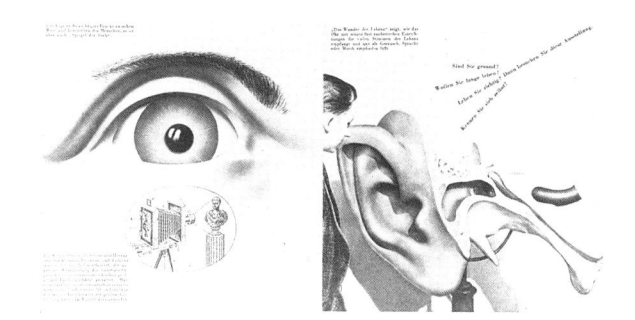

Numa série de anúncios para a pasta de dente Chlorodont, a maior parte dos elementos gráficos utilizados pela Bauhaus desapareceu, com exceção do uso do tipo Futura no texto. Os slogans são apresentados numa letra cursiva do século XVIII, para conferir ao texto uma veracidade ao mesmo tempo histórica e profissional. Os elementos convencionais presentes em anúncios para revistas e jornais – título, ilustração, texto, slogan e produto – são equilibrados em torno de um eixo central.

Aquilo que se tornou conhecido como Identidade Corporativa – a aplicação de um estilo coerente, geralmente incluindo um símbolo, a todas as áreas de atividade de uma instituição, como fizera Behrens com a AEG – foi iniciado nesse período. Entre 1929 e 1931, a cidade de Magdeburg contratou o suíço Xanti Schawinsky, formado pela Bauhaus. Nessa mesma época, em Hanôver, Schwitters criava dezenas de impressos, de cartões postais e timbres para departamentos administrativos até tabelas de horário para escolas, faturas de hospital e pôsteres para teatro e ópera. Todo esse material levava o símbolo da cidade, também desenhado por ele, e era composto em Futura. Para os bondes, ele fez uma série de cartazes com textos rimados, usando o tipo Akzidenz Grotesk – conhecido em inglês como Standard –, e ilustrados com fotos com modelos. Esses cartazes instruíam os passageiros, entre outras coisas, a como entrar no bonde, sair dele e pagar a passagem.

Quem também trabalhava como designer em Hanôver era o pintor Friedrich Vordemberge-Gildewart, responsável pelo material de divulgação das exposições em Kestner-Gesellschaft. Todos os seus catálogos usavam o mesmo tipo geométrico sem serifa. Por volta de 1930, ganharam um layout padronizado, com todas as letras em caixa-alta e corpo de texto alinhado à direita.

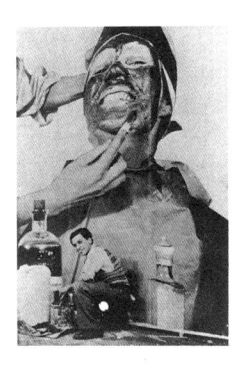

Aquecedores de água Junkers, exposição "Gas und Wasser", Berlim, 1929 [Xanti Schawinsky] O designer preparando um painel

A essa altura, o novo e funcional design estava se tornando aceito e sendo introduzido nas escolas. Baumeister dava aula em Frankfurt, Burchartz em Essen, Dexel em Magdeburg e Trump em Berlim. Quando o partido nazista chegou ao poder em 1933, muitos dos designers progressistas, inclusive Renner e Tschichold em Munique, perderam seus empregos. A Bauhaus foi fechada. Ao mesmo tempo, os pôsteres de Ludwig Hohlwein e muitas das novas técnicas de design, como a fotomontagem, foram colocadas a serviço do regime.

Os elementos conservadores, na verdade, sempre se mostraram hostis às inovações introduzidas pela Nova Tipografia. Agora, esta era tachada de bolchevismo cultural e parodiada nos anúncios de exposições sobre a desprezada *Entartete Kunst* (Arte Degenerada). Novos modelos do tipo nacionalista Fraktur foram lançados para serem usados em publicidade, que se tornou um monopólio do estado. O tipo Futura de Renner, todavia, vilipendiado por abandonar as formas conven-

𝕰𝖎𝖓𝖊 𝖉𝖊𝖚𝖙𝖘𝖈𝖍𝖊 𝕲𝖈𝖍𝖗𝖎𝖋𝖙
𝕯𝖊𝖚𝖙𝖘𝖈𝖍𝖑𝖆𝖓𝖉
𝕵𝖔𝖈𝖍𝖍𖊟𝖎𝖒 𝕯𝖊𝖚𝖙𝖘𝖈𝖍
𝕹𝖆𝖙𝖎𝖔𝖓𝖆𝖑!

Família de tipos Fraktur, anunciada em *Graphische Nachrichten*, Berlim, 1935

"Primeiro Dia da Juventude Nacional Socialista (Nazista)", pôster, 1936 [Ludwig Hohlwein]

AS ORIGENS DO MODERNISMO 67

"Arte Degenerada", pôster da mostra, 1936 [Vierthaler]

cionais das maiúsculas, sobreviveu por ser um dos tipos mais práticos para ser usado em documentos oficiais.

Os designers exilados levaram com eles o design gráfico. Na Suíça, ele fundiu-se à tradição local. Na Itália, Schawinsky ajudou a criar a profissão de designer antes de fugir do fascismo para Nova York, em 1936. Um pioneiro da geração anterior, Lucian Bernhard, abrira um escritório em Nova York na década de 20, mas seu estilo simplificado de pôster não fez muito sucesso. Bernhard achava que Hohlwein estava mais bem equipado para transpor as diferenças existentes entre a percepção americana e a européia. "O americano quer uma 'imagem' e uma 'idéia'. Para ele, uma idéia puramente visual não é uma idéia. Ele quer aquilo que chama de 'interesse humano'. Se conseguir reforçá-lo com um impressionante uso de cor e uma boa composição, tanto melhor. Muito naturalmente, é isso que admiram em Hohlwein. Um pôster de Hohlwein não provocaria espanto em Nova York. Seria simplesmente muito melhor do que os demais." A agência de publicidade, uma invenção americana, espalhou-se pela Europa, onde muitas delas, como a Dorland, eram subsidiárias de matrizes localizadas nos Estados Unidos. Lá, segundo Bernhard, todas as pranchetas tinham uma cópia de *Gebrauchsgraphik*.

"A Alemanha inteira ouve o Fuehrer no aparelho de rádio do povo", pôster, 1936 [Leonid Bermann]

7. PAÍSES BAIXOS

Os Países Baixos, junto com a Alemanha e a União Soviética, ocuparam a vanguarda na evolução do design gráfico. A mais original contribuição holandesa foi o trabalho de Piet Zwart. O símbolo pessoal de Zwart era a letra P e um quadrado preto (em holandês, *zwart* significa preto). O quadrado é uma forma estática que ajuda a dar ênfase à superfície chata e retangular da folha num trabalho impresso. A geometria impregnava o design holandês.

Símbolo pessoal do designer, 1924 [Piet Zwart]

Chão ladrilhado de salão de entrada, 1898 [H. P. Berlage]

O mentor de Zwart foi H. P. Berlage, designer da Bolsa de Valores de Amsterdam. Berlage foi um teórico inflexível, e Zwart trabalhou para ele como assistente de arquiteto no começo da década de 20.

Berlage acreditava que "a geometria (e por conseguinte a ciência matemática) não é apenas extremamente útil na criação da forma artística, mas é até mesmo absolutamente necessária..." Seu colega de arquitetura, J. L. M. Lauweriks, dava aula na Escola de Artes e Ofícios de Dusseldorf, da qual Behrens era diretor. Lauweriks encorajava o uso de um sistema de quadriculação no design, baseado na subdivisão e multiplicação de quadrados, uma idéia que permeava a obra de Behrens e se achava particularmente evidente no trabalho que fez para a AEG. A revista de Lauweriks, *Der Ring*, foi importante por introduzir o uso de tipos sem serifa nos textos.

O círculo, emblema da capa, 1908 [J. L. M. Lauweriks]

Teorias semelhantes foram desenvolvidas pelo De Stijl (O Estilo), movimento holandês de vanguarda na arte e arquitetura. A característica mais óbvia do De Stijl era sua retangularidade, exemplificada nas pinturas abstratas de Piet Mondrian, que geralmente mostram uma grade de linhas pretas sobre uma tela branca, com uns poucos retângulos coloridos nas cores primárias ou em cinza. Theo van Doesburg, vigoroso porta-voz e teórico do De Stijl, era pintor, arquiteto e poeta. Além de editar a revista *De Stijl*, para a qual também criou o layout, Doesburg produzia designs gráficos e tipografia, cujo estilo estritamente geométrico serviu de base para grande parte do trabalho pioneiro de Schwitters e da Bauhaus.

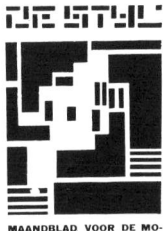

De Stijl, emblema da capa da revista, 1917 [Vilmos Huszar]

Os designs feitos por Van Doesburg para os papéis de escritório da firma de importação e exportação Hagemeier, bem como para os da Bond van Revolutionnair-Socialistische Intellectueelen (Liga dos Intelectuais Revolucionários Socialistas), eram impressos sobre as letras "NB" (*Nieuwe Beelding*, Novo Plasticismo), um recurso comum na

De Stijl, logotipo, 1921 [Theo van Doesburg]

AS ORIGENS DO MODERNISMO **69**

Hagemeijer & Co, cartão
postal, 1919
[Theo van Doesburg]

Liga dos Intelectuais
Revolucionários Socialistas,
timbre, 1919
[Theo van Doesburg]

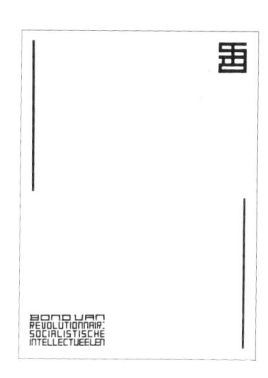

Mécano n.º 3, capa
da revista, 1923
[Theo van Doesburg]

impressão comercial que havia sido explorado pelos dadaístas. Quando criou um novo design para a *De Stijl*, em 1920, Van Doesburg demonstrou seu compromisso com o funcionalismo ao explicar para os leitores por que havia mudado o layout da revista, passando de uma para duas colunas. A mudança fora feita porque a revista era freqüentemente dobrada no correio. O vinco formado pela dobra passaria agora entre as duas colunas de texto.

Outros papéis impressos da *De Stijl* tinham textos correndo ao longo da borda do papel nos sentidos vertical e horizontal, o que obrigava o leitor a girar a folha para ler o que estava escrito. Van Doesburg também editou quatro números da revista dadaísta *Mécano* (1922-23). O terceiro número exigia uma leitura circular, induzida pelo emblema de uma serra circular no centro da capa. Essa técnica fora empregada na Alemanha por Schwitters, um colaborador da revista *De Stijl*, que compartilhava do mesmo interesse de Van Doesburg em usar a tipografia para criar figuras sonoras. Junto com Käthe Steinitz em Hanôver, eles produziram um pequeno livro de um conto de fadas criado por Schwitters. Tal como fizera Lissitzki em *Para ler em voz alta*, os três criaram todas as ilustrações a partir de elementos encontrados na caixa de tipos da gráfica. *Die Scheuche* (O espantalho) veio a lume em 1925, suas páginas impressas em vermelho ou azul, como um irônico e encantador pós-escrito do dadaísmo

O espantalho, página
dupla do livro, 1925 [Kurt
Schwitters, Käthe Steinitz,
Theo van Doesburg]

Em suas viagens pela Europa, Van Doesburg semeou as idéias geométricas do De Stijl, encontrando na Bauhaus de Weimar um solo fértil. Em 1920, Van Doesburg encontrara-se com Gropius em Berlim e aceitara seu convite para visitar a Bauhaus. No ano seguinte, alugou um

70 DESIGN GRÁFICO

estúdio em Weimar, onde deu cursos e conferências gratuitas aos alunos da Bauhaus. O impacto de suas idéias sobre os trabalhos gráficos da Bauhaus foi grande e instantâneo. A influência do De Stijl é marcante em todo o material publicitário criado para a exposição da Bauhaus de 1923. O pôster de Fritz Schleifer (ver p. 52) exibe letras geométricas típicas do estilo de Van Doesburg; o prospecto segue o modelo de Mondrian, com grades de linhas pretas; e o selo da Bauhaus é composto por fios tipográficos, como o primeiro logotipo do De Stijl.

A impressão feita diretamente a partir dos "fios" era a técnica utilizada pelo mais fiel seguidor de Lauweriks, o arquiteto Hendrikus Wijdeveld, de Amsterdam, que editou a revista *Wendingen* (Voltas). Wijdeveld usava fios tipográficos para criar letras e construir ornamentos geo-

Wendingen, construção de letras a partir de fios tipográficos e página da revista, 1921 [H. Th. Wijdeveld]

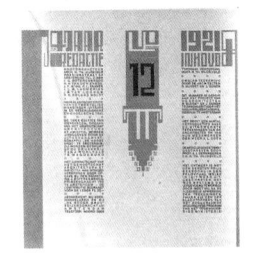

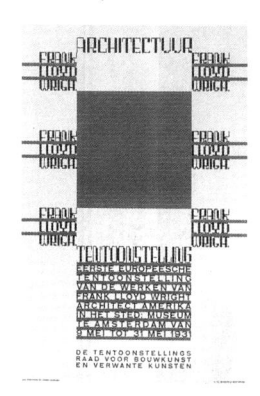

métricos para suas páginas. As grandes áreas de cor chapada em seus pôsteres eram feitas a partir da junção de vários fios, o pequeno espaço entre eles podendo ser visto sob a forma de finíssimas linhas não impressas. Dessa maneira, a criação do design e o processo de reprodução eram interdependentes.

Trabalhos estilisticamente semelhantes, contendo letras retangulares, como o pôster criado por Jacobus Hellendoorn para uma exposição, eram inicialmente criados como desenhos, sua reprodução final ficando a cargo do impressor. Assim também foram realizados os primeiros designs gráficos de Piet Zwart. Formado em arquitetura – ele se dizia um "typotekt" –, Zwart trabalhou também como designer de móveis e

Exposição da Arte e da Indústria, pôster, c. 1923 [J. J. ellendoorn]

Exposição de Arquitetura Frank Lloyd Wright, pôster, 1931 [H. Th. Wijdeveld]

à *esquerda* Papel da margarina Nutter, 1924 [Piet Zwart]

Anúncio do piso de borracha loco, 1922 [Piet Zwart]

Timbre para Jan Wils, 1921 [Piet Zwart]

AS ORIGENS DO MODERNISMO **71**

de interiores, além de ser crítico de arquitetura, numa longa carreira que se estendeu até a década de 60. Antes de trabalhar para Berlage, foi assistente do arquiteto Jan Wils, membro do grupo original do De Stijl.

Zwart começou sua carreira como designer gráfico criando um timbre para Wils. Esse timbre era uma extensão tipográfica do símbolo pessoal do arquiteto, um quadrado circundado por cinco fios da mesma espessura. A seguir, Zwart criou anúncios e logotipos com letras geométricas para uma companhia que fabricava pisos de borracha.

Em 1923, Zwart encontrou-se com Schwitters e Lissitzki em diversas visitas feitas à Holanda. Lissitzki presenteou Zwart com uma cópia de *Para ler em voz alta* (uma versão holandesa de sua *História de dois quadrados* já havia sido publicada por Van Doesburg no ano anterior). Zwart imediatamente se deu conta das possibilidades que o design feito diretamente com material tipográfico oferecia, demonstrando domínio dessa técnica quase que instantaneamente. Com a ajuda de um impressor benevolente, e um pouco ao estilo dos dadaístas, ele usou tipos, ornamentos e fios tipográficos numa composição livre e alegre, na qual as palavras percorriam a página de cima para baixo, horizontal e diagonalmente. Em 1923, Berlage apresentou-o à Nederlandse Kabelfabriek (NKF, a Fábrica Holandesa de Cabos).

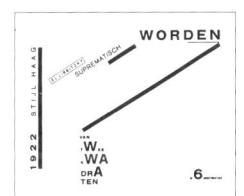

História suprematista de dois quadrados em seis construções, folha de rosto do livro, Haia, 1922 [El Lissitzki]

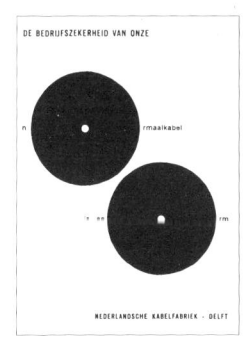

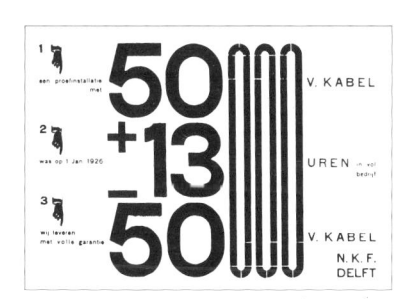

acima e à direita
"Cabo de cobre"
"A segurança de nosso cabo normal é enorme"
"Cabo de 50 000 volts testado em 3 000 horas de uso", anúncios da NKF, 1923-26 [Piet Zwart]

Nos dez anos que se seguiram, em quase trezentos anúncios, Zwart passou do uso exclusivo de material tipográfico para uma combinação de fotos e fotomontagens com tipos. Seus quadrados e retângulos deram lugar a ângulos e circulos.

Catálogo da NKF, 1927-28
[Piet Zwart]

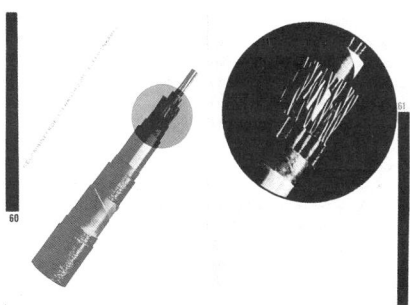

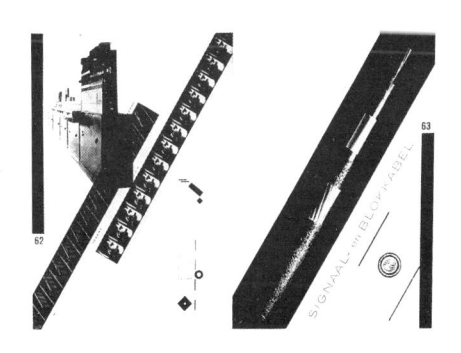

Numa visita posterior, em 1926, Zwart aprendeu uma segunda técnica com Lissitzki, a de fazer fotogramas, que se tornaram uma outra fonte de imagens para seus trabalhos para a NKF.

No catálogo da NKF as linhas de texto são dispostas paralelamente ao eixo da imagem principal, freqüentemente na diagonal. Essa tendência à obliqüidade era comum nos designers formados em arquitetura, como Zwart (e Lissitzki). As ferramentas e técnicas utilizadas na época em que eram projetistas deram-lhes um extenso vocabulário geométrico: estavam acostumados a usar os esquadros em diversos ângulos, a trabalhar com compassos e projeções com perspectivas. Um pôster desenhado para um curso de design gráfico em Haia, em 1932, mostra um estudante usando uma régua-tê para posicionar um título de texto na diagonal, enquanto abaixo uma figura maior aponta sua câmara para baixo, num ângulo de exatamente 30 graus.

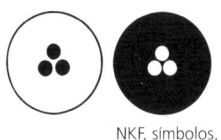

Os artistas Bart van der Leck e Vilmos Huszár, do De Stijl, faziam designs gráficos estritamente geométricos. Um outro artista, Cesar Domela, trabalhava como designer profissional e era membro do Ring neuer Werbegestalter de Schwitters, junto com Zwart e Paul Schuitema. Tal como Zwart, Schuitema e seus colegas (como, por exemplo, Gerard Kiljan e seus alunos e assistentes – Wim Brusse, Dick Elffers e Henny Cahn) aprenderam sozinhos a tirar fotografias, cujas imagens, diziam eles, transmitiam a mensagem de maneira mais rápida e clara. A fotomontagem permitia-lhes "unir organicamente" texto e imagens.

Utilizando diagramas e fotografias com um mínimo de palavras, o folheto de instruções criado por Kiljan para a companhia telefônica do governo é um exemplo particularmente feliz desse método. Ele apresenta o equipamento, mostra o significado dos símbolos gráficos no próprio instrumento e demonstra seu uso. As linhas vinculadas, as diferentes categorias de significado e os usuários distantes são mostrados em fotos tiradas obliquamente de cima, no mesmo ângulo das fotografias aéreas sobre as quais essas imagens acham-se superpostas.

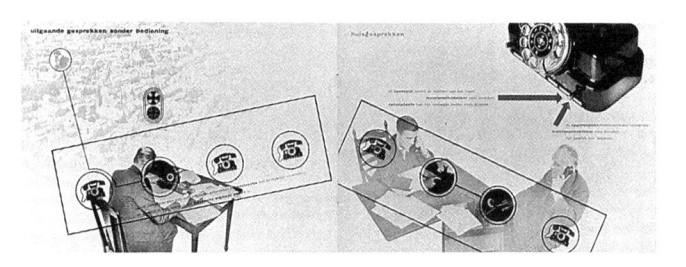

NKF, símbolos, c. 1924 [Piet Zwart]

Curso de publicidade da Academia de Belas-Artes, design de pôster, 1932

PTT (Correio, Telégrafo e Telefone), livrete de instrução de telefone, 1932 [Gerard Kiljan]

Schuitema trabalhou para a Berkel, empresa fornecedora de balanças e máquinas de fatiar bacon. Ele desenhou a marca da companhia, seus papéis timbrados, bem como uma grande variedade de anúncios, brochuras e catálogos. A empresa seguiu a linha de Kiljan e Schuitema de "usar o mínimo de recursos para obter o máximo em efeito". A velocidade com que todo esse material impresso é lido, todavia, está na proporção inversa ao tempo gasto no seu elaborado planejamento e execução técnica, que exigiu grande perícia dos tipógrafos responsáveis pela criação dos blocos e chapas de impressão.

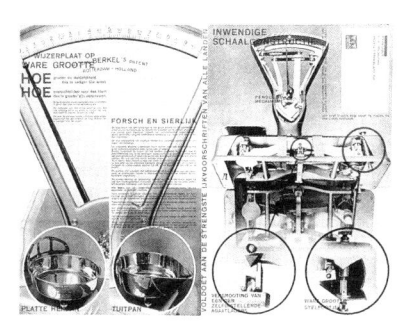

Balanças Berkel, brochura,
1930 [Paul Schuitema]

Para obter o sofisticado efeito da brochura criada por Cahn para relógios elétricos e telefones internos, era essencial controlar muito bem a pressão do tipo sobre o papel. Tal elegância técnica, a "estética da máquina", espelhava o grau de avanço do equipamento de comunicação anunciado no impresso. ("A máquina é, *por excelência*, um fenômeno de disciplina espiritual", escreveu Van Doesburg.)

Companhia Holandesa
de Telefone Doméstico,
brochura de relógios
elétricos e telefones
internos, página dupla,
1938 [Henny Cahn]

Uma atitude oposta a essa foi demonstrada no trabalho de H. N. Werkman. Sua produção, que consistia basicamente em livros de tiragens muito pequenas e alguns impressos descartáveis, deliberadamente expunha o processo de impressão. A espessura e a irregularidade da tinta e uns borrões ocasionais parodiavam os padrões profissionais do ofício. Muitas vezes Werkman utilizava as letras de impressão abstratamente, como figuras ou formas, adicionando áreas coloridas com tiras

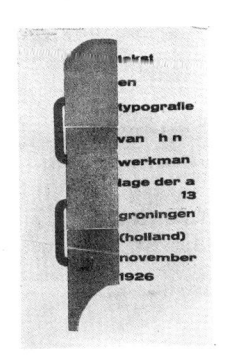

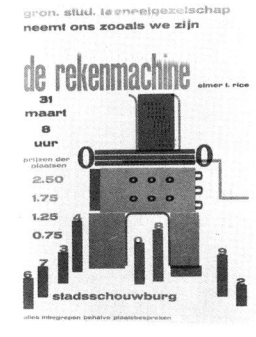

A próxima chamada n.º 9,
capa de trás da revista,
1926 [H. N. Werkman]

A máquina de somar,
pôster de teatro, 1933
[H. N. Werkman]

de papel embebidas em tinta. Freqüentemente ele imprimia sem impressoras, um processo que chamava de "impressão quente". A postura desinibida de Werkman no design e suas invenções têm sido fonte de inspiração para os designers gráficos ansiosos por introduzir em seus trabalhos um efeito "criativo" óbvio. O uso proposital que fazia de velhos tipos de madeira tornou-se símbolo de design "não comercial" muitos anos após a Segunda Guerra Mundial (época em que foi executado por impressão clandestina).

Após a morte prematura de Van Doesburg, em 1931, e com o final da revista *De Stijl*, a manifestação mais clara da vanguarda holandesa passou a ser encontrada nas capas de *De 8 en Opbouw* (O 8 e a construção), um jornal lançado em 1932 e publicado quinzenalmente por dois grupos de arquitetos. Sua técnica de reunir improvisadamente imagens e letras, sobrepondo à impressão em preto uma outra impressão de cor única, dominada pelo algarismo "8", era típica de Schuitema e Zwart.

O 8 e a construção, capa da revista, 1932 [Paul Schuitema?]

"Lâmpadas Giso", pôster, 1928 [Willem Gispen]

"Móveis de aço Gispen", pôster, 1933 [Willem Gispen]

Letreiro da cabine telefônica, 1933 [Willem Gispen]

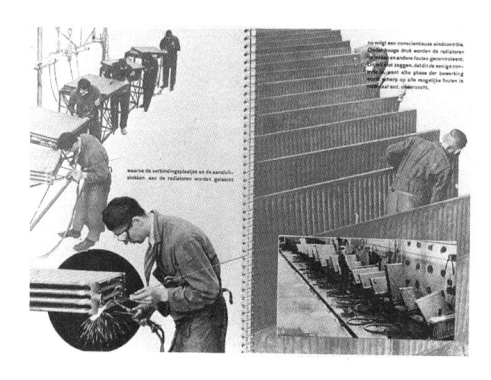

Em sua longa associação com a firma Bruynzeel, fornecedora de materiais de construção, Zwart desenhou itens pré-fabricados como portas e móveis para cozinha, e também centenas de materiais promocionais, como brochuras, catálogos, mata-borrões e calendários. O envolvimento de Schuitema com um trabalho semelhante levou-o a produzir fotos para o desenhista industrial W. H. Gispen. Gispen criava

Catálogo de radiadores, 1939 [Paul Schuitema]

O livro da PTT,
páginas coloridas
do livrete, 1938
[Piet Zwart]

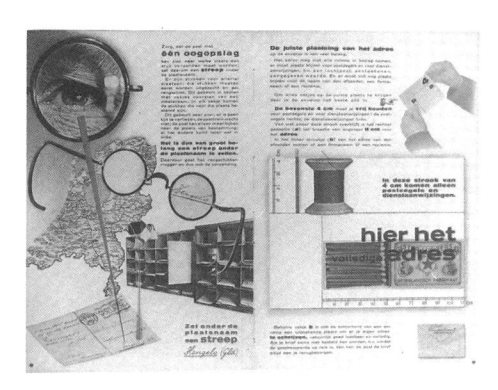

catálogos e material publicitário que condiziam com a elegância sóbria e mecânica de seus produtos.

Entre os itens fabricados pelas oficinas de Gispen estava a cabina telefônica da PTT (companhia holandesa de correio, telégrafo e telefone), com um letreiro em tipos geométricos minúsculos criados por ele. Essa associação entre uma companhia pública e um design contemporâneo avançado foi obra de J. F. van Royen. Van Royen começara a trabalhar em 1904 como funcionário da PTT. Ao mesmo tempo, cuidava de sua própria gráfica, que seguia a tradição da Escola de Artes e Ofícios. Em 1920, Van Royen tornou-se diretor da PTT. Como era também funcionário da Associação dos Países Baixos para o Ofício e as Artes Industriais (VANK), que atuava como intermediária entre os designers e seus clientes, ele pôde contratar designers conhecidos como o artista de Art Nouveau Jan Toorop, assim como modernistas da vanguarda. Os interesses e o gosto pessoal de Van Royen tornaram-se a identidade visual da companhia.

As mais recentes técnicas gráficas passaram a ser conhecidas graças à PTT, sobretudo por meio de seus selos postais. Os selos com design fotográfico de Zwart e Kiljan foram lançados em 1931 e os de Schuitema, no ano seguinte.

Os holandeses acolheram com boa vontade as idéias vindas da Alemanha e da Rússia, absorvendo-as e, na verdade, refinando-as. Através

Selos postais, 1931
[Piet Zwart]
[Gerard Kiljan]

da energia de Van Doesburg, a participação holandesa na evolução do novo veículo de comunicação foi firmemente registrada. Em 1928, Zwart foi convidado para dirigir o departamento gráfico da Bauhaus (acabou dando apenas um pequeno curso na escola). Como membros do Ring neuer Werbegestalter, Zwart e Schuitema tiveram seus trabalhos divulgados e – junto com os de Kiljan – exibidos na mostra "Film und Foto" de Stuttgart, em 1929.

Foi, todavia, graças à iluminada tradição de designs criativos nos serviços públicos, levada adiante pelos discípulos de Zwart, Schuitema e Kiljan, que os Países Baixos mantiveram sua importância na história do design gráfico.

[Tendências nacionais até 1940]

8. SUÍÇA

"Zermatt", pôster, 1908
[Emil Cardinaux]

abaixo, à direita
19ª Exposição da Secessão, pôster, 1904
[Ferdinand Hodler]

Fábrica de Automóveis Safir, pôster, 1907
[Burkhard Mangold]

Os três artistas gráficos suíços mais conhecidos no final do século XIX eram Grasset, Steinlen e Félix Vallotton. Todos os três haviam feito carreira no exterior, na França. O eminente pintor suíço Ferdinand Hodler também fez sua primeira importante contribuição ao design fora de seu país: o pôster para a décima nona exposição da Secessão em Viena, em 1904. Sob um céu de nuvens estilizadas, uma figura, deitada sobre um campo salpicado de flores brancas, simboliza o tema da Secessão, "A primavera sagrada". Não é apenas no conteúdo visual (céu e paisagem) que esse trabalho se assemelha aos pôsteres de viagem da Suíça, mas também em seu "estilo suíço". Como nas impressões japonesas, ele elimina a perspectiva e enfatiza a bidimensionalidade da folha impressa. Hodler consegue isso desenhando as faixas do céu, sobre as quais aparecem o texto, mais ou menos com a mesma largura, em vez de diminuir essa largura gradativamente, como aconteceria numa pintura naturalista com perspectiva.

Um outro pintor, Burkhard Mangold, também antecipou a evolução do design suíço em seu extraordinário pôster de automóvel de 1907. O "S" em marrom-claro formado pela estrada – a letra inicial dos fabricantes do carro, Safir – quebra a uniformidade do fundo preto. Os designers suíços limitavam o uso da perspectiva em suas imagens e tipicamente enfatizavam a falta de relevo usando letras geométricas de espessura uniforme. Isso pode ser visto no pôster da Zermatt de 1908, criado por Emil Cardinaux. Essa abordagem bidimensional simplificada, na imagem e nas letras, foi demonstrada também por Hugo Laubi em 1920: seu pôster para o café Odeon, com sua economia geométrica, é um importante precursor dos pôsteres abstratos criados pelos designers suíços tempos mais tarde.

Otto Baumberger produziu um pôster em 1919 para a loja de chapéus Baumann, em Zurique. A história desse pôster é uma prova cabal de que os designers suíços desde muito cedo dominavam uma técnica que perdura até hoje. O pôster foi corrigido duas vezes em 1928, quan-

Odeon, pôster de hotel, 1920
[Hugo Laubi]

Baumann, pôsteres da loja
de chapéu, 1919 / 1928 /
1928 [Otto Baumberger]

do a companhia mudou-se, e reimpresso várias vezes mais tarde. A cartola, usada como símbolo do chapéu, dispensa explicações verbais. A única palavra no pôster, o nome da loja, não é apenas uma marca de produto, mas parte de uma equação: Baumann = chapéus.

O design de outro grande artista de pôster suíço, Niklaus Stoecklin, feito para o sabão Sunlight, convidava o leitor a associar o sabão e sua embalagem – posicionados no meio da parte inferior do pôster – a um lençol branco. A mensagem nua e crua – a brancura do lençol é causada pelo sabão – é amenizada pela presença da natureza na forma de uma borboleta. Esse é um dos muitos pôsteres da época cuja imagem dispensa texto. Outros exemplos são: a orelha de Stoecklin, surrealistamente ampliada no pôster criado para a Radiohaus Scheuchzer (1931); a boca aberta de Peter Birkhäuser no pôster para o Festival da Canção da Basiléia; e o botão – também de Birkhäuser – no pôster para a loja de roupas PKZ.

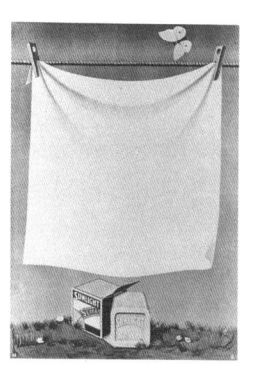

Rádio Scheuchzer, pôster,
1931 [Niklaus Stoecklin]

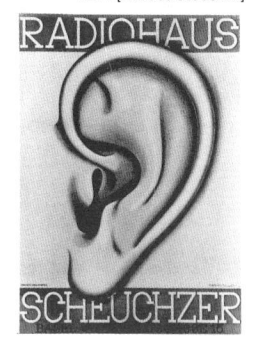

Sunlight, pôster de sabão
doméstico, 1924
[Niklaus Stoecklin]

PKZ, pôster de loja de
roupas masculinas, 1934
[Peter Birkhäuser]

Como no resto da Europa, a publicidade na Suíça era influenciada pelo exemplo americano, especialmente no uso de slogans ou de uma chamada. Daí a insistência num conceito publicitário global, que se concentrava em determinado aspecto do produto ("a proposição única de venda"). Esse conceito era desenvolvido numa campanha que vinculava os pôsteres aos anúncios de revista e jornal.

A proposição simples feita por Baumberger no pôster que criou para o *Neue Zürcher Zeitung* é a de que o jornal tem três edições diárias. Isso é traduzido graficamente na forma de três cabeças em silhueta, cuidadosamente diferenciadas; são as cabeças de um rapaz, de uma jovem e de um senhor. A força do design, todavia, é solapada por um

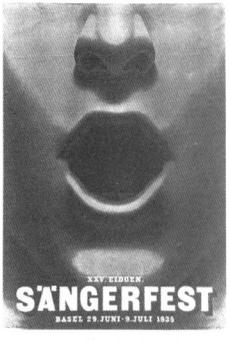

"Festival da Canção",
pôster, 1935
[Peter Birkhäuser]

Neue Zürcher Zeitung, "três
edições diárias", pôster,
1928 [Otto Baumberger]

slogan banal e surrado, no canto inferior direito da folha: "O principal jornal da Suíça para política, negócios, ciência e arte."

Se por um lado os suíços admiravam o jeito americano, os americanos por sua vez respeitavam os europeus por sua elegância e sofisticação. Admiravam particularmente os pôsteres de turismo criados por Herbert Matter. Um dos grandes inovadores do design gráfico no período que antecedeu a Segunda Guerra Mundial, Matter foi convencido a permanecer em Nova York após uma visita feita em 1936. Ele estudou pintura, primeiro em Genebra e depois em Paris, e experimentou as técnicas de colagem e montagem. Em 1929, tornou-se gerente de publicidade da firma de fundição de tipos Deberny & Peignot.

Matter voltou para a Suíça em 1931. Com o conhecimento que tinha das possibilidades criativas da fotografia e do processo de impressão, realizou seu primeiro trabalho de design para a própria indústria de impressão. Matter criou as capas do jornal *Typographische Monatsblätter* e a publicidade para a gráfica Fretz de Zurique utilizando montagens quase surrealistas. O vermelho, o azul e o preto eram suas cores preferidas. Ele as empregava em brochuras e pôsteres turísticos, para os quais preparava cuidadosas montagens e superposições de fotos recortadas, dando às vezes a impressão de serem totalmente coloridos. Diferentemente das montagens de Heartfield ou dos soviéticos, não existe no trabalho de Matter uma mistura dramática de imagens; em vez disso, Matter cria um espaço artificial e totalmente integrado.

"Todos os caminhos
levam à Suíça", "Dirija
até a Suíça" (versão
tcheca), pôster, 1934
[Herbert Matter]

Esses pôsteres foram impressos como as revistas ilustradas, ou seja, pelo processo de fotogravura, que deposita uma densa camada de tinta no papel. Suas letras, sempre em tipos sem serifa, eram impressas separadamente, para permitir a superposição de textos em diferentes línguas.

Nos folhetos em que anunciava estâncias de veraneio, Matter usou técnicas semelhantes, só que estendendo os limites da impressão tipográfica – sobrepondo imagens e fazendo-as desvanecer nas bordas, desde o cinza até o branco brilhante do papel, como imagens se dissolvendo numa tela de cinema (ver p. 17). Seus colegas, o fotógrafo Emil Schulthess (futuro editor de arte da revista *Du*, que veio a demonstrar a supremacia técnica dos suíços na área da impressão) e Walter Herdeg (que ganhou fama como editor da mais influente revista de design profissional, *Graphis*), tiveram um papel semelhante na promoção do turismo, utilizando as técnicas mais avançadas da época.

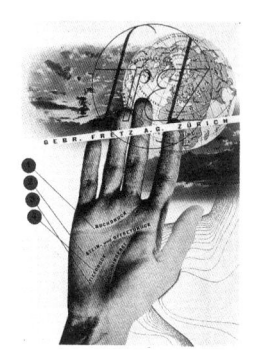

Irmãos Fretz, capa do livrete da gráfica, c. 1934
[Herbert Matter]

A influência da vanguarda se fez sentir nos anúncios publicitários das indústrias nacionais de engenharia, construção e produtos elétricos e químicos. Anton Stankowski, designer recém-chegado em Zurique, trabalhara com Burchartz e Canis no Ruhr. Ele foi o pioneiro do "design gráfico industrial" de 1929 a 1937, quando voltou para a Alemanha.

A técnica de Stankowski, que seguia o modelo de Burchartz, era exatamente o oposto da técnica de ilustrações metafóricas utilizada por Baumberger e Stoecklin. Ele apresentava os produtos da maneira mais clara possível, fornecendo apenas as informações essenciais, que arranjava de maneira assimétrica, e utilizando livremente os fios para organizar o espaço das páginas e as relações entre os elementos nelas contidos. Os textos eram sempre compostos com tipos sem serifa – ele utilizava o Akzidenz Grotesk em peso normal e negrito, exclusivamente em caixa-alta e caixa-baixa, sem nenhuma palavra em maiúscula. O artista relembrou como ele e seus colegas abordavam um trabalho: "Antes de anunciarmos alguma coisa, tínhamos de experimentá-la de verdade; tínhamos de entendê-la para poder representá-la... A maneira certa de descobrir um bom tema para um pôster de um produto vegetariano é

Brochura da Fundição Thécla, 1932
[Anton Stankowski]

Anúncio de Max Dalang "Como fazer publicidade? Uma das maneiras é usando uma câmara, que mostra os produtos de tal maneira que todos querem tê-los.", anúncio, 1934.

"Vôos econômicos de outono da Swissair", anúncio, c. 1935 [Anton Stankowski]

Billiger Herbstflugverkehr der Swissair

Fr. 55.— Zürich München
Fr. 117.— Zürich Wien
Fr. 168.— Zürich Budapest

tornar-se vegetariano por algum tempo." Stankowski tirou a maioria das fotografias de seus próprios anúncios. Em 1934, ele colaborou com Hans Neuburg na criação de um dos primeiros pôsteres em que se utilizou uma única imagem fotográfica. O trabalho foi para o caldo de carne Liebig. (Esse trabalho faz um interessante contraste com o pôster para o caldo de carne Kub, criado por Capiello três anos antes: ver p. 88.) A embalagem é impressa em amarelo puro e o logotipo "Liebig" em verde. A dona de casa, vestindo um avental xadrez cujos quadrados repetem a forma dos cubos do caldo de carne, é fotografada de baixo, em preto e branco. Ao imprimir a foto a partir do negativo, Stankowski acentuou exageradamente o ângulo de visão infantil distorcendo e estendendo o lado direito da imagem para que a atenção do leitor se concentrasse no rosto da dona de casa.

A objetividade de fotografia garantiu seu lugar na história da publicidade. Ela podia mostrar produtos conhecidos de maneira inteiramente nova, fazer o banal parecer interessante e tornar o produto irresistivelmente atraente.

"Caldo de carne Liebig", pôster, 1934
[Anton Stankowski / Hans Neuburg]

Tschichold, que muito havia feito para promover o uso da fotografia, buscou refúgio na Suíça em 1933. Ele criou o pôster para uma exposição chamada "Der Berufsphotograph" ("O fotógrafo profissional"), realizada no Kunstmuseum, na Basiléia. Foi a última vez que Tschichold seguiu seus preceitos de tipografia assimétrica num grande trabalho. Esse pôster é extremamente econômico e preciso (ver ilustração colorida na p. 17). A imagem é uma fotografia em negativo, com a borda esquerda ocupando o centro da folha. A palavra "*photograph*" inicia na borda esquerda da imagem. Junto com a imagem e a primeira parte do subtítulo, "*sein werkzeug*" (sua prática), a palavra forma uma unidade de significado. A segunda metade do subtítulo, "*seine arbeiten*" (seus trabalhos), vem depois de um travessão. O travessão une a área da imagem à área branca da folha, sugerindo que os trabalhos são, literalmente, o resultado do processo. Os demais textos informativos têm seu tamanho e posicionamento na página determinados por sua importância. O "onde" (o museu) está alinhado horizontalmente com "o quê" (*ausstellung*, a exposição); esta última está alinhada verticalmente com "quem" (o nome da organização colaboradora, que se acha na parte de cima da folha) e com o começo do título principal, posicionado abaixo. O "quando" (as datas e os horários de abertura) está posicionado segundo uma lógica menos evidente. As datas se acham numa área de cores invertidas – as letras estão em branco dentro de um fio negro, formando um outro "negativo". Os dias e os horários são apresentados numa forma tabular, na qual os horários de domingo de manhã e quarta à noite aparecem com destaque. Numa linha de texto vertical à direita, acham-se listados os nomes do designer, do fotógrafo, do compositor e do impressor. Todas as letras, exceto as do título principal, são impressas em preto, como a foto. O resto – os fios horizontais, o título principal e o subtítulo – foi impresso numa única passagem pela prensa, com diferentes cores nos rolos de tinta: amarelo na esquerda, azul no meio e vermelho na direita.

"O fotógrafo profissional", pôster da exposição, 1938 [Jan Tschichold]

O conhecimento que Tschichold e Herbert Matter tinham dos processos de impressão permitiu-lhes usar esse meio para ampliar as possibilidades expressivas do design. A superposição servia não apenas para criar o efeito de profundidade mas também, ao permitir que imagens de diferentes cores coexistissem no mesmo espaço sem anular umas às outras, para modular o significado das imagens e reforçar a relação entre elas e as palavras.

Como designer de livros na Basiléia, Tschichold começava a perceber as limitações da Nova Tipografia. Quando renunciou em 1946 ao uso do layout assimétrico na tipografia de livros, seu mais violento crítico foi Max Bill. Bill retornara de Zurique em 1929, após um período de dois anos na Bauhaus de Dessau. Ele era pintor, escultor, arquiteto, desenhista industrial e teórico. Frustrado pela falta de oportunidades na arquitetura, criou anúncios "como amador". Na verdade, Bill rapidamente tornou-se um mestre no design de materiais impressos (ver p. 16). O artista exibia em seu trabalho o racionalismo de Tschichold, embora nessa época apresentasse um pouco do formalismo que se tornou característico do design gráfico suíço.

TENDÊNCIAS NACIONAIS 83

Relache e Ariadne, pôster dos balés, 1931
[Max Bill]

Um famoso pôster para dois espetáculos de balé em 1931 sobreviveu em dois tamanhos. Numa imitação do estilo dadaísta, Bill explora as bordas ornamentais e os tipos de madeira usados nos pôsteres do século XIX, utilizando ainda o preto e a técnica multicolorida de "arco-íris", exatamente como fazia Tschichold. Além disso, como um verdadeiro bauhausiano, Bill renunciou ao uso de caixa-alta. Ainda mais célebre, e um precursor do design suíço, é o pôster criado pelo

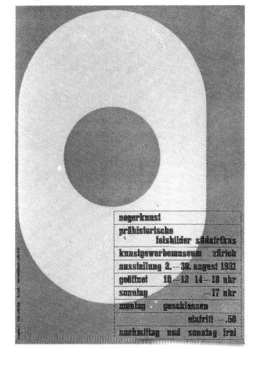

Arte negra: pinturas rupestres pré-históricas sul-africanas, pôster da exposição, 1931
[Max Bill]

artista para a exposição *Negerkunst* de pinturas rupestres pré-históricas sul-africanas. Uma forma ovalada e branca, sobre um fundo cor de camurça, é um exemplo extremo de metáfora abstrata. Sua construção geométrica, assim como toda a área do pôster, é controlada por uma relação simples mas precisa, baseada nas formas do quadrado e do círculo.

"Walter Gropius" e "Técnicas Racionais de Construção", pôster da exposição, 1931 [Ernst Keller]

Pavilhão suíço, Trienal de Milão, design da exposição, 1936
[Max Bill]

Os pôsteres de Max Bill são suas mais notáveis contribuições ao design gráfico. A variedade de sua produção é espantosa, como é extraordinária sua criatividade na área de literatura técnica, logomarcas, papéis timbrados, jornais políticos, capas de livro e anúncios. Sua realização mais significativa nos anos 30 foi o design do pavilhão suíço na exposição trienal de Milão de 1936. A austeridade controlada do pavilhão fornecia um cenário perfeito para o extremo formalismo e economia dos pôsteres expostos. Essa foi a primeira demonstração internacional do "estilo suíço", que já se achava firmemente estabelecido, vindo a tornar-se uma influência dominante no design gráfico vinte e cinco anos mais tarde.

9. FRANÇA

Rua de Paris na década de 30, de *Mise en Page*, de A. Tolmer

Pôster da loja de móveis "Au Bucheron", 1923 [A. M. Cassandre]

Não apenas para a França, mas também para o resto do mundo, Paris era ainda o centro da moda e da vida cultural. Após os horrores da Primeira Guerra Mundial, a capital conservou sua imagem de modernidade, acentuada pelas exposições internacionais e pelo *"spectacle dans la rue"* – sua constante e variada exibição de pôsteres na rua. Os pôsteres, que eram, claramente, ao mesmo tempo artísticos e comerciais, negociavam artigos de luxo, fugas da realidade, assim como os prazeres do dia-a-dia. Nos pôsteres do mais célebre e brilhante *affichiste*, A. M. Cassandre, atos como comer, beber, fumar, divertir-se e trabalhar são apresentados com monumental expressividade.

O primeiro pôster grande de Cassandre, feito para a loja de móveis parisiense Au Bucheron (O Lenhador), surgiu em 1923. Foi o lenhador, do nome da loja, que Cassandre decidiu ilustrar, e não aquilo que a loja vendia. Uma enorme figura balança seu machado, jogando-o para o canto superior esquerdo do design, que tem quatro metros de comprimento. Uma árvore cai para fora da imagem, ferindo seu canto superior direito, enquanto triângulos coloridos, indo do amarelo ao branco, se espalham simetricamente a partir da base da árvore, que fica no centro do design, logo acima da legenda. Faixas *dégradés* como essas acabaram se tornando um dos principais ingredientes do estilo Art Déco (como veio a ser chamado mais tarde).

A Art Déco firmou-se como o estilo dominante da França entre as duas guerras mundiais. Como acontecera com a Art Nouveau na virada do século, esse estilo coexistiu com outros que apresentavam ilustrações mais diretas e populares e tipos de letra mais informais. A Art Déco originou-se diretamente da pintura cubista francesa desenvolvida antes da guerra. Além do sombreamento gradativo, que realçava as bordas de formas meticulosamente selecionadas, a Art Déco também adotou uma geometria explícita. Durante os primeiros anos da década de 30, um outro estilo associou-se à Art Déco na França – um estilo que se tornou conhecido, geralmente de maneira pejorativa, como *moderne*. Embora tivesse vínculos superficiais com a "estética da máquina" do movimento de vanguarda, o *moderne* estava mais ligado ao apelo romântico dos automóveis, das locomotivas e dos navios de cruzeiro.

O *moderne* usava linhas retas, freqüentemente diagonais, e círculos. Para Cassandre a geometria era fundamental: na construção de imagens, no estabelecimento de uma relação entre a imagem e as proporções da folha impressa e no formato dos letreiros. Cassandre começava, todavia, pela palavra. "Em meu trabalho", disse, "é o texto, a letra que... inspira as idéias que geram as formas plásticas." O pôster que criou em 1924 para o aperitivo Pivolo teve origem no nome do produto – uma representação fonética de *Et puis vole haut*, um comando dado aos pilotos em fase de treinamento e que sugeriu ao artista a frase *Pie vole haut* ("a pega voa alto"). Por isso, essa ave tornou-se o motivo central do trabalho, integrando a imagem de um copo simetricamente posicionado. Quase vinte anos antes, Capiello havia feito o mesmo para criar o pôster para o conhaque Albert Robin. Ele inspirou-se na marca do produto para criar a imagem do design, um pássaro*, colocado no centro da folha, com o texto em letras geométricas.

"Pivolo", pôster, 1924
[A. M. Cassandre]

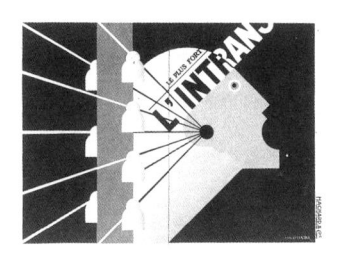

L'Intransigeant, pôster do jornal, 1925
[A. M. Cassandre]

Em 1925, Cassandre criou *L'Intransigeant*, com sua simetria diagonal. A partir de então, por dez anos, o artista produziu um total de setecentos pôsteres, entre os quais se inclui uma série de obras-primas do design gráfico. Embora conferisse um status de obra de arte àquilo que anunciava, o designer afirmava claramente que o pôster era apenas

> um meio de comunicação entre o vendedor e o público – algo como um telégrafo. O artista do pôster é como um telefonista: ele não *esboça* as mensagens, ele as *despacha*. Ninguém pergunta o que ele acha; a única coisa que lhe é pedida é que se comunique com clareza, força e precisão.

Além de pôsteres que davam aos transportes de viagem uma atraente aura poética, Cassandre criou um dos ícones da época para o Dubonnet em 1932. Em três estágios, o contorno de uma figura sentada numa cadeira é preenchido com pinceladas. A idéia de satisfação vai se desenvolvendo à medida que o nome da bebida é articulado: DUBO

Tipo de impressão Bifur, 1929 [A. M. Cassandre]

"Dubonnet", pôster, 1932
[A. M. Cassandre]

* Em inglês *robin* = tordo. (N. do T.)

TENDÊNCIAS NACIONAIS **87**

C'est dans ces modèles achevés qu'il
faut contempler, pour la comprendre,
la marche de la pensée déchirant les
voiles de l'inconnu.
Tipo Peignot, 1937
[A. M. Cassandre]

"Sem R... sem apetite",
pôster, 1933 [Paul Colin]

(*du beau*, bonito, belo, agradável); DUBON (*du bon*, bom); DUBONNET (o nome completo, o homem completo, e a garrafa aparece para tornar a encher o copo).

A palavra estava no centro das preocupações de Cassandre. O tratamento dado ao formato das letras e sua disposição na folha eram igualmente significativos. Suas letras eram quase sempre construídas com instrumentos de desenho, e as palavras, integradas no design geral ou relegadas às bordas. Seu pôster para a Bucheron apresenta várias idiossincrasias, típicas da época em que ainda não se usavam tipos ampliados nos pôsteres litografados. O "C" maiúsculo de BUCHERON corresponde exatamente à metade do círculo formado pelo "O", e os "Is" no letreiro pequeno têm pingo. No subtítulo, LE GRAND MAGASIN DU MEUBLE, o traço do "A", do "E" e o pingo do "I" são substituídos por triângulos, e o "G" termina com uma seta.

"A letra só adquire vida", disse ele, "quando é colocada em seu lugar na palavra. A imagem gráfica dessa palavra... cria em nossa mente uma harmonia que corresponde exatamente a uma idéia." Tais preocupações levaram Cassandre a desenhar famílias de tipos: a Bifur, de 1929, com seu formato geométrico, evocativo de pôster; e a rebelde Peignot, de 1937, cujas minúsculas são em sua maior parte desenhadas como maiúsculas em tamanho pequeno, revertendo a tipografia ao estágio do desenvolvimento da escrita, em que ainda não se usavam minúsculas.

Comparadas às de Cassandre, as letras de pôster dos demais designers franceses de renome eram tão banais quanto o uso que faziam de figuras solitárias desenhadas no estilo cubista. Jean Carlu, Paul Colin e Charles Loupot criaram as poucas exceções a essa regra. O "R" gigante do pôster de Colin para o aperitivo l'R dependia, para evocar a imagem adequada, da letra tridimensional cuja pronúncia ("air") fazia um jogo de palavra com a idéia central: *"pas d'air – pas d'appétit"* ("sem ar – sem apetite").

Museu Etnográfico
Trocadero, pôster, 1930
[Paul Colin]

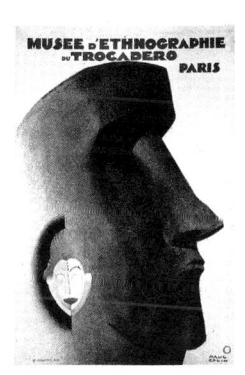

"St. Raphael Quinquina?
– vermelho e branco",
placa de anúncio,
c. 1930

O pôster de Colin para o Museu Etnográfico de Paris, criado em 1930, tem a mesma simplicidade de um trabalho de Hohlwein. Como os pôsteres alemães da época, essa criação de Colin ressalta a falta de relevo da folha e dramatiza as imagens, enfocando-as de ângulos completamente diferentes e representando-as em escalas totalmente desiguais. A escultura da Ilha de Páscoa tem enormes proporções e é vista de perfil e de um ângulo baixo, enquanto a máscara é apresentada num estilo cubista simples e colorido, em seu tamanho real.

Loupot começou uma longa associação com o aperitivo St. Raphaël, cujos anúncios viriam a se tornar um marco na história do design gráfico após a Segunda Guerra Mundial. Em um pôster de 1937, ele introduziu o par de garçons cujas silhuetas – uma branca e outra vermelha – identificavam a publicidade da companhia desde 1910. Nas décadas de 40 e 50, elas se tornaram um dos raros casos de uso de imagens abstratas na publicidade (ver p. 159).

Leonetto Cappiello era designer de pôsteres desde a Belle Epoque, na virada do século. No período entre as duas guerras, ele criou para o caldo de carne Kub uma das mais impressionantes e econômicas imagens já impressas num pôster. A simetria da cabeça do touro, o dramático branco do olho do animal, representado pela área não impressa do papel, e o cubo do caldo de carne, desenhado em perspectiva e sem

"St. Raphael Quinquina", pôster, 1937
[Charles Loupot]

Le Petit Dauphinois, pôster do jornal, 1933
[Leonetto Cappiello]

à *esquerda*
Caldo de carne Kub, pôster, 1931
[Leonetto Cappiello]

sombra, dispensam o slogan. É como um *Sachplakat* alemão. O produto é apresentado através de uma imagem a um só tempo literal e metafórica. O boi não só é a fonte do caldo, num sentido mais literal, como também confere sua força ao produto.

Nos trabalhos de Cassandre, o emprego do aerógrafo e o uso de letras geométricas expressavam a precisão da era da máquina. O pôster da estação ferroviária, desenhado pelo discípulo de Cassandre, Pierre

"Exactitude", pôster, 1932
[Pierre Fix-Masseau]

Automóveis Rochet-Schneider, livrete, 1929
[Estúdio Irmãos Draeger]

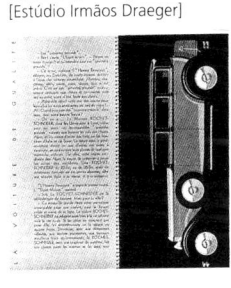

Paginação, duas páginas duplas, 1931
[Louis Caillaud]

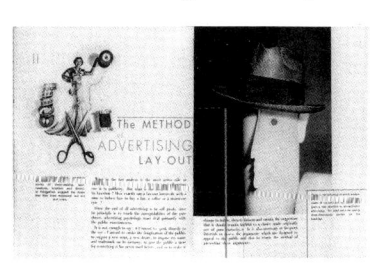

"Michelin", pôster de pneu com fotomontagem, 1932

Fix-Masseau, com as duas palavras *Exactitude* (Pontualidade) e *État* (Estado), exagera a geometria econômica de sua execução para refletir a pontualidade do serviço – o ponteiro dos minutos do relógio, um círculo branco colocado por trás da cabeça do maquinista como se fosse um halo, aponta para o centro do círculo negro que representa a caldeira da locomotiva.

Os artistas de pôster conquistaram autoridade e controle sobre sua produção graças à dependência dos impressores para os quais eles trabalhavam. As gráficas especializadas ganhavam clientes que a elas chegavam atraídos pela reputação de designers individuais. Nos anos 30, todavia, com o gradual desenvolvimento das agências de propaganda, que funcionavam à base de trabalho em equipe, e com o crescente número de revistas nas quais era possível anunciar produtos, a importância do pôster e do artista individual diminuiu.

Foram as agências de publicidade e os impressores (como Tolmer e Draeger, por exemplo), com seus próprios estúdios de design, que tentaram utilizar um estilo *moderne* radical. Muito embora Cassandre usasse elementos simples de fotomontagem, o tamanho dos pôsteres obrigava o artista a transferir seus desenhos manualmente, em vez de mecanicamente, impedindo o uso de fotografias de grandes proporções. Os designers de anúncios, brochuras e catálogos não estavam sujeitos a esse tipo de limitação, tirando proveito da fotografia e dos novos tipos sem serifa.

Em Paris, o impressor Alfred Tolmer escreveu um livro, que foi publicado em inglês em 1931, intitulado *Mise en Page: The Theory and Practice of Lay-out* (Paginação: a teoria e a prática do layout), no qual procurou apresentar de maneira radical a nova estética gráfica da França. Sua obra é original, extravagante e bem expressa. "A arte do layout hoje em dia deve sua força ao livre uso de processos. Com um aparato fotográfico, tesouras, um vidro de tinta de nanquim, outro de cola, combinados com a mão do designer e um olho livre de preconceitos, pode-se desenvolver uma composição e expressar uma nova ideia com meios simples."

O jeito suave e urbano de Tolmer era típico dos designers franceses. Os movimentos de vanguarda na França – o dadaísmo e o surrealismo – tiveram pouco impacto direto sobre o design gráfico. O uso da geometria por Cassandre e muitas de suas técnicas de pôster lembram o purismo do arquiteto Le Corbusier, a quem Cassandre encomendou o projeto de uma casa. Como teórico, Le Corbusier usava brilhantemente elementos gráficos – como diagramas e fotos cuidadosamente recortadas – em seus livros.

Os trabalhos alemães reproduzidos na revista *Arts et métiers graphiques* causaram pouca impressão na França, onde poucos designers compartilhavam do compromisso social de seus colegas vanguardistas no norte e no leste.

O design gráfico parisiense apresentava uma imagem de modernidade elegante. No final da década de 20, a antiga loja Aux Trois Quartiers adotou o estilo *moderne* em sua fachada e letreiros – um uso arquitetônico padrão de letras maiúsculas alongadas e geométricas –, bem como em seus anúncios e catálogos. Esses designs foram encomendados a um refugiado russo, Alexey Brodovitch, que viria se tornar alguns anos mais tarde, junto com o editor de arte do semanário de atualidades *Vu*, Alexander Lieberman, um dos maiores expoentes do layout em Nova York. O colaborador de Brodovitch na loja, Robert Block, identificou três tipos de publicidade:

1. Aquelas que têm de surpreender o público, a ponto mesmo de deixá-lo estupefato;
2. Aquelas que usam a repetição, fazendo que certas idéias, nomes, formas e sugestões se acumulem no cérebro do indivíduo, da mesma maneira que o contínuo gotejar da água sobre a pedra acaba erodindo-a;
3. Aquelas que estimulam o interesse, a curiosidade, o desejo de compreender, de saber... seja por sua forma, seja por sua engenhosidade.

Essa análise sugere a interdependência entre designer, cliente e público. O relacionamento entre o artista e o patrono transformara-se numa parceria comercial e profissional.

"Aux Trois Quartiers", anúncio, 1930
[Alexey Brodovitch]

acima, à esquerda
"Odéon", pôster tridimensional, c. 1937

Símbolo da Citroën, década de 20

canto esquerdo
Fábrica da Citroën, fotomontagem anunciando engrenagem, 1913

ao centro
Grade do radiador, década de 30

Anúncio iluminado na Torre Eiffel, 1925

Publicidade aérea, década de 30

10. GRÃ-BRETANHA

A evolução da vanguarda na Europa continental foi ilustrada e discutida por Tschichold, que escreveu na Alemanha uma série de relatórios publicados na revista britânica *Commercial Art* em 1930 e 1931. Na Grã-Bretanha (onde, na década de 40, Tschichold viria a trabalhar de maneira prática mas, ao mesmo tempo, elaboradamente refinada e tradicional), a Nova Tipografia era compreendida de forma muito superficial. Era vista como um estilo útil para sugerir sofisticação moderna. Os trabalhos alemães eram imitados de maneira tosca, com o uso de tipos sem serifa e fios espalhados pela página, e os pôsteres emulavam debilmente o cubismo decorativo dos designers franceses. A tradição continuou sendo a mais forte influência no design britânico.

A única reação vanguardista notável surgira, na verdade, antes da Primeira Guerra Mundial, em resposta ao futurismo. Marinetti visitou Londres em 1913 e logo depois, naquele mesmo ano, formou-se o grupo de artistas vorticistas. O espesso periódico publicado por eles, *Blast*, teve apenas duas edições, em 1914 e 1915. Era reproduzido por impressão direta, e a capa trazia letras negras de pôster diagonalmente dispostas sobre um rosa-escuro chapado. As páginas de texto eram impressas com tipos Grotesque pesados, cujos tamanhos e arranjos na página refletiam o sentido e a importância das palavras. Ao escolher essa família de tipos e trocar a simetria pelo layout propositalmente tosco dos anúncios populares, os vorticistas foram os primeiros na Grã-Bretanha a explorar a forma tipográfica como parte de uma reforma mais ampla.

Blast, página do jornal, 1914
[P. Wyndham Lewis]

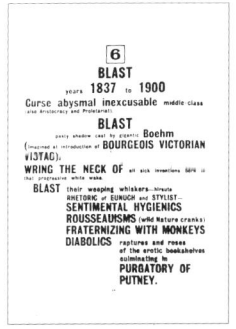

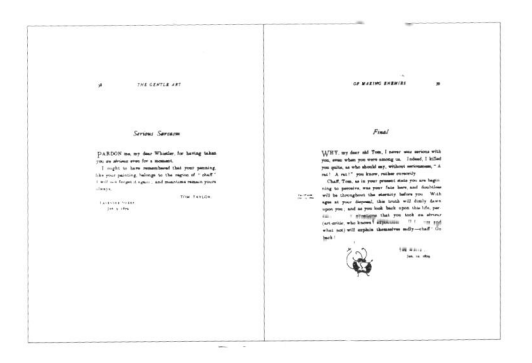

A gentil arte de fazer inimigos, folha de rosto, 1890 [J. M. Whistler]

A casa das romãs, de Oscar Wilde, página do livro, 1891 [Chiswick Press]

Não era a primeira vez que uma folha de rosto apresentava um design assimétrico. O exemplo mais notável de assimetria até então havia sido o das polêmicas publicações do artista Whistler, como *A gentil arte de fazer inimigos* (1890), cujo layout fora inspirado no trabalho de seu amigo Mallarmé e em obras japonesas, que também influenciavam algumas editoras alternativas inglesas. O dramaturgo e crítico Bernard Shaw, embora amaldiçoado nas páginas de *Blast*, insistia havia alguns anos em que as folhas de rosto de suas peças fossem alinhadas à esquerda e utilizassem apenas um tipo, o Caslon.

Foi na criação de tipos que a Grã-Bretanha deu sua duradoura contribuição para a aparência da palavra impressa. A lição aprendida pelo Movimento de Artes e Ofícios com os primeiros livros impressos resultou num tipo de design diametralmente oposto à estética etérea de Whistler. Os seguidores do movimento colocavam mais tinta no papel, insistindo em utilizar formatos de letra mais robustos e menos espaço entre palavras e linhas.

No final do século XIX, as letras utilizadas na impressão das palavras já podiam ser selecionadas por meio de um teclado e fundidas em metal através de máquinas, em vez de serem compostas à mão a partir de tipos existentes. Os sistemas concorrentes de composição precisavam oferecer a seus clientes novas famílias de tipos. A primeira família de tipos desenhada exclusivamente para o sistema de fundição da companhia Monotype foi a Imprint (1912), assim chamada em homenagem ao jornal tipográfico *The Imprint*, que desempenhara um importante papel no desenvolvimento da companhia e foi o primeiro a utilizá-la. Outros tipos baseados em modelos históricos se seguiram: Plantin (1913), Caslon (1916), Garamond (1922) e Baskerville (1923).

Um dos co-editores do *The Imprint* era o calígrafo Edward Johnston. Em seu trabalho, Johnston levava a tradição a extremos. Escrevia com pena de ganso sobre peles de animal e, como professor, convenceu várias gerações de estudantes a fazer o mesmo. Seu livro clássico, *Writing & Illuminating & Lettering* (Como criar escritas, iluminuras e letras), publicado pela primeira vez em 1906, já foi reimpresso trinta vezes. Em 1915 a companhia de metrô de Londres pediu a Johnston que criasse um alfabeto para seus cartazes, cujo design "pertencesse inequivocamente ao século XX". A companhia já experimentara letras baseadas em formatos quadrados e circulares dez anos antes de os alemães tentarem esse tipo de design. Johnston, todavia, voltou a utilizar as proporções das maiúsculas da família Classical Roman: um "O" completamente circular e as hastes verticais do "M" formando dois lados de um quadrado, com as duas diagonais encontrando-se no centro. Os pingos em forma de losango, usados na pontuação e em cima do "i" e do "j", traem claramente a origem caligráfica dessas letras. O formato diamantino do pingo é natural na escrita sobre o papel ao se utilizar uma pena com ponta quadrada.

Em 1928, quando Eric Gill, ex-aluno de Johnston e mestre no desenho de letras, criou sua família de tipos Gill Sans, tomou como modelo o alfabeto de Johnston. Diferentemente dos tipos sem serifa ale-

Three Plays for Puritans: The Devil's Disciple, Cæsar and Cleopatra, & Captain Brassbound's Conversion. By Bernard Shaw.

London: Grant Richards, 48 Leicester Square, W.C.

Três peças para puritanos, folha de rosto, 1901

(in case of overlooked or slight inaccuracies)

Instruções escritas à mão para a produção das letras do metrô (detalhe), 1915 [Edward Johnston]

MNO
hijkl

Letras do metrô de Londres, 1915 [Edward Johnston]

ABCDEFGHIJKLMNOP
QRSTUVWXYZ
abcdefghijklmnopqrst
uvwxyz

Ensaio sobre a tipografia, página do livro (mostrando o tipo Gill Sans e a composição "alinhada à esquerda", 1931 [Eric Gill]

mães, como o Futura, que surgiu na mesma época, essas letras retinham muitas das sutilezas tradicionais no que dizia respeito à variedade de espessura de traços. Os arcaicos pontos em forma de diamante, todavia, foram abandonados. O próprio Gill descreveu o design como "cinco diferentes tipos de letras sem serifa – cada um deles mais largo e espesso que o anterior, porque cada anúncio tem de tentar calar o vizinho no grito". No final, entre versões sólidas, vazadas e sombreadas, foram criadas mais de vinte variações do tipo Gill Sans. Gill desenhou uma série de tipos serifados, incluindo o popular Perpetua, mas, dentro de seu gênero, o Gill Sans tornou-se o mais amplamente difundido na Grã-Bretanha nos trinta anos seguintes, especialmente na impressão de formulários e tabelas de horários.

"Hoje em dia, a principal tendência das letras é, sem dúvida, a folha impressa ou o livro... nem o cinzel nem a pena exercem mais qualquer tipo de influência", escreveu Gill em seu influente *Ensaio sobre a tipografia*, publicado pela primeira vez em 1931. Parte da importância desse livro está na defesa e demonstração de um tipo de composição "não justificado", ou seja, "com a esquerda alinhada e a direita desalinhada", um estilo que só veio a se tornar comum quarenta anos mais tarde. Gill assinalou que "com palavras de tamanhos diferentes é impossível conseguir que todas as linhas tenham o mesmo cumprimento". Ou bem você espacejava as palavras de modo desigual, ou criava linhas de tamanhos desiguais. A legibilidade, pensava ele, era maior quando o espaço entre as palavras era uniforme do que quando o comprimento das linhas coincidia. Numa época em que a maioria dos tipógrafos mais avançados da Europa ainda lutava para enfiar suas linhas de tipos em caixas, tal sugestão era vista como radical.

Formulário de telegrama antes e depois da mudança no design, c. 1935 (tipo Gill) [Stanley Morison]

O consultor da Monotype que contratara Gill foi Stanley Morison. Historiador autodidata do design tipográfico e também tipógrafo, Morison firmou-se na carreira por sua erudição e sua forte personalidade de líder. Foi consultor do jornal *The Times*, que ele redesenhou utilizando uma família de tipos criada sob sua instrução. Essa família foi o Times New Roman, que, junto com sua versão em negrito, ainda é muito utilizada em revistas e livros. Os critérios de Morison eram sempre de fundo prático, e ele defendia suas inovações com ataques diretos ao conservadorismo da indústria de impressão. "Para ser eficiente, você tem de surpreender – *espantar*. Não existe aqui critério de ninguém, mas individualidade e novidade. Moderando e controlando esses dois elementos com lógica, o impressor progressista criará regras novas para

The Times, cabeçalhos, 1932
[Stanley Morison]

Família de tipos Times New Roman, 1932

ABCDEFGHIJKLMNOPQRSTUVWXYZ
abcdefghijklmnopqrstuvwxyz

cada situação", escreveu ele. Isso parece uma receita para as sobrecapas que Morison criou para o editor Victor Gollancz a partir de 1929. O papel amarelo e brilhante chamava a atenção, e as pessoas pegavam os livros atraídas pelo seu conteúdo na parte da frente, que era geralmente apresentado em tipos contrastantes. Essa tipografia tinha muito do estilo tosco inventado pelo *Blast*, que fugia a qualquer tradição. Morison não via com bons olhos o princípio de quebra de regras defendido pelos adeptos da Nova Tipografia, mas, ironicamente, estes compartilhavam com ele a crença de que a "tipografia é um meio eficiente para chegar a um fim essencialmente utilitário e acidentalmente estético".

Para o monograma "vg" nas sobrecapas dos livros da Gollancz, Morison recorreu a um artista de pôster americano, Edward McKnight Kauffer, o mais prolífico dos designers contratados pelo metrô de Londres. O entusiástico gerente de publicidade da companhia de transporte de Londres, Frank Pick, escolhera os pôsteres como um meio de, em primeiro lugar, estimular os passageiros a utilizar os ônibus e metrôs fora do horário do rush, e em segundo lugar, convencer os anunciantes de que a colocação de pôsteres na área do metrô era um grande negócio. A principal função dos pôsteres era estética: decorar as estações. Uma outra intenção foi a de propiciar ao público uma educação artística (cópias desse material podiam ser adquiridas). As pinturas forneciam as imagens. As letras eram como um rótulo, visando menos identificar a imagem do que justificar sua presença.

Kauffer havia chegado à Inglaterra em 1914, após uma turnê pelo continente. Ele se impressionara com os artistas de pôster alemães, especialmente com Hohlwein. A maneira com que Hohlwein utilizava a tinta, dando-lhe uma textura estilizada, foi imitada por Kauffer no primeiro pôster que ele fez para a companhia de transporte de Londres – para um anúncio da North Downs. O trabalho mais famoso de Kauffer foi um design de pássaros feito em estilo vorticista. A obra foi comprada pelo *Daily Herald* e ganhou um slogan artificial, "The Early Bird" (O madrugador). Esse trabalho levou Churchill a sugerir que Kauffer desenhasse um emblema para a Royal Flying Corps. Essa sugestão não deu em nada, mas o design pode ter sido a fonte inspiradora do célebre símbolo "Speedbird" (pássaro veloz), desenhado dez anos mais tarde para a Imperial Airways por Theyre Lee-Elliott.

Entre 1915 e 1940, Kauffer produziu 250 pôsteres e 150 sobrecapas de livros, dando à versão vulgarizada do cubismo um estilo Art Déco; pe-

The Running Footman, parte da frente da sobrecapa do livro, 1931 [Stanley Morison], monograma (canto superior esquerdo), 1931 [E. M. Kauffer]

Daily Herald, pôster, 1918 [E. M. Kauffer]

The North Downs, pôster de viagem [E. M. Kauffer]

"Força", pôster do metrô de Londres, 1930 [E. M. Kauffer]

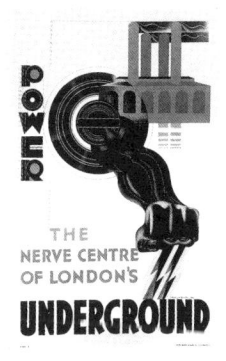

Imperial Airways símbolo, c. 1934 [Theyre Lee-Elliott]

quenas áreas de cor – quadrados, triângulos, segmentos de círculos e arcos –, freqüentemente esmaecidas ou dégradées graças ao uso de salpicos de tinta ou pontilhados, são justapostas umas às outras, áreas claras contra escuras, para sugerir profundidade. Como acontecia na França, o uso generalizado de aerógrafos ajudou essa técnica a tornar-se um maneirismo institucionalizado. Kauffer e os demais artistas de pôster, auxiliados por gerentes de publicidade que atuavam como seus patronos, mantinham esse veículo de expressão num mundo próprio: não era arte, nem indústria, nem ainda design gráfico.

Na maior parte dos pôsteres ingleses as imagens e as palavras não eram adequadamente combinadas para expressar uma idéia. O pôster de Kauffer, "Força: o centro nervoso do metrô de Londres", tem algo da geometria de um trabalho de Cassandre. A idéia, todavia, é tão confusa quanto sua apresentação gráfica. O pôster tem três idéias: força, centro nervoso, metrô. A força é representada duas vezes: por sua fonte, a estação de força, que é vermelha, e também por um braço preto musculoso com a mão fechada, do qual irradiam raios estilizados, símbolos do tipo de força – a eletricidade. O "centro nervoso" é ilustrado de maneira mais ambígua – por meio de nervos, que aparecem como finas linhas azuis, semelhantes a veias, no braço saindo de um círculo negro. O círculo negro, que lembra um disco de vinil, se funde à central de força graças ao uso de tinta borrifada. No centro do disco, acha-se o símbolo do metrô, ligado à palavra "Underground" (metrô). A palavra "Power" (força), escrita predominantemente em preto, liga-se à palavra "Underground" pela cor e, espacialmente, por meio do círculo e do braço. O vermelho utilizado nas letras de "Power" vincula esta palavra à estação de força. Mas o vermelho também foi utilizado nas letras que compõem a palavra "nerve centre" (centro nervoso), o que dificulta a localização do centro nervoso – o lugar onde as decisões são tomadas e o controle é exercido. A grande variedade de convenções gráficas utilizada – a ilustração metafórica (o edifício e o braço), os raios estilizados, os símbolos do metrô, as letras e linhas – não ajuda na transmissão de uma mensagem clara.

Os pôsteres da companhia de petróleo Shell, na década de 30, eram tão variados quanto os da companhia de metrô. Com seu próprio estúdio de design, a Shell também contratou os mais famosos pintores, no estilo tradicional e moderno, para a criação de pôsteres que construíssem uma imagem cultivada, mas pequeno-burguesa, para seus produtos. Abandonando a marca registrada da empresa, e não fazendo nenhuma referência visual a seus produtos, esses artistas limitaram-se a vincular a palavra Shell a uma série de slogans que identificavam determinados grupos profissionais como usuários da companhia: "Os atores preferem a Shell", "Os músicos preferem a Shell".

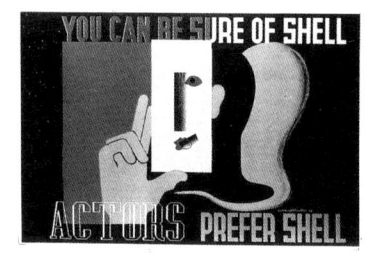

"Os atores preferem a Shell", pôster, 1935 [E. M. Kauffer]

"Hora de mudar para Shell de inverno", pôster, 1938 [Tom Eckersley/Eric Lombers]

Kauffer, que produziu para a série Shell alguns dos designs mais modernistas da campanha, criou também um mascote para a companhia – a silhueta de um manequim. O seu jeito robotizado lembra uma máquina; suas juntas circulares sugerem lubrificação. Era uma figura versátil, aparecendo em latas de óleo, anúncios impressos e no primeiro filme publicitário colorido, feito em 1935, no qual ganhou movimentos animados.

Seguindo o exemplo de Frank Pick no metrô de Londres, a London and North Eastern Railway, com suas duas mil estações, também introduziu seu "estilo da casa". A LNER escolheu o tipo Gill Sans para os cartazes e para a publicidade impressa, persuadindo ainda o próprio Gill a posar para uma foto, tirada por fotógrafos da gráfica, em que aparece numa locomotiva com suas letras. O material impresso da companhia, produzido por várias firmas em diferentes partes do país, podia ser padronizado, o que trazia vantagens econômicas, além de permitir à LNER fazer algo que tanto ansiava, "falar com a mesma voz".

"Novos óleos lubrificantes da Shell", detalhe do pôster, 1937 [E. M. Kauffer]

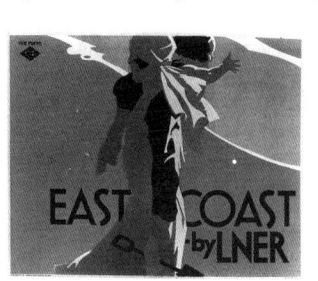

"East Coast", pôster de viagem, 1935 (tipo não criado por Gill) [Tom Purvis]

Também em relação aos pôsteres, a LNER adotou uma política semelhante à da companhia do metrô de Londres, contratando Cassandre e Hohlwein. O mais prolífico designer da companhia foi Tom Purvis, cujo estilo, caracterizado pelo uso de cores uniformes, representava uma imaculada modernização do estilo de Beggarstaffs. Era fácil de ser reproduzido: não havia tons *dégradés* a serem interpretados no estúdio do impressor; a área de cada lado de um traçado era de uma cor ou de outra. Purvis usava toda a área em seus designs, incorporando a parte não impressa não como fundo, mas como uma das cores.

Não foi um designer de pôster que garantiu à companhia de metrô de Londres um lugar na história do design gráfico, mas um engenheiro-projetista, Henry Beck, cujo feito foi redesenhar o mapa do metrô (ver p. 13). Beck apresentou o sistema numa grade octogonal, de modo que suas linhas se encontravam em ângulos de 90 ou 45 graus. As estações foram dispostas de maneira a mostrar a posição de uma em relação à outra, e não a distância real entre elas. A inclusão do rio Tâmisa, serpenteando ao longo da parte inferior do diagrama, ajudou a dar uma idéia de posicionamento e escala. As estações de transferência e baldeação foram indicadas com sinais claros, e o uso de tipos Johnston deu um toque final à credibilidade geométrica do mapa.

Mapa do metrô de Londres (ver p. 13), detalhe de versão posterior, década de 60

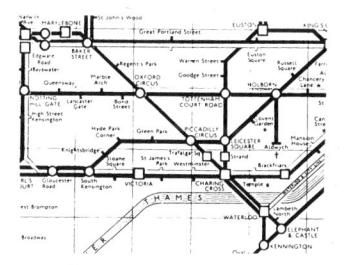

Outras representações simbólicas de tempo, distância e quantidade apareceram em anúncios, pôsteres e exposições da indústria. Theyre Lee-Elliott demonstrou que a "informação numérica", representada graficamente, "fornece ao olho aquela prova visual que infunde maior convicção".

Esse tipo de representação gráfica das estatísticas, inspirada no sistema vienense Isotype, foi introduzido na Inglaterra por Tschichold, em 1932, nas páginas da *Commercial Art*, onde o designer também defendia o uso da fotografia. Esta podia ser usada de "três formas: como uma fotografia composta, como uma cópia dupla e como um fotograma". A "fotografia composta" era uma outra maneira de se referir à fotomontagem, uma técnica usada por Maurice Beck Studios, que anunciava seus serviços regularmente na mesma revista.

A preocupação com a segurança nos transportes públicos deu origem a um dos primeiros e mais impressionantes pôsteres da companhia de transporte londrina, "A maneira correta de sair", de Fred Taylor, em 1914. A companhia queria agora tranqüilizar o público quanto à sua tecnologia para garantir a segurança dos passageiros. Para isso eles contrataram Maurice Beck, cujos pôsteres mostravam o homem controlando a tecnologia: a mão do ferroviário e o slogan escrito em letra cursiva transmitiam essa idéia e faziam um contraste com a maquinaria sob o controle da mão.

A influência direta do continente, junto com uma abordagem claramente mais funcional do design, chegou com a primeira leva de refu-

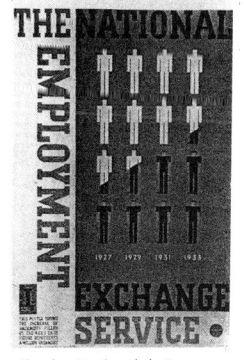

Serviço Nacional de Empregos, pôster informativo, 1936
[Theyre Lee-Elliott]

Metrô de Londres, pôsteres,
c. 1935 [Maurice Beck Studios]

giados políticos da Alemanha. Assim como Tschichold escapara para a Suíça, Moholy-Nagy estava entre aqueles que buscaram asilo político e emprego na Inglaterra, aonde chegou em 1935. Antes de partir para os Estados Unidos, Moholy-Nagy passou dois anos desenhando sobrecapas de livros e pôsteres para o metrô, preparando uma exposição para a Imperial Airways e, como diretor de comunicação visual da Simpson's, montando a nova loja masculina em Piccadilly. Também trabalhou como fotógrafo e, para suas fotos litorâneas publicadas na *Architectural Review*, criou layouts que, graças a orifícios recortados nas folhas, permitiam uma visão parcial das páginas subseqüentes, envolvendo o leitor numa arte da descoberta.

Na Simpson's, Moholy-Nagy foi patrocinado pelos agentes de publicidade da companhia, a firma W. S. Crawford. A Crawford era o lar do principal designer modernista britânico, Ashley Havinden. Tendo entrado para a firma em 1922, "Ashley" foi o responsável por uma famosa campanha para os carros da Chrysler no final dos anos 20. A Monotype desenvolveu as letras utilizadas nessa campanha criando a família de tipos Ashley Crawford. As letras pinceladas de Ashley tornaram-se tipos conhecidos como Ashley Script.

Os designers, ainda conhecidos como "artistas comerciais", eram contratados por agências de publicidade como a Crawfords e por gráficas, para trabalharem em seus estúdios de design. Algumas delas, como a Cresset Press e a Curwen Press, produziam brochuras e catálo-

Metrô de Londres, explicação do funcionamento das novas portas automáticas, pôster, 1937 [Laszlo Moholy-Nagy]

"Beba leite diariamente",
pôster, 1935
[Ashley Havinden]

Bassett Gray Industrial Art, pôster para anunciar serviços de design, c. 1932 [Milner Gray]

Tipography 8, capa da revista, 1939 [Robert Harling]

gos elegantes. Havia ainda os estúdios de arte comercial, que prestavam serviços para agências, gráficas e diretamente aos clientes. Tais serviços podiam incluir fotografia, retoque, letras, ilustrações e desenho técnico.

Muitos designers eram autônomos e alguns trabalhavam em associação com outros, como o grupo Bassett Gray, fundado em 1921. O Bassett Gray queria "seguir um caminho intermediário entre, de um lado, a influência imbecilizante das fábricas de arte comercial e, do outro, as limitações impostas pelo isolamento total". Por volta de 1932, não apenas podiam estilizar produtos, como produziam designs de anúncios, pôsteres, exposições, embalagens e tipografia. Além da criação de brochuras, folhetos e sobrecapas, esse era o trabalho executado pelos jovens designers gráficos britânicos e também, no final da década de 30, por seus colegas da Europa continental.

[O designer e o diretor de arte]

11. OS ESTADOS UNIDOS NOS ANOS 30

Para muita gente na Europa, inclusive o designer Raymond Loewy, "a América parecia ser um lugar incrivelmente maravilhoso, viril e moderno". Ele imigrou para os Estados Unidos após a Primeira Guerra Mundial e, em 1940, redesenhou o maço do cigarro Lucky Strike. A imagem da América não se originava apenas do cinema, mas também das páginas das revistas populares e de seus anúncios.

Chesterfield, outdoor, c. 1935

A interdependência econômica entre as revistas e os anúncios refletia-se na semelhança de design existente entre as matérias das revistas e as páginas de propaganda. Ambas tinham títulos, colunas em texto e o mesmo tipo de ilustração. À medida que o jornalismo e a publicidade passaram a depender cada vez mais das imagens – o elemento "artístico" –, sua reprodução e layout tornaram-se responsabilidade de um "diretor de arte".

Nos Estados Unidos, o cargo de diretor de arte veio antes da profissão de design gráfico. O Clube dos Diretores de Arte de Nova York foi fundado em 1920. A exposição anual e a publicação de seu *Anuário* ajudaram no reconhecimento de designers cujo trabalho não era em si publicitário, como a criação de timbres e de material de exposição.

Se por um lado os europeus admiravam o dinamismo da atividade comercial norte-americana, os norte-americanos por sua vez voltavam-se para a Europa em busca de cultura moderna e sofisticação. Ao procurar talentos na Europa, o editor nova-iorquino Condé Nast descobriu essas qualidades num membro de sua própria equipe, o russo Mehemed Fehmy Agha, que na época trabalhava na edição alemã da *Vogue*, em Berlim. Em 1929, Condé Nast levou Agha para os Estados Unidos como diretor de arte da *Vogue*, da *House and Garden* e do "caleidoscópio da vida moderna", a *Vanity Fair*. Como diretor de arte, Agha assumiu o controle das revistas e passou até a contribuir pessoalmente com fotografias e artigos. Introduziu na revista a elegância parisiense e a experiência alemã, assim como fotos que "saíam" pelos cantos da página e os "tons duplos" (fotos em preto e branco impressas em duas cores). Em 1932, usou pela primeira vez na *Vogue* uma foto totalmente colorida. Agha tinha um completo conhecimento das técnicas fotográficas e de impressão, além de estar a par do movimento de vanguarda.

Vanity Fair, página dupla, 1936 [M. F. Agha]

Encorajou seus designers a pilhar os tesouros do "templo do construtivismo". Também introduziu a folha dupla quadriculada e o espelho, para que os elementos do layout fossem colados com precisão, dispensando o uso dos antigos esboços desenhados a lápis. Ele foi também o primeiro a encarar a revista como uma série de páginas duplas em vez de uma seqüência de páginas individuais. Agha introduziu técnicas de composição em que o texto imitava o arranjo das fotos adjacentes, além de artifícios de diagramação que uniam graficamente as páginas de uma mesma matéria, de modo que formassem uma unidade distinta dentro da revista. Ele planejava a edição da revista antes que as fotos fossem tiradas e empregou os melhores fotógrafos da época, incluindo Edward Steichen e George Hoyningen-Huene, da Alemanha, e o jovem Cecil Beaton, da Inglaterra.

As capas da *Vanity Fair* eram geralmente obra de pintores – entre eles Raoul Dufy – e ilustradores, com destaque para Paolo Garretto. Para a edição de julho de 1934, Garreto representou a presença de intelectuais no governo americano colocando um chapéu de formatura e óculos sobre o Capitólio de Washington. Esse tipo de justaposição de símbolos tornou-se a partir de então uma praxe no design gráfico. A chamada (o título na parte da frente da revista) raramente dispensava o uso de caracteres maiúsculos robustos sem serifa, mas variava, aparecendo com letras vazadas e sombras, ou com luzes, flores ou bandeiras.

As capas com fotos coloridas identificam Agha como um diretor de arte moderno e original. O estilo gráfico da imagem tinha de represen-

Vanity Fair, capa, 1934 [ilustrador Paolo Garretto [diretor de arte M. F. Agha]

Vanity Fair, capa, 1934 [M. F. Agha]

The Saturday Evening Post, capa, 1916 [ilustrador Norman Rockwell]

tar o conteúdo da revista, mas o truque por trás da elegância da imagem, a atenção dada a cada detalhe de modo que contribuísse para o efeito geral precisavam ser ocultados. Segundo Agha, o diretor de arte "planeja, coordena e ensaia, mas não atua; pelo menos, não em público". As atuações públicas eram deixadas para os métodos mais tradicionais de ilustração de capa. Esses métodos são exemplificados pelas ilustrações feitas, desde a Primeira Guerra Mundial até a década de 60, para o *Saturday Evening Post* por Norman Rockwell, cujo talento para criar ilustrações era um dos prazeres dos leitores da revista. Tal como os autores da maior parte das ilustrações publicitárias, Rockwell também produziu cenas da vida doméstica. Essas cenas eram freqüentemente copiadas de fotos e podiam ser descritas como "fotográficas", possuindo exatamente aquilo que faltava nos instantâneos, cor e extrema nitidez. O que dava autoridade a uma fotografia, porém, era o fato de ela parecer ter sido produzida por uma máquina. Manipulada pelo diretor de arte, a foto substituiu em grande parte as ilustrações desenhadas.

Agha permaneceu na Condé Nast até 1943. Suas técnicas foram expandidas e desenvolvidas em outras revistas por designers que haviam trabalhado com ele e também por Alexey Brodovitch, que, tendo chegado de Paris em 1930 para lecionar na Filadélfia, começou a trabalhar como diretor de arte na revista concorrente, a *Harper's Bazaar*, em 1934. Brodovitch trabalhava com alguns dos fotógrafos europeus contratados por Agha, além de Bill Brandt, Brassai, Cartier-Bresson e seus protegidos, os americanos Irving Penn e Richard Avedon. Para criar as capas, Brodovitch contratava Cassandre, cujos pôsteres haviam sido exibidos no Museu de Arte Moderna de Nova York no começo de 1936. Os efeitos de Brodovitch baseavam-se no contraste. Ele refinou a técnica de Agha no uso Bodoni, cujo brilho dava realce às fotografias ferozmente recortadas, dramaticamente justapostas e elegantemente arranjadas em seqüências gráficas.

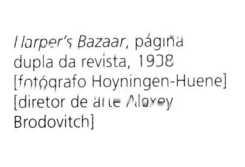

Harper's Bazaar, página da revista, 1936 [fotógrafo Man Ray] [diretor de arte Alexey Brodovitch]

Harper's Bazaar, página dupla da revista, 1938 [fotógrafo Hoyningen-Huene] [diretor de arte Alexey Brodovitch]

A direção de arte foi uma contribuição especificamente americana ao design gráfico. Apesar disso, a concorrência comercial necessitava de imagens de identificação para distinguir uma marca da outra. Para obter isso, é preciso criar uma mensagem simples, memorável, que seja transmitida com clareza mas dê espaço para um tanto de expressão estética, como acontece com a logomarca da Coca-Cola. O maço de

Lucky Strike criado por Loewy é um outro exemplo. Como era uma recriação de um design já existente, o poder de decisão estética se limitou à alteração da cor; mas o resultado final dessa escolha foi tão crucial quanto prático. Como explicou Loewy: "Antes – o velho maço do Lucky Strike era verde-escuro. Na parte da frente, ficava o famoso alvo vermelho do Lucky Strike. A parte de trás continha um texto que pouca gente lia. A tinta verde era cara e exalava um leve odor. Depois – o novo maço é branco e o alvo vermelho permaneceu inalterado. O texto na parte de trás foi transferido para as áreas laterais, e o alvo aparece nos dois lados. Os custos de impressão foram reduzidos."

Lucky Strike, novo design do maço de cigarro, 1940, de *Never Leave Well Enough Alone* [Raymond Loewy]

Essas observações simples e prosaicas refletem uma preocupação com o processo de impressão, com a imagem do produto (ao colocá-la em ambos os lados do maço, ele duplicou sua exposição) e com a resposta do consumidor (o maço branco, segundo o artista, sugere "frescor de conteúdo e pureza na fabricação").

O envolvimento direto do diretor de uma companhia com a embalagem ou design de um produto deixou de existir com a crescente utilização de agências de publicidade e o surgimento do gerenciamento especializado nas companhias. O primeiro design corporativo completo, todavia, foi adotado pela Container Corporation of America (CCA). A adoção do design foi iniciada pelo proprietário da companhia, Walter Paepcke. Em 1936, ele designou um diretor de arte para a CCA, Egbert Jacobson, e para cuidar da publicidade da empresa contratou a mais antiga agência de propaganda dos Estados Unidos, a firma N. W. Ayer, da Filadélfia. Charles Coiner, o diretor de arte da Ayer, estava esperando no cais quando Cassandre chegou de Paris em 1936, em uma viagem de trabalho a Nova York. Antes de deixarem o cais, Cassandre já aceitara um contrato para criar o primeiro de uma série de anúncios para a Container Corporation (que mais tarde veio a incluir o notoriamente pretensioso "Grandes Idéias do Homem Ocidental"). Esses anúncios tinham como objetivo dar à companhia "uma personalidade distinta e identificá-la com o que havia de melhor nas artes gráficas", disse Paepcke. Na realidade, embora a associação de designers e artistas para a promoção das grandes empresas tenha conferido status aos primeiros, foi somente nos primeiros anúncios, naqueles feitos antes do final da Segunda Guerra Mundial, que designers como Herbert Matter e Matthew Leibowitz tiveram a oportunidade de demonstrar que o desenho gráfico podia combinar palavras com uma imagem para transmitir uma idéia.

Os negócios também estimularam o design de informação. As companhias farmacêuticas, com seus folhetos promocionais, tiveram parti-

"Concentração", anúncio da Container Corporation of America, anúncio, 1938 [A. M. Cassandre]

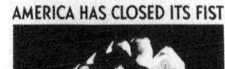

"A América fechou a mão... a publicidade tem primeiro de superar a relutância em gastar... dinheiro", pôster, 1933 [Young and Rubicam]

O DESIGNER E O DIRETOR DE ARTE 105

cular importância nessa área pelo uso que faziam de tabelas, mapas e diagramas. Esses elementos gráficos cumpriam um papel fundamental nas páginas da revista de negócios *Fortune*. A revista mensal, de formato grande, fora lançada poucos meses antes do grande crack da bolsa de 1929. Suas capas na década de 30 apresentavam sofisticadas pinturas e ilustrações, muitas vezes realizadas por artistas esquerdistas como Léger, Diego Rivera e Ben Shahn. Aos poucos esse tipo de ilustração foi perdendo terreno para o trabalho de designers gráficos locais e estrangeiros, como Will Burtin, que foi diretor de arte da *Fortune* na década de 40.

"Olhe os Fords passando", outdoor, 1937
[A. M. Cassandre]

O design gráfico moderno europeu disseminou-se nos Estados Unidos graças à imigração para o país de muitos profissionais da área. A contribuição de seus trabalhos foi sentida instantaneamente. Aqueles que lecionavam, como Brodovitch, puderam educar uma nova geração. Herbert Matter se fixou em Nova York e se estabeleceu como fotógrafo, trabalhando para Agha na *Vogue* e para Brodovitch na *Harper's Bazaar*. A tomada do poder pelos nazistas forçou a emigração de Will Burtin, que deixou para trás uma bem-sucedida firma de design em Colônia em 1938. Poucos meses após sua chegada aos Estados Unidos, começou a dar aula numa das escolas de arte comercial de Nova York, o Pratt Institute. Juntou-se a ele nessa escola Ladislav Sutnar, o designer do pavilhão não construído da Tchecoslováquia na Feira Mundial de Nova York de 1939, que se encontrava então em dificuldades financeiras na cidade.

Fortune, capa da revista, 1939 [Herbert Bayer]

Herbert Bayer, ao visitar Nova York em 1936, foi incumbido de organizar uma exposição sobre a Bauhaus, que teve início no Museu de Arte Moderna no final de 1938. Decidiu ficar nos Estados Unidos e tornou-se uma importante influência, especialmente no design de exposições. Schawinsky estava lecionando com Albers no Black Mountain College. Moholy-Nagy chegara da Inglaterra e, com seu conterrâneo, o húngaro Gyorgy Kepes, lutava para criar uma nova Bauhaus, que viria a se tornar o Institute of Design, em Chicago. Os livros de Moholy-Nagy (publicados posteriormente), *The New Vision* (A nova visão – 1944) e *Vision in Motion* (Visão em movimento – 1947), e o de Kepes, *Language of Vision* (A linguagem da visão – 1944), contribuíram para o surgimento de novas

A Nova Bauhaus, símbolo do primeiro prospecto, Chicago, 1937

posturas em relação à percepção, num mundo gráfico dominado pela fotografia. Integrando texto, imagem e legenda, tiveram grande influência no design de livros e na criação de layouts de revistas.

Lester Beall, Alvin Lustig e Paul Rand, designers com carreiras estabelecidas antes 1940, foram os três norte-americanos que sobressaíram após a Segunda Guerra Mundial. Autodidata, Lester Beall trabalhava em Chicago desde 1927 como designer de anúncios autônomo. Em 1935, mudou-se para Nova York e em 1937 tornou-se um dos primeiros designers americanos a ter seu trabalho exposto na revista mensal alemã *Gebrauchsgraphik*. Nesse mesmo ano, o Museu de Arte Moderna expôs os pôsteres criados por Beall para a Rural Electrification Administration, que fazia parte de um programa do presidente Roosevelt para melhorar as condições de vida das vítimas da Depressão. Mais de 30 mil designs de pôster foram feitos para esse projeto, a maioria dos quais impressos por serigrafia, que permitia apenas o uso de algumas cores uniformes. Beall disse que esses trabalhos foram influenciados pelos "pôsteres políticos americanos, o pôster de recrutamento da Guerra Civil e a Die Neue Typographie... e pela busca dos designers por formas vigorosas, diretas e estimulantes." As formas gráficas retiradas da bandeira americana proporcionavam justamente o

Works Progress Administration Federal Arts Project, pôster, Cleveland, Ohio, c. 1939 [Stanley T. Clough]

à *esquerda e abaixo*
Rural Electrification Administration, pôster, c. 1937 [Lester Beall]

vigor, a objetividade e o estímulo que Beall buscava, e ele freqüentemente utilizava esse expediente com originalidade. Seu pôster de jovens fazendeiros apoiando-se numa cerca transmite uma idéia simples de segurança: sob a bandeira americana eles fazem parte do New Deal. Em muitos dos depoimentos gravados de Beall, pode-se discernir um eco da visão utópica de William Morris – "a feiúra é um tipo de anarquia que deveria ser eliminada" –, só que numa versão americana – "O bom design é um bom negócio".

Os trabalhos mais importantes de Alvin Lustig foram na área de design de livros. O tempo que passara na comunidade de Frank Lloyd Wright serviu para que germinassem em sua cabeça alguns dos mais originais trabalhos de tipografia. O uso que Lustig fazia do material tipográfico tinha uma inventividade comedida que faz os trabalhos de tipógrafos alemães como Joost Schmidt, que utilizava material semelhante, parecer toscos e indisciplinados.

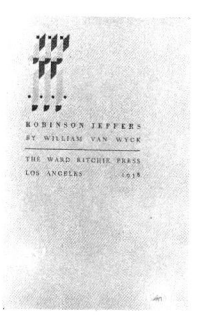

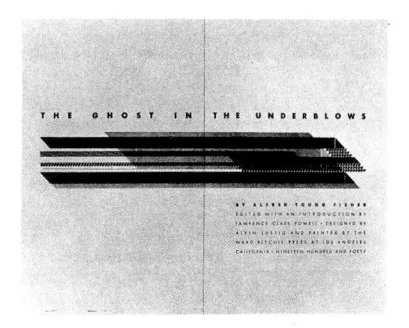

O DESIGNER E O DIRETOR DE ARTE **107**

canto direito
The Ghost in the Underblows, folha de rosto do livro, página dupla, 1940 [Alvin Lustig]

acima
Robinson Jeffers, folha de rosto do livro, 1938 [Alvin Lustig]

A linguagem gráfica de Lustig em trabalhos posteriores é muitas vezes difícil de ser distinguida da de Beall ou do trabalho do virtuoso Paul Rand. Nessa época, Rand era diretor das revistas *Esquire* e *Apparel Arts*. Em suas capas, e na capa da revista bimensal *Direction*, Rand afirmava estar "tentando fazer o trabalho que faziam Van Does-

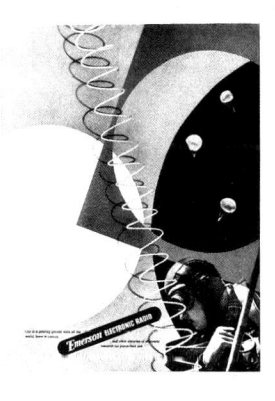

Rádio da Emerson Electronic (fotograma), anúncio colorido, c. 1940 (Paul Rand)

Apparel Arts, capa da revista, 1939 (fotograma e montagem) [Paul Rand]

burg, Léger e Picasso – trabalhar com o espírito deles". Na realidade, ao utilizar a montagem e a colagem, especialmente combinando recortes de papel colorido com fotografias e desenhos de traços econômicos, ele e alguns outros estavam reutilizando os mesmos elementos da arte moderna européia – principalmente os usados por Ma-

Direction, capa da revista, 1938 [Paul Rand]

tisse, Picasso e Miró – e improvisando uma linguagem visual flexível. Isso não era apenas uma maneira de exercitar uma estética avançada. Como insistia o pragmatismo americano de Beall, "é preciso haver uma conexão funcional direta entre o design (e seus elementos) e o tema ou mensagem que os designs estão tentando projetar". Além de desenvolver a arte da tipografia, esses artistas utilizavam uma técnica que, duas décadas mais tarde, veio a ser reconhecida como design gráfico.

Funny Business, capa da revista, 1937
[Lester Beall]

12. GUERRA E PROPAGANDA: DÉCADA DE 20 A 1945

"Chega de guerra",
pôster, 1923
[Käthe Kollwitz]

Gustav Klutsis retocando
uma fotografia de Stalin,
1932

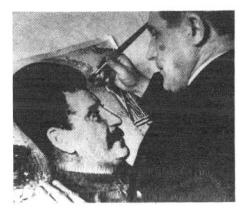

canto direito
"Vote no 'Sim'", pôster do
referendo de Hitler, 1934

(Mussolini) Ano XII da era
fascista (fotomontagem),
pôster, 1934
[Xanti Schawinsky]

Quando a guerra foi declarada em 1939, o design gráfico começava a desempenhar um papel crucial na vida política dos países, particularmente na época das eleições. Os muros ficavam cobertos de pôsteres, as ruas de folhetos e faixas, e cartazes proliferavam em comícios e demonstrações. Na Europa, os inimigos eram envilecidos por meio de ilustrações malévolas; imagens heróicas de membros do partido, identificados por símbolos, faixas, uniformes e pela saudação, representavam a força e a integração de uma crença; nas guerras civis, o soldado permanecia impávido, junto com o trabalhador e o camponês resolutos; as bandeiras nacionais e os símbolos heráldicos foram substituídos pelo machado e pelo feixe de varas (*fasces*) do Império Romano, pela foice e pelo martelo, pela bandeira vermelha e a suástica.

Da mesma maneira como o bigode preto, o chapéu-coco e a bengala identificavam o comediante Charlie Chaplin, a imagem pessoal e característica dos líderes políticos passou a ser representada bidimensionalmente. As figuras de Hitler, Mussolini e Stalin corporificavam a força, o poder e a ideologia da Alemanha nazista, da Itália fascista e da Rússia soviética. Os nomes foram substituídos por títulos, como acontecia com os bens de consumo. Hitler e Mussolini passaram a ser conhecidos como "o líder", Der Führer e Il Duce. A imagem de Stalin aparecia ao lado da de Lenin, como se o primeiro fosse o sucessor natural do segundo. As imagens dos líderes, reforçadas pela constante aparição na primeira página dos jornais e das revistas ilustradas, em pôsteres e em selos postais, tornaram-se ícones.

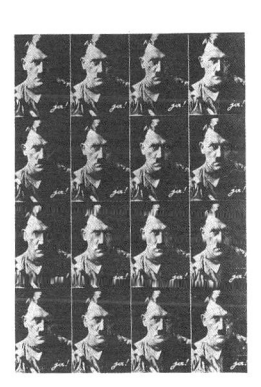

A fotografia era um veículo de propaganda particularmente útil. Ela não apenas mudou a maneira como as imagens eram produzidas, mas também o modo como eram vistas. As máquinas de tirar retrato, cujo uso se tornara bastante difundido, demonstravam que qualquer objeto colocado na frente de uma lente podia ser registrado com relativa objetividade. Mas tal realidade era muitas vezes subvertida através do copioso uso do aerógrafo no retoque da imagem impressa. Enquanto isso, artistas comprometidos com causas sociais e políticas, como Käthe Kollwitz na Alemanha e Ben Shahn nos Estados Unidos, mantinham viva nos pôsteres a tradição da ilustração desenhada e pintada.

A Guerra Civil Espanhola de 1936-37 viu surgir uma enorme variedade de impressionantes designs republicanos. Eram pinturas executadas numa grande diversidade de estilos heróicos e acompanhadas de legendas com letras simples. Essas ilustrações eram reconhecidamente influenciadas pelo trabalho dos russos Deni e Moor e dos "três Cs" franceses – Cassandre, Colin e Carlu. Mas foi na fotografia que ocorreram as inovações mais significativas. Carlu fundara o Office de Propagande Graphique pour la Paix em 1932, ano em que também produziu um de seus mais célebres pôsteres. Combinando a foto de uma mãe e uma criança com ilustrações desenhadas de aviões e bombas, a imagem antecipou o bombardeamento das cidades espanholas e a morte de civis. A fotografia provou ser um meio bem mais eficiente de protesto contra as atrocidades da guerra do que as ilustrações caricaturadas da Primeira Guerra Mundial.

A fotografia, utilizada por Carlu como ilustração retórica, passou a servir de prova, ajudando a criar um sentimento de solidariedade em

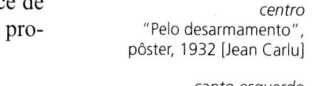

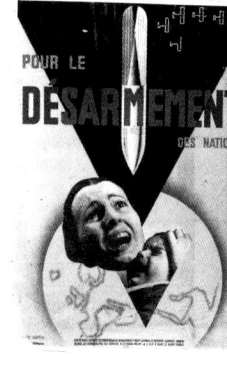

centro
"Pelo desarmamento", pôster, 1932 [Jean Carlu]

canto esquerdo
"Dê-lhe abrigo", pôster, 1937 [Padial]

Demonstração, Paris, 1936, fotografia

canto esquerdo
Pôster republicano, 1937 [Pere Català Pic]

"Nas colônias escolares do Ministério da Educação, os filhos de nossos combatentes levam uma vida saudável e feliz", pôster, 1937 [Mauricio Amster]

"Esmaguemos o fascismo", pôster, 1937 [Roca Catala]

Parada nazista, fotografia, c. 1933

Símbolo da Frente de Ferro dos Sociais Democratas derrotando a suástica nazista, detalhe de um pôster, c. 1930

"Desperdice comida e ajude o huno", pôster, c. 1942 [C. K. Bird / "Fougasse"]

casa e simpatia no exterior. Os pôsteres republicanos também empregavam as fotos como ilustrações documentais, registrando os novos serviços sociais, especialmente aqueles ligados à educação e ao bem-estar da criança. Mais revolucionário do que tudo isso, porém, era o arranjo cuidadoso e dramático dos elementos fotográficos, que por si só transmitia a mensagem desejada.

A fotografia, além de sua função documental, podia também ser usada para manipular símbolos através da iluminação e do recorte de imagens. O pôster mostrando um pé, calçando um sapato típico de camponês, a equilibrar-se sobre uma suástica é uma foto simples e não uma montagem. O slogan aparece em letras minúsculas e em catalão, "*Aixafem el Feixisme*", "Esmaguemos o fascismo". Impresso logo abaixo da imagem, ele é supérfluo, já que a imagem transmite diversas mensagens. Esse pôster registra um evento: "Veja, os camponeses estão acabando com os fascistas", declara ele; "eles são fortes o suficiente para esmagá-los com os pés". Assim como a suástica simboliza os nazistas, a alpercata representa o camponês. O pôster substitui ainda a imagem estereotípica do totalitarismo, a bota de cano alto.

Os uniformes e distintivos eram itens essenciais na guerra política dos anos 20 e 30, especialmente na Alemanha. O nazismo, desde seu nascimento na década de 20, incorporou as convenções existentes na época em sua propaganda visual, adotando o vermelho, o preto e o branco da bandeira imperial em suas faixas. Em *Mein Kampf*, publicado na década de 20, Hitler planejou cada um dos símbolos a serem adotados pelo Partido Nacional Socialista dos Trabalhadores Alemães. O nacional-socialismo seria representado pelo branco e pelo vermelho: branco para a pureza racial e, para seu programa social, o mesmo vermelho que tanto o impressionara ao presenciar um comício marxista, "um mar de bandeiras, echarpes e flores vermelhas". A suástica, já usada como símbolo do anti-semitismo, foi posteriormente combinada com a águia imperial alemã para servir de emblema do Terceiro Reich. O símbolo sobreviveu aos nazistas, passando a identificar movimentos de direita, geralmente agressivos. A Frente Vermelha do Partido Comunista, com sua bandeira vermelha e estrela de cinco pontas, enfrentava não apenas a suástica dos nazistas, mas também as três setas inclinadas da Frente de Ferro dos Sociais Democratas.

Para os Aliados na Segunda Guerra Mundial, a imagem de Hitler – com o cabelo caindo no meio da testa, o bigode preto e a faixa de braço

– tornou-se o símbolo do inimigo; um símbolo odiado, mas também ridicularizado.

Ele foi representado várias vezes escutando "conversas imprudentes", um tema muito explorado por ambos os lados. Na Grã-Bretanha, esse tópico inspirou o pôster "Sua conversa pode matar seus companheiros", um dos mais brilhantes trabalhos de uma série de designs rea-

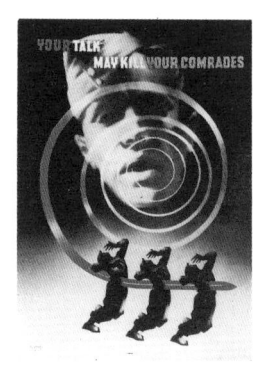

"Sua conversa pode matar seus companheiros", pôster, 1942
[Abram Games]

"A conversa mata", pôster, 1942
[Abram Games]

lizados por Abram Games, um artista notável por suas idéias e técnica. Esses pôsteres são geralmente compostos por uma série de imagens fundidas ou vinculadas umas às outras, selecionadas para serem compreendidas instantaneamente. As imagens são ligadas entre si por meio de slogans simples. As palavras não são utilizadas como legendas para as imagens, nem as imagens funcionam como meras ilustrações para os slogans. "As palavras especialmente", afirmou Games, "precisam trabalhar juntamente com o design, e não ser uma simples reflexão acrescentada depois... Os pôsteres não devem contar uma história... mas dar o seu recado."

A habilidade técnica de Games na pintura era prodigiosa. Todos os elementos de seus pôsteres eram produzidos sem o uso de fotos ou composição tipográfica. Ele desenhava os slogans com letras maiúsculas estreitas ou com tipos estreitos de serifas largas, perfeitamente espaçados e muitas vezes quebrados em diferentes partes, com parte da mensagem em letras escuras sobre fundo claro e o resto em letras claras sobre fundo escuro. Filho de fotógrafo, Games conseguia reprodu-

"Estamos todos juntos nisso", pôster dos telefones da Agência Geral de Correio, c. 1943
[F. H. K. Henrion]

zir com o aerógrafo a mesma variedade de tons de uma fotografia. Com essa técnica ele criava em sua prancheta de desenho exatamente as imagens de que precisava – imagens na posição e no tamanho certo. Seu realismo tridimensional incrementava o choque provocado pela dramática justaposição de seus elementos gráficos, dando uma textura uniforme e harmônica a toda a área do pôster.

Enquanto Games trabalhava diretamente para o Ministério da Guerra, os demais designers da Grã-Bretanha trabalhavam sob a coordenação do Ministério da Informação. Num espírito de urgência e concorrência profissional, produziram pôsteres para levantar o moral, encorajar a produção e fornecer instruções específicas aos civis sobre como lidar com situações de guerra. Os designers adaptavam seu modo de trabalho para adequá-lo ao assunto que precisavam explorar. As técnicas variavam, indo de caricaturas humorísticas ao uso de fotografias de estúdios apresentadas em seqüências diagramáticas, com instruções numeradas. Os pôsteres falavam uma linguagem marcadamente direta, embora efeitos radicalmente surrealistas também se achassem presentes, especialmente nos trabalhos de G. R. Morris e Reginald Mount.

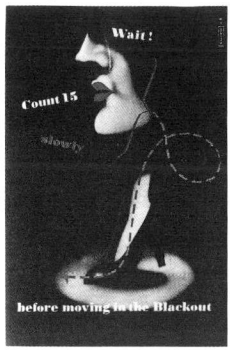

Ainda se passariam muitos anos antes que as fotos coloridas viessem a ser utilizadas nos pôsteres. A forma mais comum de expressão pictórica era a foto em preto e branco com áreas de cores uniformes sobrepostas a ela. Durante a guerra na Grã-Bretanha, essa técnica foi utilizada por Henrion numa série de pôsteres. Com a entrada dos Estados Unidos na guerra, em 1941, Henrion foi empregado em Londres pelos Ministérios da Informação britânico e norte-americano. O ministério americano produzia propaganda dirigida aos trabalhadores e civis nos Estados Unidos e às tropas na frente de batalha.

"Espere! Conte lentamente até 15 antes de se mover num blecaute", pôster, 1942 [G. R. Morris]

"Não os deixe parar!", Ministério de Emergência, pôster, 1941 [Leo Lionni]

"A América está chamando", pôster, 1941 [Herbert Matter]

Ministério da Defesa Civil, insígnia, c. 1942 [Charles Coiner]

O governo encomendara pôsteres a alguns designers modernistas, incluindo Matter e Leo Lionni. Lionni usou fotos repetidas em seus pôsteres *Keep'em Rolling* (Não os deixe parar) e ele e muitos outros usaram o mesmo artifício de Lester Beall de fazer referências à bandeira norte-americana. Jean Carlu, que por coincidência se encontrava nos Estados Unidos quando a França se rendeu às forças alemãs, foi encarregado de criar um pôster para estimular a produção industrial. Cem mil cópias de seu *Production* (Produção) foram impressas e distribuídas em fábricas. O sucesso desse trabalho levou o Ministério da

"A resposta americana! Produção", OEM pôster, 1942 [Jean Carlu]

Informação norte-americano a manter Carlu como consultor na área de pôsteres.

O Ministério da Informação norte-americano produziu um grande número de relatórios governamentais. Além desses relatórios, criou também folhetos, muitos deles bastante sofisticados, com fotos e diagramas estatísticos. Esses folhetos eram atirados de aviões sobre o território inimigo, junto com tablóides que abordavam a guerra sob a perspectiva dos Aliados. Entre as publicações destinadas ao público americano, havia duas revistas, a de jornalismo fotográfico *Victory* (Vitória) e a curiosamente elegante *USA: A Portrait in Miniature of America and Americans in Wartime* (Um retrato em miniatura dos Estados Unidos e dos americanos em tempo de guerra). Esta última foi projetada por Bradbury Thompson em formato minúsculo, de 12,7 cm por 10,16 cm, e sua diagramação misturava os estilos das revistas *Life* e *Reader's Digest*.

Westvaco Inspirations, página dupla da revista, 1942 [Bradbury Thompson]

Thompson estava ficando famoso com os designs que criava para o jornal publicitário de uma empresa de fabricação de papel, chamado *Westvaco Inspirations* (ver pp. 122-23). Durante a guerra, grande parte do jornal era dedicado à própria guerra. Dentro do mesmo espírito de publicidade, os anúncios da Container Corporation mostravam a participação da companhia no esforço de guerra.

A publicidade nos regimes totalitários era um reflexo da ideologia do estado, e na Alemanha nazista ela fornecia ao partido uma grande renda. Seu recuo do estilo modernista, para a adoção de uma variedade de estilos nacionalistas, foi também imitado na União Soviética, onde os pôsteres adotaram elementos do realismo socialista.

"Pacotes de presente para Hitler", anúncio da CCA, 1943 [Jean Carlu]

"Três em um: pasta de papel, moinhos de fabricação de papel e fábricas de embalagem... tudo isso numa só organização!", anúncio da CCA, 1943 [Matthew Leibowitz]

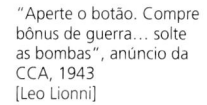

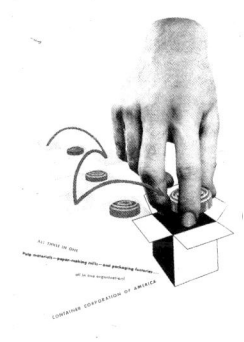

"Aperte o botão. Compre bônus de guerra... solte as bombas", anúncio da CCA, 1943 [Leo Lionni]

canto direito
"Dê-me [Hitler] quatro anos", exposição, Berlim, 1937

centro
"Rota aérea para a paz", exposição, Nova York, 1943 [Herbert Bayer]

abaixo
"Terra devoluta e agricultura", painel da exposição, Sófia, 1942 [Erberto Carboni]

Sendo o mais moderno dos meios de propaganda, as exposições haviam se tornado importantes em muitos países. Construções e imagens em tamanhos gigantescos impressionavam os visitantes, ao mesmo tempo que os confrontava com objetos e modelos reais. As mais importantes exposições européias antes da guerra foram a exposição da Revolução Fascista em Roma, em 1933, e a exposição de Hitler "Dê-me quatro anos", em 1937; mas as feiras comerciais continuaram a ocorrer nos países do Eixo mesmo durante a guerra. Também nos Estados Unidos as exposições eram consideradas um meio eficaz de envolver as pessoas no esforço de guerra. No Museu de Arte Moderna de Nova York, Herbert Boyer realizou duas exposições contrastantes em 1942 e 1943. O nome da primeira, "Caminho para a vitória", definiu o estilo do layout de Bayer. Os visitantes eram direcionados a percorrer uma rota que passava por uma exibição de textos e fotografia, algumas das quais eram imensas e coladas diretamente sobre a parede da galeria, ilustrando as concepções americanas de liberdade. Para a mostra "Rota aérea para a paz", a idéia de Bayer foi "deixar a mágica dos mapas e a geometria dos globos transmitir o caráter do projeto". A exposição combinou a história da fabricação de mapas com a história da evolução da aviação. A "Rota aérea para a paz" permitiu a Bayer desenvolver suas noções bauhausianas sobre os ângulos de visão, utilizadas por ele nos anos 30. Sua idéia consistia em combinar a perspectiva do visitante com a do fotógrafo: a exposição continha uma rampa, de onde os visitantes podiam olhar para baixo e observar vistas aéreas panorâmicas. A principal atração da mostra era um globo de proporções gigantescas. Os visitantes entravam dentro da esfera para ver um mapa do mundo no qual as áreas distantes do planeta se achavam ligadas de um jeito impossível de ser reproduzido num globo convencional, onde mais da metade do mundo permanece invisível aos olhos do observador.

No começo da guerra, a Grã-Bretanha havia criado no Ministério da Informação um departamento de exposições. Seu primeiro diretor-geral foi Frank Pick, o diretor de design do metrô de Londres. À frente desse departamento estava Milner Gray (da Basset Gray). A equipe formada por Gray manteve-se ocupada com uma série de exposições que variavam muito em conteúdo, âmbito e tamanho. Essas exposições visavam levantar o moral da população e enfatizar os feitos da Grã-Bretanha durante a guerra, como, por exemplo, na exposição "Orgulho de Londres", sobre o bombardeamento da cidade. Essas mostras, todavia, também continham idéias sobre a liberdade democrática e a reconstrução do país no pós-guerra. Outras mostras, como a "Gás Venenoso", informavam o público sobre o que fazer e como se comportar em circunstâncias especiais. As exposições eram montadas em locais pouco convencionais – lugares bombardeados, estações de metrô etc. – e levadas a todas as partes do país e do mundo. As mostras tornaram-se um meio de informar o público, um meio que sobreviveu por muito tempo após a guerra sob a forma de feiras comerciais e mostras internacionais.

Embora tenham sido a mais proeminente contribuição dos designers à luta política e à propaganda de guerra, os pôsteres caíram em desuso como meio de publicidade nos vinte e cinco anos que se seguiram à guerra. As revistas, que levavam notícias da guerra àqueles que ficavam em casa (os que estavam na frente de batalha também ti-

"Somos pela paz. Mas não tememos o perigo e estamos prontos para revidar cada golpe desferido pelos que fomentam a guerra. – Stalin", pôster, 1932 [Gustav Klutsis]

Defesa aérea, pôster de exposição, 1943 [Kumi Sugai]

nham seus próprios periódicos), cresceram em importância e tornaram-se os maiores utilizadores do design gráfico nos anos do pós-guerra. Menos conspícuo foi o impulso dado pela guerra aos procedimentos metódicos na criação de design e à idéia do design como

GUERRA E PROPAGANDA: DÉCADA DE 20 A 1945 **117**

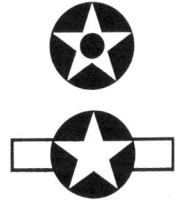

Emblema das aeronaves
norte-americanas, antes
e depois de 1943

à *direita*
Economia de guerra,
página dupla da revista
Fortune, 1942
[ilustrador Irving Geis]
[diretor de arte Francis
Bremner]

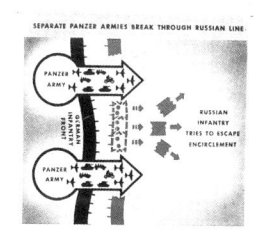

Técnicas de batalha com
tanques, diagrama da revista
Fortune, 1942

meio de resolver problemas de comunicação. Os princípios desenvolvidos pelo gestaltismo, que nos tempos de paz encontrariam seus equivalentes nas pesquisas de mercado, foram aplicados em áreas como camuflagem e identificação. O símbolo de identificação das aeronaves norte-americanas foi modificado, perdendo a ênfase em sua rotundidade, para evitar confusão com a insígnia vermelha japonesa. Mais importante de tudo, as pressões da época de guerra, que exigiam uma rápida compreensão dos fatos e das situações antes da tomada de qualquer decisão, estimularam o desenvolvimento do design de informação.

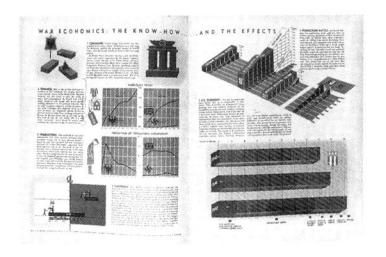

[O designer e o diretor de arte]

13. OS ESTADOS UNIDOS: 1945 À DÉCADA DE 60

Foram os diretores de arte, nos anos 30, que instituíram o design gráfico, especialmente na publicidade e no layout das revistas. Na década seguinte, os designers firmaram seu papel nas comunicações comerciais, tanto entre as corporações e seus clientes como dentro das próprias companhias. A indústria e o comércio empregavam cada vez mais designers. Como esses profissionais designariam a si mesmos tornou-se um assunto bastante discutido. Em 1958, os diretores de arte, segundo informou a revista *Print*, chegaram à conclusão de que a palavra "arte" não transmitia a idéia adequada, discutindo-se "seriamente a necessidade de mudar o nome da profissão para 'engenharia visual' ou 'design gráfico'". O livro mais influente da época, todavia, *Thoughts on Design* (Reflexões sobre o design), de Paul Rand, publicado pela primeira vez em 1947, liga a palavra "gráfico" à arte e não ao "design".

O *Art Directors Annual* (Anuário de diretores de arte) de 1951 especificou as áreas de atividade profissional dos designers antes de elas serem estendidas ao cinema e à televisão. São seis categorias de design impresso que permaneceram mais ou menos as mesmas por cinqüenta anos: 1, 2 e 3, revista, jornal e publicidade em periódicos; 4, mala direta e jornais de empresa (house organs); 5, pôsteres, anúncios, calendários, capas de disco e sobrecapas de livro; 6, design editorial (revistas). Os designers atuavam individualmente em uma ou várias dessas áreas ao mesmo tempo. Podiam trabalhar sozinhos, com assistentes, em grupo (no departamento de design de uma grande organização) ou numa agência de publicidade.

As mudanças nas técnicas de impressão afetaram a relação do designer com o processo industrial. Em todos os tipos de impressão, a tipografia estava cedendo lugar à litografia. Algumas poucas palavras ainda eram impressas no papel por meio de tipos metálicos. O designer ainda dava instruções de composição ao impressor, mas as provas eram geralmente recortadas e paginadas no estúdio, prontas para serem fotografadas e transformadas em chapa de impressão, em vez de serem montadas na sala de composição do impressor. Isso deu maior controle ao designer. O surgimento de novos materiais permitiu aos designers adicionar tons ao desenho (por meio de pontos), e o uso de fotostáticas, uma técnica simples para ampliar e reduzir imagens, permitiu-lhes realizar experiências gráficas, como mudanças de tamanho, impressão negativa e positiva e inversão de tipos (letras brancas sobre fundo preto). Paul Rand, que se tornara o mais influente dos principais designers norte-americanos, devotou um ensaio ao uso do preto. Uma das ilustrações desse trabalho foi o design para a parte da frente de um catálogo. "A tensão entre o preto e o branco na capa é intensificada através do contraste entre uma grande área em preto com uma pequena área em branco."

Durante muito tempo Rand liderou a área de publicidade e, mais tarde, o design de identidades corporativas. De 1941 a 1954, foi diretor de arte da agência William H. Weintraub em Nova York. Em seu livro,

"Arte do século XX: Coleção Arensberg", capa do catálogo, 1948 [Paul Rand]

Automóveis Frazer, anúncio, 1946 [Paul Rand]

Thoughts on Design (Reflexões sobre o design), várias vezes reimpresso, Rand observou que o designer precisava "descobrir um meio de comunicação entre ele e o espectador". Ele tirou o máximo proveito de todo o vasto conjunto de técnicas introduzidas pelo movimento modernista, especialmente a colagem, os fotogramas e os recortes. Além disso, Rand tomou emprestadas as características estilísticas de pintores como Miró e Arp e as faixas horizontais de Paul Klee. Essas características tornaram-se uma presença constante em seus trabalhos. Rand geralmente utilizava imagens prontas, em vez de fotos tiradas ou produzidas por ele. A assimetria livre, elegante e impecável de seus tipos é freqüentemente comparada à escrita à mão. Sua assinatura no design reforça a idéia de que é o designer, e não o cliente, que está se comunicando com o espectador.

Para que um anúncio "seja bem-sucedido entre os concorrentes, o designer precisa muitas vezes evitar clichês visuais, interpretando o lugar-comum de maneira inesperada". Rand desempenhou um papel fundamental na nova maneira de combinar palavras e imagens para a transmissão de uma idéia. Ele foi um pioneiro da Nova Publicidade, na qual o espectador tinha um papel ativo e não passivo; na qual a curiosidade despertada pelo anúncio necessitava da inteligência do espectador para completar o sentido. Essa técnica amadureceu nos anúncios da Volkswagen no começo dos anos 60. Os tipos e as imagens eram isolados, não aparentando possuir qualquer qualidade estética além de uma habilidosa produção de texto e imagem. Os títulos apareciam (muitas vezes de maneira absurda) na forma de etiquetas ou slogans que reproduziam a voz de um comercial de tevê. Os títulos pareciam palavras faladas. O bloco de texto atraía a leitura graças a seu arranjo simples, em colunas estreitas, e suas frases e parágrafos curtos.

Antes do aparecimento da Nova Publicidade, o design passou por um estágio de desenvolvimento intermediário, que consistiu na total integração da palavra com a imagem e na utilização de textos mínimos. O produto nos anúncios dos chapéus Disney – um criado por Rand, em 1947, e o outro por Gene Federico, em 1949 – sai do mundo do design sofisticado, que manipulava imagens já prontas, para ingressar no simulado mundo "real" do romance cheio de glamour, descrito na foto produzida por um diretor de arte.

"Pense pequeno", anúncio, 1959 [Doyle Dane Bernbach] [diretor de arte Helmut Krone]

Chapéus Disney, anúncio, 1946 [Paul Rand]

Chapéus Disney, pôster para ambientes fechados, 1949 [Gene Federico]

Woman's Day, anúncios de página dupla, 1951-54 [Gene Federico]

Na agência Doyle Dane Bernbach, fundada em 1949 por um redator de publicidade e colega de Rand na Weintraub, Federico produziu outros exemplos brilhantes de anúncios com direção de arte. Para convencer as agências a comprar espaço publicitário na revista *Woman's Day*, Federico dispôs fotos de uma leitora do periódico ao longo de páginas duplas. Essas fotos demonstravam sua condição de consumidora fazendo referências às suas necessidades – seja cuidando de si mesma, dos filhos ou de animais de estimação –, pois, quando a mulher sai de casa, lembra o anúncio às agências de publicidade, "ela não compra apenas a *Woman's Day*!" No que diz respeito ao design gráfico, o impecável artifício de substituir as letras "o" da expressão "*go out*" (sair de casa) por pneus brancos de bicicleta fez desse anúncio um dos trabalhos mais admirados pelos diretores de arte.

Federico passara quase um ano trabalhando na revista *Fortune*, que teve como diretor de arte, de 1945 a 1949, Will Burtin. Na nova era atômica, Burtin usava a páginas da *Fortune* para apresentar dados estatísticos e amplas informações científicas ao mundo tecnocrático dos negócios. Suas capas eram uma versão decorativa dos gráficos de informação. Na guerra, ele desenhara manuais de arma para a força aérea dos Estados Unidos. Esses manuais demonstram seus métodos. Burtin deu uma das mais claras e coerentes explicações a respeito do design gráfico. "Sempre que uma mera recitação dos fatos for insuficiente, excessivamente demorada ou confusa para o leitor, e que uma intensa organização visual for necessária à sua exposição, temos o design como resultado. Esse design precisa ter as mesmas qualidades de uma boa prosa. Ele precisa ser lido com facilidade." Burtin analisa as duas páginas de um trabalho em que ensinou os aviadores a montar

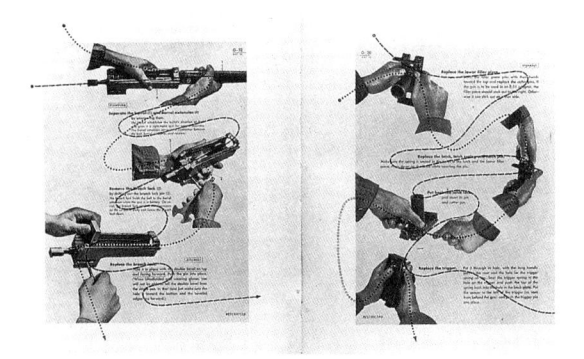

Manual de manutenção de armas da força aérea, setas sobrepostas pelo designer para indicar o movimento dos olhos sobre a página, c. 1944 e 1948 [Will Burtin]

uma arma. Essas páginas usavam técnicas cinemáticas, em vez de imagens quadradas que teriam quebrado o fluxo visual. Os títulos, pela mesma razão, foram impressos em negrito, não em tipos largos. Ao tratar de assuntos complexos, como instruir os aviadores a levar em consideração o ângulo e a velocidade das aeronaves de ataque, Burtin concebia ilustrações diagramáticas que eram ao mesmo tempo elaboradas e fáceis de serem compreendidas. "Como sempre acontece quando todos os elementos de um design são reconhecidos, estudados e coerentemente reunidos, o resultado dificilmente é desagradável aos olhos – deveras ele chega a ter a beleza de uma declaração bem enunciada –, além de atingir seu objetivo. Usando esses princípios e recursos visuais, o tempo de treinamento dos artilheiros aéreos foi cortado exatamente pela metade – de doze para seis semanas."

Burtin acreditava que, "à medida que a vida se torna mais complexa, ela requer uma linguagem cada vez mais abrangente. A representação gráfica proporciona essa abrangência, aquela síntese da arte com a ciência de que tanto necessita a vida contemporânea". Seu trabalho para a empresa farmacêutica Upjohn, onde assumiu em 1948 o cargo de diretor de arte da revista interna da companhia, a *Scope*, substituindo Lester Beall, expressava seu desejo de "vincular o caráter do anunciante à natureza da indústria farmacêutica e à sua formação científica".

Scope, capa da revista, 1948
[Lester Beall]

Scope, página do índice, 1954 [Will Burtin]

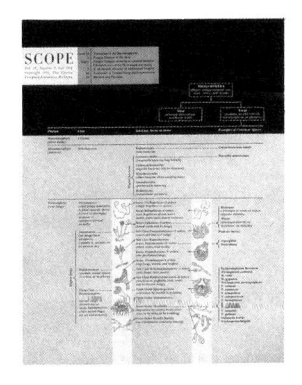

Diagrama das células sangüíneas, página da revista *Scope*, 1949 [Lester Beall]

Scope, capa da revista, 1948 [Will Burtin]

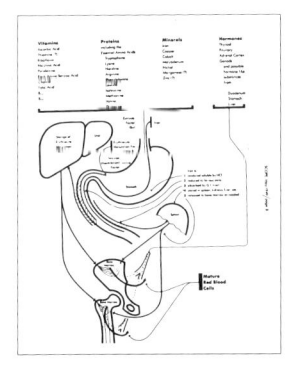

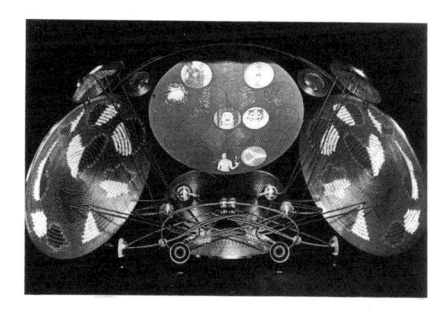

A primeira capa da *Scope* produzida por Burtin apresentava uma mão segurando um tubo de ensaio, "um símbolo instantâneo e quase telegráfico da ciência. Um fundo prateado e frio dava à mão um caráter impessoal. Então, para evocar o calor da vida e o objetivo científico de preservá-la, foram colocados vários símbolos da vida dentro ou por trás do tubo de ensaio – uma folha de erva, uma flor, uma criança de Da Vinci".

Esse foi o prelúdio de uma série de espetaculares trabalhos de design visual realizados por Burtin para a Upjohn. Em 1958, ele construiu o modelo de uma única célula sangüínea, que foi ampliado para sete metros de comprimento para que os espectadores pudessem caminhar dentro de sua estrutura aberta, feita de plástico transparente. Ele repetiu isso em 1964, ao criar um enorme modelo do cérebro humano, que empregava mais de 64 quilômetros de fiação para levar energia a quarenta mil luzes que simulavam a rota de mensagens, cujas imagens eram exibidas em múltiplas telas. Ao realizar empreendimentos tão colossais, Burtin levou o design gráfico ao nível da tridimensionalidade. Comparado a esse tipo de trabalho, o uso de gravuras de máquinas antigas como metáforas do funcionamento do corpo, feito por Bealls na *Scope*, pertence a um período anterior do design.

Bradbury Thompson usou gravuras na *Westvaco Inspirations*. Sendo diretor de arte de uma grande companhia de impressão, Thompson sentia-se seguro para fazer experiências na *Inspirations*: os tipos eram perfeitamente compostos em forma de arcos e círculos e as chapas de impressão utilizadas em anúncios eram reaproveitadas, sendo posicio-

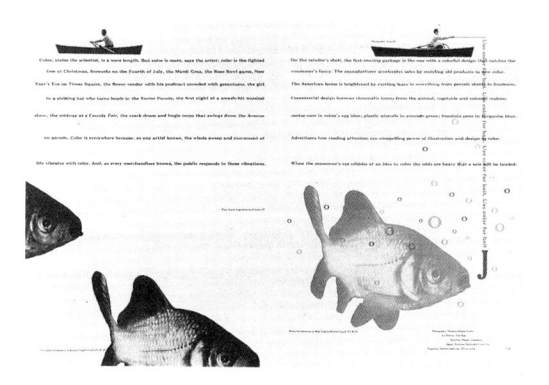

acima, à esquerda
A célula da Upjohn, exposição, 1959
[Will Burtin]

acima
O cérebro da Upjohn, exposição, detalhe *abaixo*, 1960
[Will Burtin]

Westvaco Inspirations, página dupla da revista, 1949 [Bradbury Thompson]

nadas e reposicionadas para produzirem efeito de profundidade e movimento. A graça e o espírito dos designs, todavia, estavam sempre ligados a alguma mensagem. Na parte superior de uma página esquerda, uma figura recortada rema um barco que navega sobre linhas de letras, dispostas para dar a idéia de água. Na página oposta, à direita, uma figura semelhante segura uma vara, feita com um fio tipográfico metálico e impresso em magenta. Da ponta da vara desce uma linha de letras, repetindo a mensagem "use colour for bait" (use cor como isca). A linha termina num anzol na forma de um jota maiúsculo ("J"), que oscila na frente da boca aberta de um peixe recortado. O peixe é impresso em azul com a mesma chapa utilizada nos peixes parcialmente mostrados na página oposta. A página esquerda é impressa em preto e branco, numa folha tosca de papelão marfim. A página direita é de papel superior, impresso em quatro cores – ciano, magenta, amarelo e preto (usadas também para imprimir as fotos coloridas nas demais páginas) – com bolhas coloridas formadas pela letra "O".

Além desse tipo de improvisação, Thompson também utilizava a *Inspirations* para promover suas idéias sobre o alfabeto. Ele fazia eco aos rogos da Bauhaus para que se utilizasse apenas um único conjunto de signos em vez de letras maiúsculas e minúsculas de diferentes designs. Em 1945, ele lançou seu "monoalfabeto", composto de letras Futura de caixa-baixa ampliadas para serem usadas como maiúsculas. Percebeu que ainda assim era necessário achar um símbolo que substituísse a letra maiúscula no início de uma frase e sugeriu como alternativa o uso de uma minúscula em negrito. Em 1950, todo o texto de um número da revista foi composto com seu "Alphabet 26", que usava versaletes (letras maiúsculas da mesma altura do "x" minúsculo) e o "a", "e", "m" e o "n" minúsculos.

Enquanto o design dos 160 números da *Inspirations* era uma resposta criativa ao seu baixo orçamento, a *Portfolio*, uma outra revista igualmente influente entre os designers, foi arruinada por suas extravagâncias. Foram lançados apenas três números entre 1950 e 1951. Desenhada por Brodovitch, a revista tinha um formato grande, como as revistas de fotojornalismo *Life* e *Look*, e era impressa com uma mistura de papéis, além de conter encartes e páginas desdobráveis. Brodovitch trabalhava na base da tentativa e erro, usando fotostáticas de fotografias e títulos que mandava preparar, em diferentes tamanhos, em seu escritório na *Harper's Bazaar*, e com os quais produzia layouts em tamanho natural. O conteúdo era visualmente interessante, especialmente no que dizia respeito aos assuntos americanos – como marcas de gado, por exemplo. Além disso, a revista apresentava também o trabalho de artistas e designers. O verdadeiro conteúdo da *Portfolio*, tal como o da *Harper's*, consistia em imagens, que Brodovitch tinha apenas que manipu-

Monoalfabeto da *Westvaco Inspirations*, 1945
[Bradbury Thompson]

Alphabet 26 da *Westvaco Inspirations*, 1945
[Bradbury Thompson]

Ballet, fotografias e design do livro, 1945
[Alexey Brodovitch]

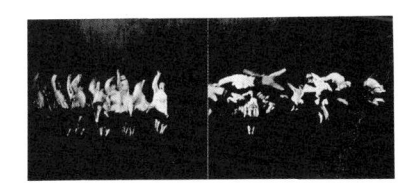

lar, dando-lhes polimento e uma seqüência dramática. Esses trabalhos não exigiam nada do leitor, além de sua admiração. Brodovitch produzira o livro *Ballet*, seu principal trabalho, em 1945, usando suas próprias fotografias, que arranjou horizontalmente, imitando os quadros de um negativo de 35 mm. As imagens davam idéia de movimento graças a uma série de borrões em algumas partes do corpo dos bailarinos, um efeito ressaltado pelas largas linhas de texto, posicionadas de modo a refletir o elemento dominante na fotografia do lado oposto.

Portfolio, capa da revista
(pipa criada por Eames), 1951
[Alexey Brodovitch]

Arts and Architecture,
cabeçalho, 1938 [Alvin Lustig],
capa de revista, 1942
[Ray Eames]

Arts and Architecture,
capa da revista, 1946
[Herbert Matter]

Em 1949, a direção de arte de Brodovitch atingiu o auge do maneirismo em *Observations*, um livro de fotografias de celebridades, tiradas por seu protegido Richard Avedon. Esse tipo de foto, imagens de indivíduos, sem narrativa nem ordem cronológica, requer um diretor de arte para arranjá-las numa seqüência lógica e estabelecer relação com o texto. Brodovitch conseguiu isso através de um recurso engenhoso que freqüentemente utilizava em revistas: uma grande inicial maiúscula em Bodoni era usada para começar a primeira linha de texto de uma página, que se alinhava ao elemento principal da foto na página oposta.

Para a capa da edição de verão da *Portfolio*, Brodovitch reproduziu o design de uma pipa feita por meio de colagem por Charles e Ray Eames. O escritório de Eames na Califórnia tornou-se importante, em primeiro lugar, por ter sido um núcleo de design naquele estado durante a Segunda Guerra Mundial e, depois, por introduzir o uso de elementos gráficos em apresentações, exposições e filmes projetados em múltiplas telas. Charles Eames era arquiteto e se mudara para a costa oeste em 1941, onde passou a se dedicar à técnica de produção de compensados de madeira para a fabricação de mobílias e de talas cirúrgicas para a marinha norte-americana. Sua mulher, Ray, era pintora e fazia design gráfico. Entre 1942 e 1944, ela desenhou mais da metade das capas de uma nova revista mensal chamada *California Arts and Architecture*. Essa revista tinha um cabeçalho padronizado, criado por Alvin Lustig, que utilizava um tipo estreito geométrico e sem serifa. A linguagem gráfica de Ray era semelhante à de Rand pela influência que também recebera da arte abstrata e pelo uso de recortes e fotografias superpostas.

Quando a *Arts and Architecture* dedicou grande parte de uma edição ao trabalho de Eames, sua capa e o layout do artigo ficaram a cargo de Herbert Matter, que trabalhara no escritório de Eames de 1943 a 1946 e depois passou a criar material publicitário para a firma de móveis Knoll,

Móveis de Eames, brochura, frente e verso, 1948
[escritório de Eames]

em Nova York. Os móveis de Eames eram distribuídos por Herman Miller, e sua publicidade e catálogos, criados no escritório de Eames, adotavam o moderno modelo europeu de design de informação.

A direção de arte do Sweet's Catalogue Service (serviço de catálogos) passou às mãos de Ladislav Sutnar em 1941. Esse catálogo fornecia à indústria informação sobre produtos. Nos livros *Catalog Design* (Design de catálogo – 1944) e *Catalog Design Progress* (Desenvolvimento do design de catálogo – 1950), ambos publicados pela Sweet, Sutnar alegava "não apenas mais informações factuais, mas também uma melhor apresentação, com clareza visual e precisão, obtidas por intermé-

Sweet's Catalog Service, símbolos

Catalog Design Progress, página dupla, 1950
[Ladislav Sutnar]

Máquinas Addo-x, logotipo e símbolo, 1956
[Ladislav Sutnar]

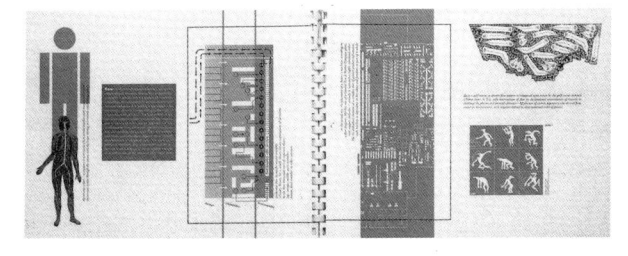

dio de... arranjos capazes de transmitir um fluxo de informação". As cem páginas do *Catalog Design Progress*, subintitulado *Advancing Standards of Visual Communications* (Padrões avançados de comunicação visual), estão entre os mais importantes textos sobre design gráfico de informação já escritos em inglês. O argumento de Sutnar é apresentado em pequenas seções, raramente maiores do que um parágrafo de texto. Áreas de cor uniforme em formato geométrico simples – especialmente setas em forma de cunha, círculos e elipses – são utilizadas para organizar o fluxo de informação. O livro contém inúmeros exemplos de problemas, suas soluções e todo o tipo de informação, incluindo ainda uma cadeira criada por Eames e um anúncio de Rand. Sutnar mostrou como tabelas e diagramas ajudavam a reduzir a quantidade de texto.

"Uma necessidade gráfica", escreveu Sutnar, "precisa ser analítica e radicalmente dicotomizada em função e forma, conteúdo e formato, utilidade e beleza, racional e irracional e assim por diante. A função do design pode então ser definida como a resolução do conflito entre tais dicotomias, criando-se uma nova entidade."

O trabalho de Sutnar na área de catálogos obrigava-o a lidar com o design de marcas e com a padronização de todos os designs de uma companhia, como acontecia com a Container Corporation.

Rand também estava envolvido no design de algumas das empresas mais famosas, a começar pela IBM, na qual passou atuar, a partir de 1956, como consultor externo. Os diferentes departamentos da empresa ficaram livres para utilizar como quisessem "o elemento unificador básico que liga fortemente todo o material impresso da IBM" – o logotipo da IBM, criado por Rand. Mas, como seu departamento de publicação produzia sozinho duzentos impressos diferentes a cada mês, era preciso criar regras de design simples que incluíssem "o uso, sempre que possível, de uma família de tipos padrão [semelhante ao Trump's City Medium], além de uma solução de design simples e funcional". No final da década de 60, essas regras simples haviam se desenvolvido e se transformado num enorme fichário, o *IBM Design Guide* (O guia de design da IBM). Os tipos extravagantes deveriam ser evitados, "a menos que absolutamente essenciais", e foram substituídos por um tipo convencional sem serifa.

O guia da IBM foi um dos primeiros desses manuais considerados necessários à programação visual de uma companhia. Esses manuais visam impor a disciplina visual em todos os setores de uma organização por meio de um conjunto de regras abrangentes. Essas regras definem não apenas o jeito de desenhar a marca ou o logotipo da empresa, mas também a maneira de utilizá-los. Determinam que tamanho e cor devem ser em determinadas situações e o jeito correto de desenhar cada papel timbrado da companhia, cada pacote, embalagem, veículo e cartaz. Essa programação visual tinha sempre como base a marca e as letras da companhia, como no exemplo dos designs da Westinghouse, também criados por Rand, que levou em consideração a possibilidade de virem a ser usados em peças de animação no cinema e na televisão. Para responder às perguntas: "Por que se preocupar tanto com a imagem? Por que não nos preocuparmos apenas em gerenciar nossas companhias?", a *Harvard Business Review* inspirou-se num livro de Kenneth E. Boulding, *The Image* (A imagem – 1958), assinalando que "não é apenas o conhecimento e a informação que norteiam o comportamento humano, mas as imagens que possuímos... a imagem... anula a complexidade da corporação diversificada moderna. Mas isso não faz dela uma ferramenta operacional menos trabalhável. Longe disso. Na verdade, é a realidade que cria a necessidade da ilusão".

Os esquemas de identidade visual eram considerados por muitos como maneiras de disfarçar a realidade. Em 1955, a companhia ferroviária de Nova York, New Haven e Hartford pediu conselhos a Herbert Matter quando os passageiros começaram a reclamar da má qualidade de seus serviços. O presidente da companhia achava que um "design moderno e melhorias tecnológicas nos motores, carros e sistemas de sinalização, além de uma imagem corporativa mais imponente, trariam melhores resultados do que se eu usasse o velho logotipo e as insípidas cores verde-oliva e vermelho-toscano". Matter escolheu o vermelho, o preto e o branco. A pintura do material rodante ainda estava em andamento quando o presidente da companhia deixou o cargo. Na verdade, a programação visual de Matter – como a de Rand na IBM, quando foi introduzida na empresa – dependia do logotipo. A regra a ser seguida em relação ao logotipo era que, quando ele fosse impresso numa só cor,

IBM, variações do logotipo de 1956, em *IBM House Style*, 1969 [Paul Rand]

Alfabeto da IBM, 1956

Westinghouse

Antigo logotipo e marca da Westinghouse usados como ilustração de anúncio, 1961 [Paul Rand]

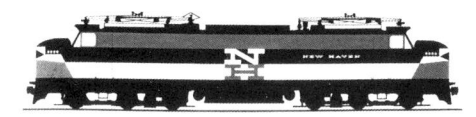

Esquema de cores da
companhia ferroviária
de New Haven, 1954
[Herbert Matter]

Knoll, capa de trás
do catálogo, c. 1949
[Herbert Matter]

o "N" deveria ser separado do "H" por um pequeno espaço. Matter também desenhou a capa do relatório anual da companhia, cuja geometria lembrava vagamente os pôsteres ferroviários de seu antigo mestre, Cassandre.

Em 1946, Matter tornou-se responsável pela publicidade dos móveis Knoll, substituindo Alvin Lustig, o primeiro a assumir essa função na companhia. Para o logotipo da empresa, Matter começou utilizando o nome inteiro, Knoll. A seguir, adotou apenas o "K". Na revista *New Yorker*, o mesmo anúncio da empresa era publicado anualmente, de 1958 a 1971, na parte interna da capa. Esse anúncio mostrava um limpador de chaminé coberto de fuligem, sentado numa novíssima e brilhante cadeira vermelha. A oposição entre o tom favorito de vermelho de Matter e o preto, entre o positivo e o negativo (sobre um fundo branco neutro), entre a limpeza e a sujeira passa uma idéia de higiene e modernidade saudável, qualidades que são identificadas, através do "K" vermelho, com a companhia. Tal como nos anúncios da Nova Publicidade, o efeito dessa peça publicitária se apóia numa surpreendente justaposição de imagens. Aqui a tensão não se dá entre a palavra e a imagem, mas dentro da própria imagem. Matter produziu também um anúncio duplo, duas imagens em seqüência apresentadas em páginas separadas. A primeira delas mostrava um pacote misterioso, embrulhado em papel marrom; a segunda revelava seu conteúdo, uma cadeira e sua ocupante. Dessa maneira, sem uso de texto, exceto o endereço da companhia, Matter mais uma vez inovou, permitindo que a imagem transmitisse sozinha a mensagem.

Móveis Knoll, logotipo,
década de 50
[Herbert Matter]

Móveis Knoll, anúncios
(páginas consecutivas),
1959 [Herbert Matter]

Erik Nitsche, um outro suíço, chegara a Nova York em 1934, antes de Matter. Como consultor da General Dynamics, uma companhia voltada para armas avançadas e tecnologia espacial, sua função era interpretar os objetivos corporativos do presidente da empresa: "A conversão lucrativa das forças básicas da natureza em trabalho proveitoso embaixo d'água, em cima d'água, na terra, no ar e no espaço além da atmosfera terrestre". As imagens vagamente científicas que Nitsche empregara em capas de disco eram perfeitas para a série de pôsteres conhecida como *Atoms for Peace* (Átomos para a paz), criada para distribuição internacional em 1955. Posteriormente, Nitsche criou os relatórios anuais da General Dynamics, uma forma de comunicação comercial que foi ganhando importância nos trinta anos seguintes. Nitsche foi um dos pioneiros nesse tipo de design, integrando texto, fotos e diagramas.

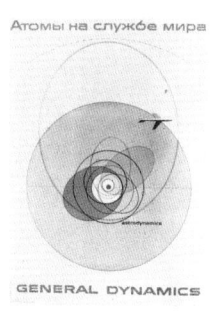

"Átomos para a paz", General Dynamics, pôster, 1955 [Erik Nitsche]

"e o que disse Walter Winchell (o crítico)?"... "bravorquídeas"... anúncio de teatro, 1952 [Erik Nitsche]

No começo dos anos 50, Nitsche trabalhara como diretor de arte para a 20th Century-Fox Film Corporation. Suas campanhas publicitárias para filmes utilizavam um vocabulário típico do design gráfico, um vocabulário diferente do usado na publicidade convencional para divulgar essa espécie de obra, que tradicionalmente lançava mão de uma combinação de ilustrações realistas. O uso de imagens simbólicas e simplificadas foi desenvolvido por um designer de Los Angeles, Saul Bass. Ao criar os anúncios para os filmes do diretor Otto Preminger, entre eles *The Man with the Golden Arm* (O homem do braço de ouro – 1955), *Anatomy of a Murder* (Anatomia de um crime – 1960) e *Exodus* (1960), Bass empregou uma grande variedade de técnicas. Usando do mais simples recorte até a mais sofisticada foto de estúdio, ele captou a essência de cada filme em impressionantes ilustrações.

Ao trabalhar no anúncio para *O homem do braço de ouro*, Bass e Preminger se perguntaram: "Por que não fazê-lo mover-se?" Assim, além de anúncios, Bass passou também a idear créditos de filmes, usando as mesmas técnicas de metáfora visual. Esse era um meio de comunicação novo e híbrido. Os designs se transformavam quando em movimento e eram reforçados pela música. Os créditos de *O homem do braço de ouro* consistem numa animação simples dos designs utilizados na publicidade impressa. Todavia, ao criar a seqüência de créditos de *Walk on the Wild Side*, em 1962, a metáfora foi totalmente concebida como um filme de animação. Charles Eames também passou a se

O DESIGNER E O DIRETOR DE ARTE **129**

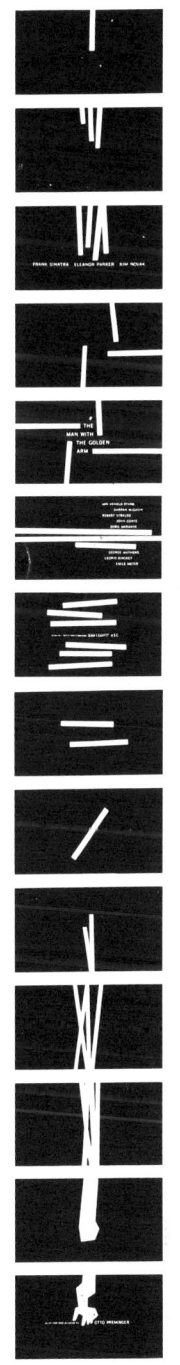

O homem do braço de ouro, pôster e seqüência de créditos, 1955 [Saul Bass]

Anatomia de um crime, 1959
Exodus, 1960, logotipos de filmes [Saul Bass]

dedicar ao cinema, embora tenha chegado lá por outro caminho. Em 1953, usou uma ampla variedade de designs num filme de vinte minutos que explicava teorias de comunicação.

Chamado *A Communications Primer* (Cartilha da comunicação), sua técnica era um desenvolvimento dos métodos experimentados por Eames em seus shows de slides em múltiplas telas, combinando diagramas, animações, fotos paradas, filmes e uma narrativa feita pelo próprio Eames. Esse trabalho foi o precursor de uma série de filmes e apresentações de multimídia produzidas por Eames nos vinte anos

Cartilha da comunicação, filme, 1953 [Charles Eames]

seguintes. Na maior parte das vezes essas apresentações acompanhavam exposições e visavam popularizar a história e as idéias científicas. As idéias americanas estavam causando grande impacto fora dos Estados Unidos. O trabalho seguinte de Eames, depois da *Cartilha da comunicação*, foi *The Information Machine* (A máquina de informação), um filme de animação feito com patrocínio da IBM para ser exibido na Feira Mundial de Bruxelas de 1958. A programação visual do pavilhão norte-americano nessa feira foi criada por uma recém formada parceria, Brownjohn, Chermayeff & Geismar, e compreendia fragmentos do ambiente americano, como sinais de tráfego para pedestres e partes de um grande cartaz da Pepsi-Cola.

Os sinais gráficos foram o meio utilizado pelos Estados Unidos durante a guerra fria para comunicar ao mundo sua cultura. Em 1959, a revista *Amerika*, editada em russo e distribuída pela Agência de Informação dos Estados Unidos na União Soviética, dedicou um número às

Expo 58
Design do pavilhão norte-americano, "A Rua", Bruxelas, 1958 [Brownjohn, Chermayeff & Geismar]

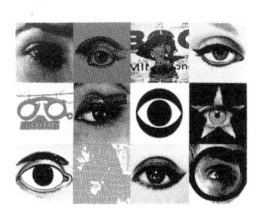

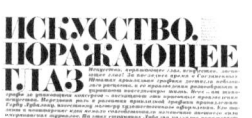

Amerika, "Parque de diversões do olho", capa da revista, 1963 [Herb Lubalin]

Sudler, Hennessey & Lubalin, logotipo, 1959 [Herb Lubalin]

Anúncio de remédio, 1958 [Herb Lubalin]

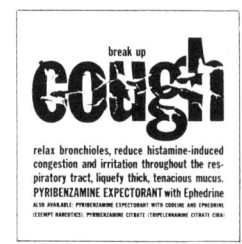

artes gráficas norte-americanas, porque "muito da vitalidade e espírito do país é expresso por meio de designs". Herb Lubalin, designer de publicidade de Nova York e autor de textos e designs desse número, intitulado "Carnival of the Eye" (Parque de diversões do olho), fez um bom resumo: "No fundo da arte gráfica americana está a idéia, o conceito. Tudo mais – a fotografia, a tipografia, a ilustração e o design – está a seu serviço". A carreira de Lubalin exemplifica um tipo caracteristicamente americano de design gráfico e seu desenvolvimento.

Como muitos outros designers cujas carreiras começaram antes da Segunda Guerra Mundial, Lubalin havia trabalhado na Feira Mundial de 1939. Ele trabalhava em agências de publicidade e, desde 1945, estava na Sudler and Hennessey, especializada em produtos farmacêuticos. Nessa companhia, a primeira contribuição de Lubalin foi utilizar palavras como imagens. Ele estendeu os limites da composição recortando provas, reespaçando-as e enfatizando detalhes, como foi descrito num livro publicado em 1961, intitulado simplesmente *typography* (tipografia). O autor da obra foi Aaron Burns, um designer que dirigia a The Composing Room, uma companhia de composição que além de possuir um espaço para exposições publicou antes da guerra a revista *PM* e sua sucessora *A-D*. O entusiástico Burns introduziu novas famílias de tipo e, em 1960, produziu quatro livretes: com Lester Beall (sobre automóveis), com Brownjohn, Chermayeff e Geismar (sobre Nova York), com Gene Federico (sobre maçãs) e com Lubalin (sobre jazz). Essas obras são uma expressão madura do design gráfico moderno norte-americano. (Elas despertaram grande interesse na Europa ao serem reimpressas na revista da indústria gráfica alemã *Der Druckspiegel*.) A essa altura, um vocabulário nacional, com imagens e palavras próprias, era utilizado com segurança e espírito. Esse vocabulário era servido por uma indústria de artes gráficas que proporcionava fotos, tipografia e impressão de alta qualidade profissional.

Lubalin também contribuiu para o desenvolvimento das revistas. Em 1961, foi incumbido de redesenhar a *Saturday Evening Post*. O uso de maiúsculas compactas e pesadas nos títulos, em substituição ao tipo Roman fino, e o emprego de fotos com natureza morta em lugar de pinturas realistas na ilustração dos contos foram inovações que consternaram os leitores das pequenas cidades norte-americanas. No ano seguinte, Lubalin desenhou uma nova revista, *Eros*. Era uma revista cara, de capa

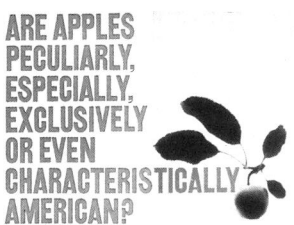

"Amor às maçãs", da série *About US* (Sobre os Estados Unidos), Composing Room Inc., livrete, 1960 [Gene Federico]

dura, com um elegante layout improvisado, que lembrava um conjunto de exercícios visuais. A revista durou pouco. O trabalho seguinte foi para a *Fact*, na qual Lubalin utilizou um estilo econômico: na capa, um cabeçalho arrojado, em Times Bold, e, na parte de dentro, o texto composto em duas colunas simples, em Times, com títulos centralizados.

Saturday Evening Post, capa da revista, 1961 (ilustrador Norman Rockwell) [Herb Lubalin]

Fact, capa da revista, 1964 [Herb Lubalin]

A insistente afirmação de Lubalin de que o "conceito" era a principal característica do design gráfico americano foi comprovada pelas capas da revista *Esquire*, onde dois dos mais importantes designers da época trabalharam consecutivamente como diretores de arte: Henry Wolf e George Lois. Quando Wolf tornou-se diretor de arte em 1952, a *Esquire* tinha um logotipo e uma marca – uma cabeça redonda, com dois olhos arregalados e um bigode branco. Wolf manteve ambos, mas explorou-os e, mais tarde, absorveu-os nas fotos ou montagens de seus designs para a capa da revista. O rosto com bigode apareceu sob a forma de uma cabeça frenológica, na parte de trás de uma cadeira de ferro trabalhado, num balão, num ovo, num botão de campanha e num selo postal. As páginas de texto eram concebidas de acordo com seu conteúdo. As páginas com contos eram diagramadas em duas colunas e continham ilustrações sóbrias; as matérias, como a feita em novembro de 1957 sobre a bolsa de valores de Nova York, usavam fotos dramáticas que saíam da página, títulos em estilo de telex e tabelas semelhantes às da *Fortune*. Os títulos, tais como nos pôsteres, eram dispostos em grupos compactos, bem no estilo de Wolf, que assimilara o padrão jornalístico. Geralmente, como disse o editor da *Esquire* ao comentar uma exposição sobre revistas organizada por Wolf em 1965, "no complicado negócio de extrair mensagens de uma mente para colocar em outra (co-

Esquire, capa da revista, 1955 [Henry Wolf]

municação, como eles chamam), as revistas são únicas. Elas são o resultado de uma luta. Não necessariamente uma luta contra a vida, mas certamente uma luta contra o tempo. Dois tipos de pessoa montam uma revista, e seus pontos de vista são geralmente opostos. Há o pessoal da palavra – os editores – que estão preocupados com o texto da revista, e o pessoal das imagens – que está preocupado com o visual da revista... Em nenhum outro tipo de comunicação este tipo de tensão mantém-se tão firme e inabalável". Nas páginas criadas por Wolf nenhum sinal dessa tensão é percebido.

Na época em que isso foi dito, todavia, Wolf estava na *Harper's Bazaar*, onde produziu capas surpreendentemente originais. Suas fotos de estúdio, cuidadosamente controladas, provocavam um choque surrealista – técnica que ele tornou a utilizar numa nova revista, *Show*, lançada em 1962.

Essas capas de Wolf eram conceitos fotográficos. Elas não se apoiavam em palavras; só as usavam como etiquetas ou como pretexto para uma imagem. Em contrapartida, as capas para a *Esquire* produzidas por Lois, como diretor de arte publicitário, dependiam da colaboração entre palavras e imagens e da cooperação do leitor para resolver a tensão entre as duas. A resolução dessa tensão liberava a mensagem. "Um trabalho planejado", disse ele, "não serve para a parte da frente de uma revista. O design é uma harmonia de elementos. A capa é uma *declaração*."

Harper's Bazaar, capa da revista, 1959
[fotógrafo Richard Avedon]
[Henry Wolf]

Show, "Kennedys demais", capa da revista, 1963
[Herny Wolf]

Esquire, "A masculinização da mulher americana", capa da revista, 1965
[fotógrafo Carl Fischer]
[George Lois]

A primeira companhia a obter total integração entre publicidade e identidade visual corporativa foi a CBS Television, e isso aconteceu graças ao trabalho dedicado de um diretor e do compromisso profissional assumido por sucessivos diretores de arte. O primeiro deles foi William Golden. Em 1937, após trabalhar com Agha na Condé Nast, Golden entrou para a Columbia Broadcasting System. Isso foi muito tempo antes do surgimento da televisão. Golden voltou para a companhia como diretor de arte após a guerra e foi o responsável pelo design do "olho" que caracteriza a marca da companhia. Ele tinha uma percepção realista da eficácia desse símbolo: "Se você gosta dos programas que a CBS transmite, provavelmente acha que o símbolo é bom." Golden também tinha uma explicação prática para sua criação; era como "um símbolo em movimento. Consistia numa série de olhos concêntricos. A câmara se aproximava para mostrar que a pupila era uma íris, o diafragma de uma câmara que se abria para mostrar a identifica-

Columbia Broadcasting System, símbolo
[William Golden]

Logotipo da CBS, 1951
[William Golden]

Anúncio da rádio CBS, 1950
[designer Irving Miller]
[diretor de arte William Golden]

Título de programa da CBS, c. 1957 [Georg Olden]

Anúncio da CBS, 1962
[Lou Dorfsman]

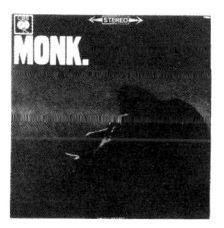

Capa de disco de Thelonius Monk, 1965
[fotógrafo W. Eugene Smith]
[Jerry Smokler]

ção da rede e depois se fechava". Uma versão estática desse símbolo foi muito utilizada. Um ano depois, Golden sugeriu que a companhia tentasse algo diferente, mas foi lembrado de um velho axioma: "É provavelmente na hora em que você está começando a ficar cansado do seu trabalho que o público começa a notá-lo."

As letras escolhidas por Golden para a CBS eram de um design neoclássico francês, criado por volta de 1800 e semelhante ao Bodoni. Golden obrigou a equipe de designers (um dos quais naquela época era Lois) a redesenhar o alfabeto, letra por letra, uma letra por semana. Apesar disso não havia rigidez na aplicação desses elementos gráficos. Numa longa série de anúncios na imprensa que se tornaram célebres por sua engenhosidade gráfica, Golden nem sempre utilizou esse tipo ou o símbolo da companhia.

Golden morreu em 1959 e foi sucedido por Lou Dorfsman, que já fazia parte da equipe da CBS. Dorfsman deu início aos mais ambiciosos projetos visuais da companhia, usando de firmeza profissional para implementá-los. O designer, disse ele, "além de mostrar que o projeto vem ao encontro de uma necessidade, precisa ainda informar como ele vai funcionar, quanto vai custar, para quem, e como será distribuído". Um de seus mais memoráveis anúncios apareceu no semanário da indústria do entretenimento, o *Variety*, espremido no meio de uma série de colunas de classificados de casas à venda. Dizia simplesmente que os programas da CBS atingiam 750 mil lares a mais do que a segunda rede de tevê. Era impossível não vê-lo, já que era o único item da página impresso em vermelho.

Capa de livrete da CBS, 1956
[Lou Dorfsman]

Golden dizia que "imagem corporativa" significava "a impressão geral que uma companhia deixa no público por meio de seus produtos, políticas, ações e esforços publicitários". Dorfsman conseguiu isso por meio de inúmeras campanhas publicitárias baseadas nos princípios da Nova Publicidade. Ele seguia o exemplo de Lubalin, usando famílias de tipo para criar uma imagem, e de Lois, unindo numa única idéia palavras e imagens separadas na página.

O bom design de uma imagem corporativa podia ser testemunhado nos layouts de impressos promocionais e relatórios feitos por Dorfsman, que se igualavam aos da *Esquire* no uso de fotos e na elegância da tipografia. Esse padrão foi estendido a toda a CBS com um zelo quase obsessivo. Quando a companhia mudou-se para novas dependências, oitenta relógios foram desmontados para que seus algarismos fossem substituídos por outros da mesma família de tipos adotada pela CBS.

Em meados da década de 60, o design gráfico se estabelecera como uma profissão especializada. A prova do vigor dessa atividade profissional podia ser encontrada mensalmente nas revistas do setor, como *Print*, *Communication Arts* e *Art Direction*. Todas as cidades grandes dos Estados Unidos tinham seu próprio clube ou associação de diretores de arte, e o American Institute of Graphic Arts (AIGA – Instituto Americano de Artes Gráficas) elegia seu "Diretor de Arte do Ano". Os designers eram ecléticos, e vários estilos e posturas floresciam. Uma das tendências no design gráfico americano era representada por designers nostálgicos, voltados para a ilustração, como Joseph Low e os profissionais do Push Pin Studios (fundado em 1924), que evitavam usar os processos padrão de impressão em quatro cores. O trabalho da Push Pin aparecia na revista autopromocional *Monthly Graphic*, bem como em sobrecapas de livros e capas de disco. As editoras e gravadoras também empregavam designers mais modernistas como Lustig e Roy Kuhlman, cujos trabalhos tinham um visual tipicamente americano, caracterizado pelo uso de tipos condensados grandes e maiúsculos, semelhantes aos usados em pôsteres.

Sociedade Haydn, capa de livrete, c. 1956 [Joseph Low]

Son Nova
Capa de disco com recortes, 1967 [Milton Glaser]

canto esquerdo
Monthly Graphic, página dupla, 1958 [Push Pin Studios]

Marquês de Sade, capa de livro da Grove Press, 1951 [Roy Kuhlman]

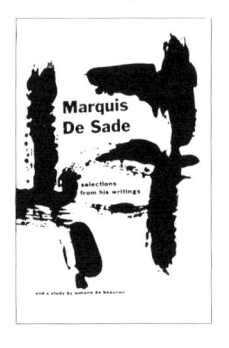

As idéias formuladas na era pioneira do design gráfico europeu haviam sido assimiladas por designers como Bayer, Burtin, Sutnar e Walter Allner. Nascido em Dessau, Allner estudara por algum tempo na Bauhaus. Numa visita feita ao estúdio Isotype de Otto Neurath, em Viena, conhecera Tschichold, que lhe arranjou um trabalho como assistente de Piet Zwart na Holanda. Depois de Zwart, Allner trabalhou com Jean Carlu em Paris, em 1933. Chegou aos Estados Unidos em 1949 e ingressou na revista *Fortune* em 1951.

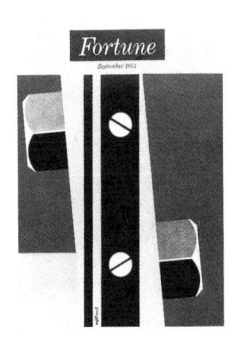

Fortune, capa da revista, 1951 [Walter Allner]

Moholy-Nagy morreu em 1946. Seu livro *Vision in Motion* (Visão em movimento – 1947) foi influente tanto pelo modo como expôs as novas maneiras de olhar, que resultaram das descobertas feitas pela arte moderna, ciência e tecnologia, como por seu layout. Naquela época as gravuras da maior parte dos livros ilustrados eram impressas na forma de "estampas", em papel brilhante, de qualidade superior, que propiciava um resultado mais nítido. As estampas eram colocadas em seções dentro do livro ou na parte de trás do volume. Moholy-Nagy acreditava firmemente que "as ilustrações devem acompanhar o texto, e não ser buscadas... são colocadas no ponto em que são mencionadas no texto, ou em tamanho pequeno na margem grande da página, ou em tamanho maior dentro do corpo do texto ou na página oposta". Esse foi um desenvolvimento do "typofoto", que utilizava o texto como "ilustração verbal".

Vision in Motion (Visão em movimento), página dupla do livro, 1947 [Laszlo Moholy-Nagy]

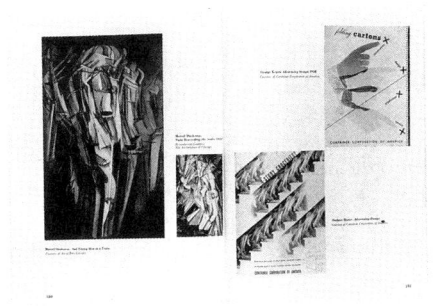

Herbert Bayer formara uma boa clientela em Nova York durante a guerra e idealizara a mostra "A Arte Moderna na Publicidade", em Chicago, onde foram exibidas as artes-finais dos anúncios feitos para a Container Corporation of America. No ano seguinte, tornou-se o consultor de design da companhia. Embora Bayer esteja associado à campanha de relações públicas "Grandes Idéias do Homem Ocidental", ele também foi responsável pelo design do *World Geo-Graphic Atlas* (Atlas geográfico mundial), patrocinado pela CCA entre 1949 e 1952. Esse trabalho é um marco na história do design de informação; é tanto um anúncio das possibilidades das técnicas da ilustração para explicar e relacionar distância, tempo, movimento e quantidade, quanto um atlas dos sistemas e recursos do mundo.

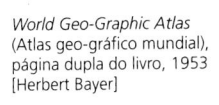

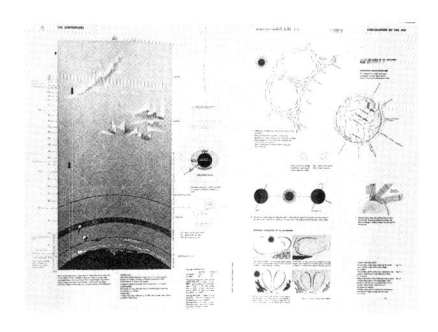

World Geo-Graphic Atlas (Atlas geo-gráfico mundial), página dupla do livro, 1953 [Herbert Bayer]

136 DESIGN GRÁFICO

Quase todos os designers importantes estavam envolvidos com o ensino, de modo que as atitudes programáticas de Sutnar e Burtin se misturavam com o ecletismo pragmático de Beall e Rand e com o esteticismo perfeccionista de Brodovitch. As companhias estrangeiras, como as empresas farmacêuticas suíças Geigy e CIBA, abriram seus próprios escritórios de design nos Estados Unidos, assim como a IBM o fez na Europa e no Japão. Graças a essas iniciativas, e através das revistas européias *Gebrauchsgraphik* e *Graphis*, o design americano não apenas tornou-se reconhecido internacionalmente, como passou também a ocupar uma posição de proeminência no mercado.

A tensão que sempre existira entre o "bom design" (como os aprovados pelo Museu de Arte Moderna de Nova York) e o design gráfico do qual o mundo comercial parecia necessitar estava começando a se manifestar. Henry Wolf, que conseguira aumentar espetacularmente a circulação da *Esquire*, estava preocupado com a incômoda situação profissional do designer. Ele percebeu que "os problemas que deveriam chegar até nós de maneira simples e clara, e somente com exigências essenciais a pressionar-nos a descobrir novas soluções, acabam chegando com volumosas recomendações e resultados de pesquisa que muitas vezes tornam a apontar para o sagrado e seguro caminho do meio". O trabalho realizado por grandes firmas comerciais de design, como a de Raymond Loewy, baseava-se em pesquisas com o consumidor, "dando aos consumidores aquilo que eles querem, e em grande quantidade!", disse ele. Contudo, elas produziram trabalhos que nada ficaram a dever aos realizados pelos novos grupos de design, como o Chermayeff & Geismar. Loewy, por exemplo, criou para um de seus clientes, a fabricante de máquinas agrícolas International Harvester, uma marca que trazia as iniciais da companhia ao mesmo tempo que sugeria a frente de um trator.

Novas técnicas foram desenvolvidas para descobrir mais a respeito dos consumidores e daquilo que eles queriam. A CCA montara em 1940 um Laboratório de Design equipado com uma câmara que era capaz de registrar os movimentos do olho sobre um design. A Landor Associates trabalhava junto com seu Instituto para Análise de Design, observando e entrevistando compradores em seu supermercado de mentira. Em meados da década de 60, a única diferença real entre os produtos era a maneira como eram percebidos pelos consumidores. Um pro-

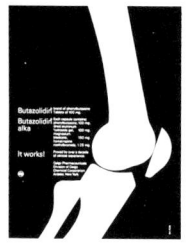

Butazolidin, remédio para artrite reumatóide, anúncio da Geigy, 1964
[Fred Troller]

International Harvester, logotipo, 1960
[Raymond Loewy]

Chase Manhattan Bank, símbolo, 1963
[Chermayeff & Geismar]

Green Lighting Company, símbolo, c. 1955
[Louis Danziger]

Better Vision Institute (montagem de retrato de Walter Gropius), capa de livrete, 1950

"Grandes Idéias do Homem Ocidental...
'O que vai destruir os Estados Unidos é... o amor pela vida fácil e o desejo de enriquecer rápido', de *The Letters of Theodore Roosevelt*" (As cartas de Theodore Roosevelt), anúncio da CCA, 1960
[Herbert Bayer]

duto podia se distinguir do outro apenas pela imagem que projetava – ou que era projetada sobre ele. Como disse Walter Landor: "a batalha para ganhar o coração dos consumidores está apenas começando". Outros designers imigrantes eram menos confiantes em relação a isso, habituados que estavam ao idealismo europeu, representado pela máxima de Moholy-Nagy de que "é o homem, não o produto, que se deve ter em mente".

 O comentário irônico de Schawinsky foi um retrato fragmentado do diretor da Bauhaus de Weimar – usado como imagem na capa do livrete do Better Vision Institute. O anúncio feito por Herbert Bayer para a CCA ilustra o amor americano "pela vida fácil" por meio de uma montagem com os itens "notórios de consumo".

[Variantes do modernismo na Europa]

14. A SUÍÇA E O NEUE GRAPHIK

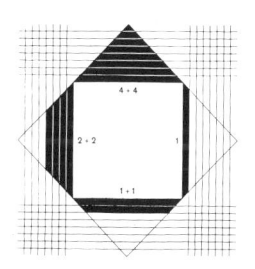

Análise diagramática de pintura por Max Bill, de *Kalte Kunst?* (Arte fria?), 1957 [Karl Gerstner]

"Cânon sagrado" das proporções de um livro no fim da Idade Média, diagrama, 1953 [Jan Tschichold]

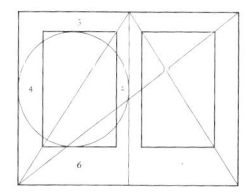

Grade para *Schiff nach Europa*, 1957 [Karl Gerstner]

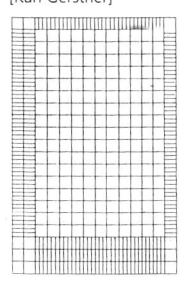

O modernismo tornou-se uma cruzada na Suíça nos anos que se seguiram à Segunda Guerra Mundial. Suas pressuposições tornaram-se uma questão de fé. Na Kunstgewerbeschule, na Basiléia, os estudantes reimprimiram os trabalhos mais importantes da década de 20, como o timbre criado pela Bauhaus. Seu professor, Emil Ruder, estava perplexo com o fato de que tal trabalho fosse considerado obsoleto, mas Tschichold, o grande defensor da Nova Tipografia em 1925, sustentava que esses trabalhos haviam introduzido duas noções erradas. A primeira era a rejeição do layout centralizado; a segunda, o uso exclusivo de tipos sem serifa, que Tschichold agora considerava serem "basicamente adequados às crianças pequenas; para os adultos são mais difíceis de ler do que os tipos cujas serifas têm uma função e não são meramente ornamentais. Além disso, a assimetria não é de jeito nenhum superior à simetria; ela é só diferente. Ambos os métodos são válidos".

Max Bill, ao refutar tais argumentos em 1946, disse que eram típicos das pessoas que queriam voltar a usar métodos antigos por acreditar que, pelo mero fato de terem sobrevivido, eram eficientes. "Felizmente", disse Bill, "existem pessoas jovens, que olham para a frente, que não aceitam cegamente argumentos como esses." Desses jovens de que Bill estava falando, o mais articulado era um designer da Basiléia chamado Karl Gerstner. Em 1955, a revista de arquitetura e design profissional *Werk* dedicou um número ao design gráfico. Gerstner foi encarregado de sua edição e layout. Como Bill, Gerstner também era um pintor da escola pós-construtivista suíça, a escola de artistas "concretistas" que usavam sistemas e idéias matemáticas. No trabalho para a *Werk*, Gerstner esforçou-se ao máximo para deixar bem claro que o design gráfico não tinha nada a ver com a arte, mas que certamente se beneficiaria da rigorosa disciplina imposta pela arte concreta, que ele e outros haviam estendido ao design. Enquanto Tschichold estava interessado na geometria e nas proporções das páginas de um livro, Gerstner e seus colegas desenvolviam o controle da "grade". Uma forma simples de utilização desse método pode ser encontrada nos primeiros livros produzidos pelos escribas, nos quais a posição das colunas e das linhas numa página é reproduzida nas páginas seguintes por meio de marcas na folha. Acredita-se que o uso moderno desse método tenha sido introduzido por Bayer na Bauhaus. Era utilizado, segundo explicou Gerstner, como "um regulador proporcional para layout, tabelas, imagens etc.". Gerstner citou o comentário de Einstein a respeito do módulo: "É uma escala de proporções que dificulta o ruim e facilita o bom." Diferentemente do trabalho de divisão de página realizado por Tschichold, as grades de Gerstner não eram criadas a partir das proporções de determinada folha, mas a partir de uma unidade básica de medida tipográfica. Essas grades eram freqüentemente elaboradas e lembravam construções cabalísticas de desnecessária complexidade, mas ele as usava de maneira expressiva, para controlar as idéias.

No design que Gerstner criou em 1957 para o livro de seu colega Markus Kutter, *Schiff nach Europa* (Navio para a Europa), a superfície foi dividida em seis quadrados; cada quadrado foi subdividido em outros quadrados, sete por sete; estes foram então divididos pela menor unidade de tamanho de tipo (mais o espaço entre as linhas), formando quadrados menores ainda, três por três. Isso deu a Gerstner aquilo que ele chamou de "tela flexível, na qual a imagem tipográfica é acomodada com uma liberdade quase ilimitada de expressão". Essa liberdade foi explorada para enfatizar os diferentes tipos de discurso utilizados pelo autor, inclusive o estilo de jornais, textos de anúncios, *script* de filmes, além da narrativa tradicional.

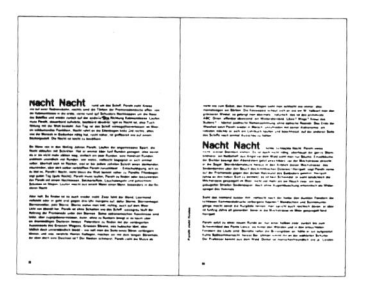

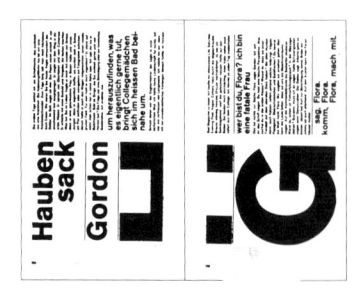

Schiff nach Europa, capa e páginas duplas, 1957 [Karl Gerstner]

A partir de 1959, Gerstner passou a dirigir junto com Kutter uma agência publicitária na Basiléia, quando então fez experiências com as unidades básicas de tipografia. No trabalho que realizou para a companhia Bech Electronic Centre, Gerstner fez permutações com as letras BEC e brincou com os elementos tipográficos da loja "boîte à musique". O ideograma que criou para o *National Zeitung* (Notícias Nacionais), usando as letras "N" e "T", revelou igual engenhosidade.

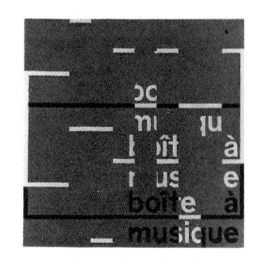

Esse tipo de trabalho era sustentado por uma série de afirmações teóricas e programas práticos. Junto com Kutter, Gerstner publicou a primeira pesquisa abrangente sobre a história e a base racional do modernismo no design gráfico, o *Die neue Graphik* (1959). A obra foi seguida por trabalhos mais teóricos, o *Programme entwerfen* (Programas de design – 1963) e *Compendium für Alphabeten* (Compêndio para os literatos – 1971). Esses livros tinham em comum o conceito de Sistema, no qual um efeito estético emerge da escolha lúcida de meios gráficos limitados. Esse foi princípio empregado por ele até à época em que mais ou menos abandonou o design para dedicar-se à arte, no começo da década de 70.

"*Boîte à musique*", capa de disco da loja, 1957 [Karl Gerstner]

National Zeitung, da série de pôsteres, 1960 [Karl Gerstner]

Para escrever sobre publicidade em sua edição da *Werk*, Gerstner escolhera Siegfried Odermatt, um designer contemporâneo seu, com muitos anos de experiência numa agência de Zurique. Odermatt retomou as idéias de Stankowski e Cyliax e as explorou livremente. Nos anos 30, Stankowski e Cyliax haviam sido os pioneiros da nova publicidade em Zurique. O trabalho de Odermatt enfatizou a distância que separava Nova York de Zurique no que dizia respeito às idéias sobre publicidade. A diferença mais óbvia entre os dois centros era que os anúncios suíços eram mais uma obra de designers do que de diretores de arte. Eles raramente dependiam de um único título; o

MODERNISMO NA EUROPA 141

maior tamanho de tipo era usado para o nome do produto; a imagem provinha diretamente do produto, em vez de ilustrar um conceito de marketing.

Na *Werk*, Odermatt descreveu os quatro princípios que norteavam a publicidade:

Rodízios Bassick, anúncio, 1957 [Siegfried Odermatt]

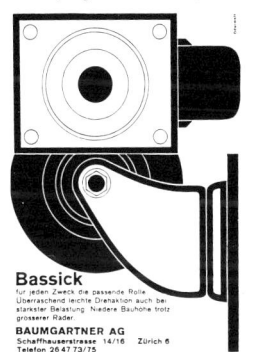

1. Chamar a atenção.
2. Apresentação clara e objetiva do produto, serviço ou idéia.
3. Apelo aos instintos do consumidor.
4. Ficar na memória do consumidor o item anunciado.

Odermatt fazia uma distinção entre anúncios isolados e anúncios produzidos em série que, por meio de um design funcional, da repetição cuidadosamente planejada (e especialmente por meio da idéia básica), podia estender a vida útil, geralmente curta, de um design.

A série que criou para os rodízios Bassick, em 1957, demonstrou isso. Odermatt apresentou o produto através de um desenho técnico, dramatizado pelo contraste gráfico resultante da inversão do preto com o branco (linhas brancas traçadas em áreas pretas). O desenho mecânico e preciso sugeria a precisão da fabricação. O preto representava ainda a cor da roda de borracha, e o branco, o metal – o mesmo tratamento que Beardsley dava ao contorno e à cor.

No ano seguinte, Odermatt produziu uma série de anúncios de apólices de seguro em francês e alemão. Nesses trabalhos, criados em formato pequeno, ele dramatizava um risco, como o de "assalto" ou "acidente", fundindo a imagem e a palavra fotograficamente.

Junto com sua parceira Rosmarie Tissi, Odermatt refinou o uso do espaço. Este era regulado por uma grade, na qual as partes da mensa-

The Yellow Book (O livro amarelo), desenho da capa, 1894 [Aubrey Beardsley]

Neuenburger / La Neuchateloise, anúncios de seguro, 1960 [Siegfried Odermatt]

Form 60, anúncios dos vencedores da competição de design, 1960 [Siegfried Odermatt]

gem se relacionavam numa estrutura bem delineada, imaculadamente demonstrada no anúncio que preparou para a competição *Form 60*, promovida pela loja Globus. A grade do anúncio apresentava buracos que eram usados para relacionar, separar e enfatizar elementos. A disciplina não dogmática de Odermatt e Tissi e sua grande produção de propaganda cultural e industrial num período de mais de três décadas deram a eles uma duradoura fama internacional.

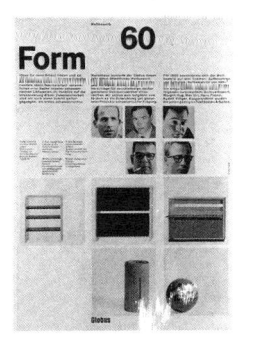

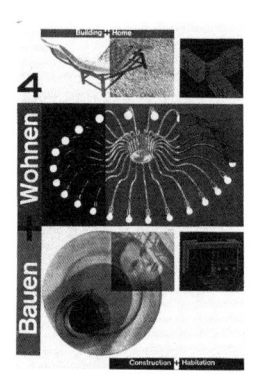

A influência internacional da Suíça baseava-se na revista *Graphis*, publicada mensalmente em Zurique desde os últimos dias da guerra na Europa. A *Graphis* trazia, em doses equilibradas, reproduções de trabalhos internacionais, discussões sobre a arte comercial estrangeira e matérias sobre reproduções de obras de artes, livros de edição limitada e assuntos históricos. Um veículo de influência mais especificamente suíço era a revista *Neue Grafik* (Novo design gráfico), lançada em 1958 por quatro nomes da velha escola: Richard P. Lohse, um pintor concretista; dois designers gráficos, Josef Müller-Brockmann e Hans Neuburg, que fora colaborador de Stankowski; e Carlo Vivarelli, arquiteto e artista que trabalhara para Boggeri em Milão (ver capítulo 15). Vivarelli fora responsável por uma importantíssima obra da Neue Graphik suíça, o pôster *Für das Alter* (Ajude os idosos), em 1949.

Juntos os editores partiram para "criar uma *plataforma internacional* para a discussão do desenho gráfico moderno e da arte aplicada. Ao contrário das publicações existentes, a *Neue Grafik* tem uma postura caracterizada pela exclusividade, coerência e irredutibilidade". Realmente, a revista publicava pouquíssimos trabalhos modernos estrangeiros, embora tenha se tornado o principal meio de disseminação das obras dos artistas pioneiros dos anos 20 e 30, muitos dos quais escreviam a partir de suas próprias experiências. O principal deles foi Max Bill, cuja carreira se estendeu por muitas décadas, abrangendo arte, arquitetura e design. Bill colaborou em muitos dos primeiros números da revista.

De todos os editores, Müller-Brockmann era o mais ativo na área comercial. A série de pôsteres criados por ele, a partir do começo da década de 50, para o Tonhalle (salão de concertos) de Zurique mostra a emergência e o desenvolvimento daquilo que o grupo chamou de "*Konstruktive Grafik*". Müller-Brockmann começou criando ilustrações extravagantes e amaneiradas, totalmente incompatíveis com um designer comprometido com o Neue Graphik, que rejeitava o uso do desenho livre por não ser nem objetivo nem "construtivo". Após isso, passou a adicionar tipos a imagens "concretas" (matemáticas) de geometria plana e, em 1958, integrou texto e imagem através da grade.

Além dos desenhos técnicos e geométricos, a Neue Graphik exigia fotos para suas imagens. Müller-Brockmann adaptou-se a esse princípio criando pôsteres sobre os perigos do tráfego, dramatizados por mu-

Für das Alter, pôster, 1949
[Carlo Vivarelli]

acima, ao centro
Bauen und Wohnen, capa da revista, 1948
[Richard Paul Lohse]

acima, à esquerda
"The International Committee of the Red Cross is helping – but it needs everyone's help"(O Comitê Internacional da Cruz Vermelha está ajudando, mas precisa da ajuda de todos), pôster, 1944
[Hans Neuburg]

Neue Grafik, capa da revista, 1958
[Carlo Vivarelli]

MODERNISMO NA EUROPA **143**

Musica viva, pôster
do concerto, 1958, e
explicação diagramática
[Josef Müller-Brockmann]

danças de escala, pelo corte radical de fotografias em preto e branco, pelo freqüente uso de eixos diagonais, por letras coloridas para slogans de quatro ou cinco sílabas, e por ordens que sugeriam brados: "Menos barulho", "Cuidado com a criança!"

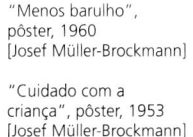

"Menos barulho",
pôster, 1960
[Josef Müller-Brockmann]

"Cuidado com a
criança", pôster, 1953
[Josef Müller-Brockmann]

Giselle, pôster do balé, 1959
[Armin Hofmann]

Letras no tipo Neue
Haas Grotesk
[Max Miedinger, 1957]

Como tipo, Müller-Brockmann e seus colegas usavam quase que exclusivamente o Akzidenz. É paradoxal que tipos mais geométricos, como o Futura, não tenham sido considerados adequados a um padrão gráfico tão rigidamente geométrico. No segundo número da *Neue Grafik*, Emil Ruder introduziu a nova família de tipos Univers, criada por um designer treinado em Zurique, Adrian Frutiger, para a companhia de fundição de tipos Deberny & Peignot (ver p. 164). Esse design, embora sem serifa, tinha um caráter ligeiramente caligráfico. Em 1957, surgiu mais um design sem serifa, a família de tipos conhecida como Neue Haas Grotesk, que logo foi rebatizada como Helvética. Para adequar-se a um programa sistemático e coerente de espessura de traços e larguras, ela teve de perder muito de sua força, a força das antigas letras de madeira usadas em pôsteres. Os tipos mais largos e mais pesados tornaram-se elementos gráficos essenciais nos anos 50 e 60, tendo sido explorados por todos os designers "construtivistas".

Quando os designers arranjavam as palavras verticalmente, enfatizavam suas qualidades abstratas e puramente gráficas. Em 1959, para o título de um pôster de espetáculo de balé ao ar livre, foi utilizada uma versão redesenhada do tipo Akzidenz de espessura média. As curvas bem menos acentuadas do Helvética proporcionariam um paralelismo bem menos dinâmico aos movimentos da figura retratada – um dinamismo intensificado pela imagem desfocada e pelo corte da foto. A palavra "Giselle" tornou-se uma imagem também forte: o pingo sobre o "i"– um círculo em vez de um retângulo – e as curvas do "s" e do "e" contra as hastes do 'l' e do 'i' evocam o movimento da bailarina sob a luz do palco.

O designer do pôster de *Giselle* foi Armin Hofmann, que deu aula na Gewerbeschule da Basiléia, a partir de 1947, e também na Filadélfia e em Yale nos anos 50. Perito no uso das letras, Hoffman foi responsável, junto com Ernst Keller e Alfred Willimann em Zurique, pela criação de centenas de bons logotipos e marcas suíços.

Steiner, logotipo, 1953 [Alfred Willimann]

Therma, equipamento elétrico, logotipo antigo e novo, 1958 [Carlo Vivarelli]

As letras unidas criadas por Carlo Vivarelli para a Therma, em 1958, formavam um verdadeiro logotipo: na forma de uma única peça metálica, esse símbolo podia ser facilmente anexado aos itens e equipamentos de cozinha desenhados pela empresa, cujo programa de design corporativo abrangia toda uma gama de atividades promocionais, semelhante ao que acontecia na Olivetti (ver capítulo 15).

Electrolux, símbolo, 1962 [Carlo Vivarelli]

Tal como o logotipo da Therma, outros símbolos, como o da Electrolux (Vivarelli, 1962) e o da Exposição Nacional Suíça de 1964 (Hofmann), foram escolhidos através de competições. O reconhecimento público do design fazia que houvesse concorrência para a criação do design de selos e cédulas de dinheiro. A seleção anual dos melhores pôsteres suíços e dos livros mais bem desenhados do ano e a série de exposições de design no Gewerbemuseum (Museu de Artes e Ofícios) em Basiléia e Zurique encorajavam o envolvimento do público e estimulavam clientes como a Therma. Nos anos 60 foram publicados livros que demonstravam a integração do design gráfico na vida cultural e comercial do país: *Design gráfico de uma cidade suíça*, *Design industrial suíço*, *Design gráfico para a indústria química*.

Exposição Nacional Suíça, símbolo, 1964 [Armin Hofmann]

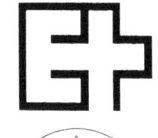

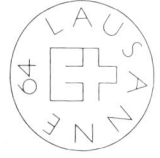

Como acontecia nos Estados Unidos, a indústria farmacêutica empregava designers, muitas vezes em tempo integral. A simetria revisionista de Tschichold serviu à Roche. O "estilo suíço" primitivo foi consolidado pela equipe da Geigy, que no começo dos anos 50 incluía Gerstner e Gérard Ifert, sob a direção de arte de Max Schmid e Gottfried Honegger. Ao mesmo tempo que esse estilo se espalhava pelos Estados Unidos (onde Schmid passou a dirigir o departamento de design da Geigy em 1955), outros poderosos elementos permaneceram imu-

"Micorene" da Geigy, anúncio, 1956
[Enzo Rösli]

"Mogadon" da Roche, folha de rosto da brochura, 1965
[Jan Tschichold]

Insidon, Geigy, embalagem de remédio e anúncio, 1963
[Harry Boller]

táveis na Suíça. Eles podiam ser encontrados nos trabalhos de designers como Tschichold, que refinavam posturas conservadoras – especialmente na área do design de livros –, ou nos tradicionais pôsteres ilustrados.

Em 1964, o International Council of Graphic Design Associations (ICOGRADA – Conselho Internacional das Associações de Design Gráfico) se reuniu em Zurique. Alguns dos nomes que criaram a profissão, incluindo Stankowski, da Alemanha, Schuitema, da Holanda, e Burtin, dos Estados Unidos, discutiram a questão "Design profissional ou arte comercial?". Neuburg apresentou os "amistosos contendores" como "aquele artista gráfico clássico e livre, com inclinação para o desenho ou a pintura" e "sua contraparte intelectual, construtivista, voltada para a funcionalidade" – esse último representando a tendência da Neue Graphik. Essa discussão já era universal. Em 1959, Masaru Katsumie, editor da revista japonesa *Graphic Design*, enfatizou sua preferência por designers "construtivistas": "Em vez de Raymond Savignac, eu selecionei Max Bill. Em vez de Herbert Leupin, preferi Josef Müller-Brockmann. Em vez de Hans Erni, introduzi Karl Gerstner."

Ao optar enfaticamente por Design Gráfico, que ele acreditava estar "firmemente ligado à impressão", em detrimento de Arte Comercial, Katsumie parece ter feito uma distinção baseada na idéia de reprodução. As imagens do Design Gráfico eram produzidas por fotografia, parte de um processo industrial, que podia ser reproduzida múltiplas vezes a partir de um negativo original. A Arte Comercial, por outro lado, empregava ilustrações feitas à mão.

A distinção feita entre as duas categorias de designer não era necessariamente tão exclusiva. Muitos dos principais designers suíços trabalhavam em vários veículos de comunicação gráfica. Em 1945, Kurt Wirth produzia pôsteres com suas próprias linoleogravuras, impressas tipograficamente. Ao mesmo tempo, produziu trabalhos que em nada se distinguiam do design gráfico "construtivista". Em 1954, Hans Erni pintara uma memorável imagem composta, de qualidade fotográfica, na qual um crânio se fundia a uma explosão atômica. Essa imagem foi usada pelo artista num pôster sobre desarmamento nuclear em 1960 (ver p. 1). O fato de a imagem ter sido produzida por pintura ou fotomontagem não afetou em quase nada a idéia gráfica.

"Guerra atômica: Não",
pôster, 1954
[Hans Erni]

O designer de pôster Leupin estabelecera-se nos anos 40 com representações hiper-realistas dos produtos. Posteriormente, adotou um estilo informal semelhante ao utilizado pelos *affichistes* franceses. Típico dessa última fase é um par de pôsteres para os sapatos Bata, criado em 1954.

Sapatos Bata, pôster duplo, 1954
[Herbert Leupin]

Em 1955, Leupin criou uma das mais econômicas composições de texto e imagem, combinando "manhã" e "jornal" num bule de café branco, animado por uma tampa semi-aberta, semelhante a uma boca.

abaixo, à esquerda
Tribune de Lausanne,
pôster, 1955
[Herbert Leupin]

"Canetas esferográficas Bic escrevem clara e suavemente", anúncio, 1962 [Ruedi Kuelling]

Ruedi Kuelling, que trabalhara com Grignani em Milão (ver capítulo 15), criou uma das mais simples e memoráveis marcas gráficas, usada em pôsteres e em pequenos anúncios impressos da caneta Bic.

Produzida com uma caneta esferográfica, a imagem descreve perfeitamente o objeto que a produziu. Criado por designers suíços na Suíça, esse tipo de trabalho pertence a uma tradição mais antiga do que o "estilo suíço".

Os pioneiros de antes da guerra ansiavam por objetividade na comunicação visual. A Neue Graphik consumou esse desejo. Ela foi uma força internacionalizante na nova profissão, ajudando a estabelecer uma disciplina e uma linguagem tipográfica para o "design de informação" antes da chegada da fotocomposição e das imagens geradas por computador.

Schwaben Bräu, descansos de copo e veículo de entrega, logotipo da cervejaria, 1961 [Nelly Rudin]

15. A ITÁLIA E O ESTILO MILANÊS

Embora tenha sido o futurismo, junto com a revista *Campo Grafico* (ver p. 41), a grande força propulsora do movimento vanguardista na Itália na década de 30, foi graças principalmente a um único homem, Antonio Boggeri, que o movimento continuou avançando após esse período. Em 1924, Boggeri, um violinista profissional entusiasmado por fotografia, juntou-se à equipe de administração da Alfieri & Lacroix, uma companhia milanesa de composição e fotogravura. Visitando escritórios vizinhos, Boggeri encontrou exemplares da revista inglesa *Commercial Art* e da *USSR in Construction*, que traziam artigos de Tschichold explicando a Nova Tipografia e a técnica de fotomontagem. Inspirado por esses artigos, Boggeri estabeleceu um estúdio em Milão, em abril de 1933. No ano seguinte, a capa da *Campo Grafico* trazia uma foto do Studio Boggeri. Na mesma época, Boggeri alinhou-se à postura modernista da revista com respeito à tipografia, embora seu interesse real fosse o "typofoto". Tentou convencer seus clientes de que "o extraordinário gosto estético e a sedução visual dos meios de comunicação demonstrariam a excelência do produto". O gosto estético do Studio Boggeri evoluiu e transformou-se no estilo milanês do pós-guerra.

Máquina de escrever Olivetti M40, folheto, 1934 [Xanti Schawinsky]

Studio Boggeri, símbolo, 1933 [Deberny & Peignot]

O Studio Boggeri apresentava um visual mais europeu do que propriamente italiano. Seu símbolo foi desenhado em Paris pela Deberny & Peignot. Boggeri foi apresentado aos líderes do movimento vanguardista, como Bayer e Moholy-Nagy, através de Xanti Schawinsky, que montara um escritório de design em Milão em 1934. Schawinsky trouxera consigo técnicas típicas do último período da Bauhaus – desenhos realistas feitos com aerógrafos, montagens e layouts disciplinados em grades simples e bem delineadas. Todas essas técnicas foram desenvolvidas nos anos 30 por outros designers associados a Boggeri.

Por intermédio de Boggeri, Schawinsky passou a trabalhar para a Olivetti, que fabricava máquinas de escrever e equipamento de escritório. Dirigida pelo engenheiro Adriano Olivetti, a companhia tinha um programa de design abrangente, que incluía o complexo habitacional, os hospitais e as escolas construídas para seus funcionários. Schawinsky selecionou e juntou elementos de imagem e texto que identificassem a Olivetti e ligassem o nome da empresa ao século XX e aos benefícios trazidos pela tecnologia. O pôster com fotomontagem que criou em 1934 reproduz a mesma simetria direta encontrada no trabalho de

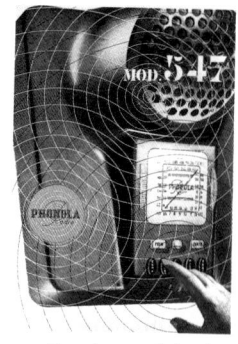

Phonola, capa da brochura do rádio, 1940 [Luigi Veronesi]

MODERNISMO NA EUROPA 149

"A primeira máquina
de escrever italiana",
pôster, 1912
[Teodoro Wolf Ferrari]

Máquina de escrever
portátil da Olivetti,
pôster, 1934
[Xanti Schawinsky]

Wolf Ferrari de 1912, invocando história e autoridade. No meio de uma paisagem, Dante aponta seu aristocrático dedo para o nome na máquina de escrever. O slogan do anúncio imita o estilo clássico de uma inscrição. Vinte anos mais tarde, Schawinsky trouxe a máquina de escrever para o mundo moderno. Num espaço bidimensional e sem perspectiva, e usando o meio mecânico da fotografia para criar suas imagens, vinculou a máquina de escrever à idéia de glamour sofisticado, através do encanto cinematográfico da modelo: suas mãos acariciam a superfície da máquina e seus lábios vermelhos refletem a cor e até o mesmo formato do produto. Essa imagem composta e sem slogan, feita para um veículo como o pôster, em que a idéia tem de ser transmitida de relance, produzia um efeito completo.

Olivetti, brochura de
máquina de escrever
portátil, 1936
[Xanti Schawinsky]

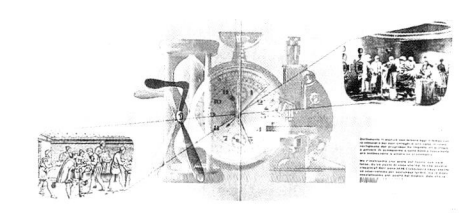

Um folheto publicitário feito para a mesma máquina de escrever portátil dava ao leitor mais tempo para assimilar uma mensagem parecida. Essa mensagem foi elaborada por Schawinsky através de um assombroso aparato de técnicas gráficas – recortes de fotografias tingidas, aerógrafo, uma gravura de cirurgia do século XVI contrastando com uma foto de cena de uma peça de teatro, e até mesmo o raio X de mãos sobre um teclado. Tudo isso, mais a ajuda complementar de um texto desalinhado à direita, conferia às páginas o argumento de que "o ritmo vertiginoso do progresso" exige que o leitor "abandone a caneta. Adote a Olivetti portátil". Schawinsky desenhou um novo logotipo para a firma – um dos primeiros e poucos a utilizar apenas letras minúsculas – segundo as formas do alfabeto na máquina de escrever.

La Pubblicità – L'Ufficio
Moderno, capa da revista,
1935 [Xanti Schawinsky]

As marcas e os logotipos subseqüentes da Olivetti foram criados, em 1956 e 1970, por designers que haviam trabalhado com Boggeri. Um deles foi Erberto Carboni, cuja carreira acompanhou o desenvolvimento do design gráfico italiano por trinta anos. Carboni era especialista em design de exposições comerciais, um campo no qual a Itália era insuperável. Durante os anos 30, ele utilizara uma mistura de estilos pós-cubistas e em 1936 incluiu toda uma variedade de ingredientes modernistas em seu pôster para os chapéus Cervo "Bantam": colagem de renda na fotomontagem do rosto de uma criança com chapéu contra um fundo uniforme xadrez. A imagem continua sendo gráfica e não representacional. Há um contraste entre a bidimensionalidade do suporte gráfico (o papel) e a profundidade espacial sugerida pelo tons da fotografia. O apego de Carboni a um rigoroso modernismo evidenciou-se também em seus trabalhos posteriores, até mesmo naqueles feitos para um mercado popular – como por exemplo na promoção e embalagem dos produtos da companhia de massas Barilla, nos anos 50 –, e nos símbolos estritamente geométricos criados para a rádio e tevê italianas.

Essa exposição ostensiva e espontânea dos métodos gráficos e da manipulação do espaço, renovada constantemente pelo emprego dos mais recentes meios de desenvolvimento de novas formas de expressão, era típica da escola de Milão. O design fazia parte da vida econômica e cultural da cidade e era promovido nas exposições trienais. Seu crescimento foi patrocinado pelos jornais da indústria gráfica, como o *Linea Grafica* e *Pagina*, e reconhecido nas revistas de design e arquitetura, como a *Stile Industria* e *Domus*, que publicavam designs gráficos estrangeiros, especialmente aqueles feitos nos Estados Unidos, além de estudos no campo da teoria da comunicação e pesquisas em diversas áreas, como na dos sinais de tráfego.

A mais importante figura associada a Boggeri foi Max Huber, o primeiro de uma série de designers suíços a chegar a Milão. Esses designers foram cruciais para o desenvolvimento da linguagem gráfica de Boggeri. A supremacia dos suíços na área do design gráfico já havia sido confirmada através de seu pavilhão na Trienal de Milão de 1936. O pavilhão fora concebido por Max Bill, com quem Huber trabalhara durante a guerra. Huber chegou em 1940, munido de uma extraordinária habilidade técnica, resultante de sua experiência profissional numa agência de publicidade de Zurique e numa das mais avançadas empresas gráficas. Permaneceu em Milão por dezoito meses, até que a Segunda

Cervo Bantam, pôster dos chapéus, 1936
[Erberto Carboni]

Massa com ovo Barilla, "Tire essa idéia da sua cabeça", anúncio, 1956
[Erberto Carboni]

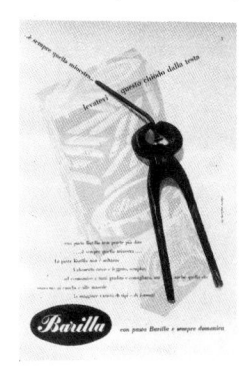

Rádio italiana, símbolo, 1949
[Erberto Carboni]

Televisão italiana, símbolo, 1953
[Erberto Carboni]

Linea Grafica, design da capa, 1954
[Bruno Munari]

MODERNISMO NA EUROPA 151

Guerra Mundial obrigou-o a retornar à Suíça. Em Milão, além de desenhar catálogos e brochuras, Huber também criou cabeçalhos e um painel publicitário que listava, usando apenas letras minúsculas, os serviços prestados pela companhia: criação de pôsteres, catálogos, exposições, vitrinas, pastas, papéis timbrados, anúncios, marcas – trabalhos em áreas de design que efetivamente só foram surgir em muitos países quase vinte anos mais tarde.

Italstrade, companhia de construção de auto-estradas, anúncio, 1941
[Max Huber]

Studio Boggeri, capa da brochura, 1945
[Max Huber]

Sirenella, pôster de salão de dança, 1946
[Max Huber / Ezio Bonini]

O jeito contido de Huber foi aos poucos se soltando e o artista passou a fazer um uso mais dinâmico da fotografia. Ele combinava cores uniformes com perspectiva, criando uma tensão entre a ênfase dada à superfície plana e uniforme da folha impressa e a idéia de tridimensionalidade sugerida pela imagem fotográfica. Essas convenções estilísticas formavam a base do design gráfico italiano nos anos anteriores à guerra. Huber retomou-as em 1945. Ele usava tipos pós-construtivistas sem serifa ou o Bodoni, que freqüentemente sobrepunha a fotografias. Seu interesse por jazz e questões sociais inspiraram-no na criação de uma série de pôsteres e capas de revista nos anos 40 e 50, por meio dos quais desenvolveu uma técnica visual flexível e expressiva.

"Grand Prix de Monza", design de pôster, 1957
[Max Huber]

Grand Prix da Suíça, design da capa do programa, 1938
[Max Huber]

O progresso de seus métodos acha-se bem ilustrado na série de pôsteres que criou para a corrida de automóveis de Monza. Em 1938, Huber desenhara a capa de um programa de corrida mostrando um carro numa pista inclinada. A pista era formada por uma seta vermelha, que também representava a bandeira suíça estendida, margeada por cunhas alongadas nas cores verde e azul. Em 1957, ele usou elementos semelhantes no pôster para a corrida de 500 milhas de Monza. Entre esses dois trabalhos, produziu um design radical para a loteria do Grand Prix de Monza de 1948, um design impecável em sua execução. Como numa pintura abstrata, enormes setas em cores uniformes (vermelho, azul e verde) traçam uma curva e se sobrepõem umas às outras, num espaço criado pela afiada perspectiva das letras desenhadas à mão. Fotos recortadas e cores uniformes tornaram-se ingredientes convencionais no design gráfico italiano, mas foi Huber o primeiro a usá-los de maneira criativa.

Em 1950, Huber começou a ajudar a loja de departamentos La Rinascente a introduzir um estilo unificado, desenvolvido por sucessivos diretores de arte. Ele ligou visualmente as etiquetas, as embalagens e o material promocional dentro da loja com as vitrinas, pôsteres e a publicidade impressa. Para a marca da loja, Huber combinou num único símbolo um "R" maiúsculo em Futura Bold com um "l" minúsculo em Bodoni itálico: uma conjunção que simbolizava a posição de Milão como ponto de encontro das culturas do norte e do sul da Itália. Essa conjunção de opostos vinha sendo usada como artifício retórico na publicidade havia muito tempo. O exemplo mais comum disso era a demonstração de causa e efeito realizada através do artifício do "antes" e "depois", muito utilizado nos remédios populares e adotado pelos designers gráficos.

La Rinascente, papel de embrulho da loja de departamentos, 1950 [Max Huber]

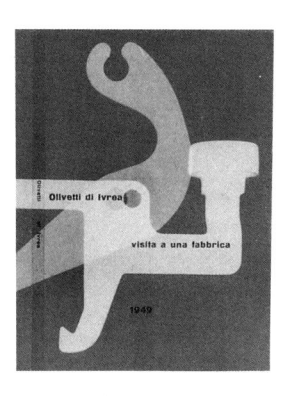

Il Politecnico, design do semanário, 1945 [Albe Steiner]

Visita a uma fábrica da Olivetti, capa de livrete, 1949 [Albe Steiner]

Ar-flex, logotipo, 1956 [Albe Steiner]

Um dos mais célebres exemplos desse tipo de justaposição, usando a "guerra" e a "paz", foi obtido girando-se uma foto de armas de fogo, com fumaça saindo de seus canos, até noventa graus e transformando-as assim em chaminés de fábrica. Essa imagem apareceu num folheto que anunciava o semanário cultural de esquerda milanês *Il Politecnico*, em 1945. Seu criador foi Albe Steiner, que havia anteriormente trabalhado com Boggeri. O envolvimento de Steiner com a política levou-o a escrever, ensinar e a participar do movimento de resistência durante a guerra, da reconstrução do pós-guerra e de um programa de alfabetização no México.

Steiner foi o diretor de arte de La Rinascente de 1950 a 1954. A loja patrocinava um prêmio anual de design. O prêmio, um compasso

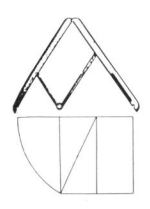

MODERNISMO NA EUROPA 153

que dividia uma reta na proporção áurea, foi desenhado por Steiner, que o converteu num símbolo gráfico para ser utilizado em publicidade. Seus trabalhos gráficos usavam técnicas de vanguarda. Junto com Lissitzki, ele foi um dos poucos designers a produzir um fotograma para uso comercial. (Os componentes de uma máquina de escrever apareceram na capa de um livrete da Olivetti em 1949.)

A publicidade da Olivetti é associada em primeiro lugar a Giovanni Pintori, que entrou para a companhia como designer em 1936 e lá trabalhou como diretor de arte de 1950 a 1968. Pintori utilizava diversas técnicas. Muitas vezes ele criava um ambiente poético e ambíguo, no qual somente o nome fazia referência ao produto. Os anúncios impressos baseavam-se no isolamento de um aspecto de uma máquina que pudesse ser desenvolvido como elemento gráfico principal. A mesma família de tipos Grotesque em negrito e itálico era usada nos títulos e no nome do produto Olivetti. Seguindo o exemplo das companhias farmacêuticas, a Olivetti foi uma das primeiras empresas multinacionais a estabelecer um estilo corporativo padronizado, utilizado em todos os seus escritórios espalhados pelo mundo. A IBM era sua maior concorrente nessa área.

A Pirelli, fabricante internacional de pneus, visava não apenas a padronização de seus designs, mas também uma alta qualidade gráfica. Para seus pôsteres, como a Olivetti, ela contratava os serviços de Savignac, André François e Armando Testa, que dirigia sua própria agência em Turim. Para exposições, chamava Carboni. E para os mil impressos produzidos anualmente pela empresa empregava os mais notáveis talentos milaneses, especialmente Ezio Bonini, Aldo Calabresi, Bob Noorda, a equipe de Confalonieri e Negri e Pino Tovaglia. Esses designers tinham sorte: a Pirelli tinha um logotipo tão simples e reconhecível que podia tornar-se o elemento central do design. Apesar disso, porém, acabaram criando, nas representações gráficas dos pneus e suas qualidades, um vocabulário mais extenso do que o utilizado em qualquer outro produto.

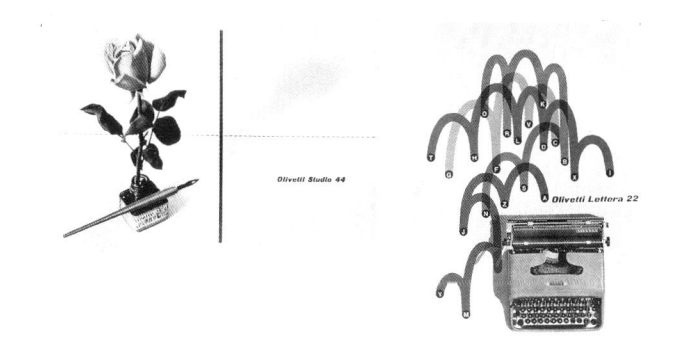

Grande parte dos trabalhos mais originais dos designers milaneses foi criada para a indústria farmacêutica: nos anos 40, Huber, Bonini, Walter Ballmer, Remo Muratore e Vivarelli, todos designers de Bogge-

Compasso d'oro,
da La Rinascente, prêmio de design, 1954
[Albe Steiner]

Studio 44 da Olivetti, pôster de máquina de escrever, c. 1936 [Constantino Nivola]

Lettera 22 da Olivetti, pôster, 1950
[Giovanni Pintori]

Olivetti, logotipo, 1947

Olivetti, símbolo, 1954
[Marcello Nizzoli]

"Cinturato", anúncio
de pneu Pirelli, 1967
[Pino Tovaglia]

centro
Pirelli, pôster, c. 1960
[André François]

canto esquerdo
Pirelli, anúncio, 1963
[Gerhard Forster]

ri, utilizaram gráficos abstratos nas promoções dos Laboratórios Glaxo; nos anos 50 e 60, Bonini, Calabresi e outros introduziram fotos para dar aos produtos da Roche um contexto não clínico. A indústria de

"Tônico Roche",
capa de folheto, c. 1949
[Ezio Bonini]

promoção farmacêutica também deu oportunidades profissionais ao mais original e influente de todos os designers milaneses, Franco Grignani. Grignani explorou os sucessos do modernismo, especialmente a austeridade tipográfica, acrescentando a seus trabalhos elementos gráficos criativamente elaborados. Sua carreira apresenta estágios de desenvolvimento, tal como acontece na carreira de um artista. Ele se formou em arquitetura, tornou-se pintor futurista na década de 20 e passou a se dedicar ao design gráfico na década de 30, fazendo o mais avançado uso da fotografia e do desenho técnico – os dois meios empregados por ele para ampliar as possibilidades da expressão gráfica. Grignani foi um dos primeiros a utilizar fotogramas. Estes proporcionavam imagens abstratas que evocavam os processos químicos e físicos. Ao colocar objetos como seringas e frascos em papel fotográfico, Grignani conferiu inesperada elegância àquela parafernália comum utilizada nos tratamentos médicos. Como diretor de arte da revista *Bellezza d'Italia*, da companhia Dompé, demonstrou que a sofisticação não depende necessariamente da delicadeza óbvia do Bodoni: criou para a revista o robusto e avançado símbolo *Bd'I* (ver p. 214).

Bellezza d'Italia, capa da revista, 1950
[Franco Grignani]

Alfieri e Lacroix, logotipo,
c. 1956
[Franco Grignani]

Grignani também criou um logotipo de iniciais para a Alfieri e Lacroix. A companhia deu a Grignani a chance de fazer experiências através de uma série de anúncios publicados na imprensa da indústria grá-

Alfieri & Lacroix, "As artes gráficas geram emoções", anúncio dos impressores, 1957
[Franco Grignani]

fica. Dirigida a seus colegas designers, a mensagem mensal era: "Observem-me. Vejam o que eu consigo fazer." Ele explorava aspectos do design gráfico e ligava-os à Alfieri e Lacroix por meio de afirmações didáticas como

a velocidade altera o design
a velocidade altera a cor
a velocidade altera a vv ii ss ãã oo

e

onde vive um signo?
Não dentro do arco de espaço que lhe foi concedido
nem dentro de sua própria arquitetura
isolado pelas convenções dos designs.

Ele vive de sua habilidade de encher de energia
a cena da peça dialética
que é uma performance, um diálogo vivo...

Após esgotar as técnicas convencionais de design – meios-tons recortados, cores uniformes e impressão de tipos pela inversão de cores ou do preto com o branco –, utilizadas por ele com extraordinária dramaticidade, Grignani começou a improvisar. A princípio, utilizou as letras de maneira abstrata, como formas e não como signos. Muitas vezes, Grignani as distorcia com água ou com vidros de formato irregular, uma idéia utilizada por Huber para criar as letras da capa de um

acima
Alfieri & Lacroix, anúncio da gráfica, anos 50
[Franco Grignani]

acima, centro
"Números aleatórios de uma canção geométrica"
[Franco Grignani]

acima, à direita
Alfieri & Lacroix, "símbolo de impressão rotativa..."
[Franco Grignani]

livro que projetou em 1945. O trabalho de Grignani muitas vezes antecipa a Optical Art (arte óptica) dos anos 60. (Um outro trabalho precursor nesse estilo foi o anúncio para uma empresa familiar de engenharia, desenhado por seu vice-presidente Antonio Pellizzari.) Grignani criava imagens fotográficas por meio de "posterização", isto é, eliminava os meios-tons, de modo que as imagens passavam a ser ou claras ou escuras, e as sombras viravam decorações. Essa foi uma das técnicas das quais os designers mais abusaram na década seguinte. Fotografando materiais listrados ou xadrez, Grignani estudou os efeitos da ilusão espacial. Mais tarde fez experiências projetando textos e imagens sobre objetos tridimensionais e produziu imagens espaciais espetaculares por meio de distorções geométricas complexas.

Grignani acreditava que o indivíduo criativo na Itália, diferentemente do que acontecia nos Estados Unidos, "é freqüentemente seu próprio diretor de arte, assim como designer, fotógrafo, desenhista técnico e retocador". Achava que o trabalho em equipe podia inibir a criatividade do designer. Era mais comum na Itália do que nos outros lugares o designer trabalhar em mais de uma área da atividade gráfica. Alguns designers deram importantes contribuições em várias áreas de especialização. Marcello Nizzoli, por exemplo, tornara-se diretor de arte da Olivetti em 1938 e, após a guerra, desenhou para a companhia máquinas de escrever que se tornaram um sucesso internacional. Tipicamente versáteis eram também Bruno Munari (ver p. 41) e Enzo Mari, ambos interessados em design tridimensional. O pôster que Munari criou em 1960, no qual juntou mais de trinta diferentes versões impres-

Pellizzari, anúncio de equipamento de irrigação, 1949 [Antonio Pellizzari]

Campari, pôster, 1960 [Bruno Munari]

sas do nome Campari sobre um fundo vermelho, foi um exemplo quase único do uso de colagem em publicidade. Nos anos 60, Munari também trabalhou com Huber fazendo projetos gráficos de livros para a editora Einaudi. Ele enfatizava a tridimensionalidade dos volumes com poderosos elementos retangulares, que foram repetidos nas capas de livro criadas por Mari para a companhia Boringhieri. O trabalho dos designers italianos, especialmente o de Grignani, era admirado no exterior, como era também a perfeição tipográfica dos anúncios para os rifles de caça Luigi Franchi, criados por Calabresi na Boggeri. Esse trabalho reconciliava a tipografia disciplinada com a imagem objetiva e dramática. Calabresi era originário da Suíça, e, embora seu design se escorasse no rigor suíço, possuía a alegria e o contraste inventivo típicos dos italia-

Luigi Franchi, anúncio de armas esportivas, 1960 [Aldo Calabresi]

Piccolo Teatro di Milano, pôster de teatro, 1965 [Massimo Vignelli]

nos. Em meados da década de 60, o estilo suíço – na forma de um uso eficiente e previsível de fios e de um tipo Bodoni sem serifa – foi formalizado por Massimo Vignelli em seus pôsteres tipográficos para o Piccolo Teatro di Milano. Esse foi o estilo que, pouco tempo depois, ele e Noorda, trabalhando como consultores para a Unimark International, transplantaram para Nova York. Passaram-se alguns anos até que os designers chegassem à mesma conclusão de Boggeri, isto é, que, ao se apoiar exclusivamente num purismo rígido, o design gráfico suíço (Neue Graphik) expunha suas próprias fraquezas e arriscava cair na repetição e banalidade. Os designers italianos evitavam esses riscos em seus trabalhos por meio de um individualismo que os protegia de serem plagiados no exterior.

acima, à direita
Secretaria Internacional da Lã, símbolo, 1964 [Francesco Saroglia]

16. FRANÇA

Gauloises, maço
de cigarro, 1936
[Marcel Jacno]

O design gráfico francês reteve no pós-guerra muitas das características que apresentava nos anos 30. Uma de suas imagens mais duradouras, o maço azul dos cigarros Gauloises, foi redesenhada pela primeira vez por Marcel Jacno em 1936. Após a guerra, em 1947, ele o refinou usando um capacete alado menos estilizado e mudando o tipo menor, sem serifa, para Roman negrito. Na década de 60, setenta milhões de maços eram impressos a cada semana, fazendo desse design gráfico um dos mais conhecidos entre os franceses. Sua cor azul clara isola o título e a imagem da área que os cerca. Como num pôster de Capiello, uma imagem simbólica e um título destacam-se sobre um fundo colorido.

A objetividade gálica é exemplificada no trabalho feito por Jacno para o Théâtre National Populaire, iniciado em 1951. Ele reduziu as vinte e quatro letras do nome da companhia para três iniciais, "TNP", e procurou refletir no design o estilo popular da produção. Visando deliberadamente dar a seus pôsteres e suas capas de programa um visual de revolução francesa, criou letras com extremidade irregular para reproduzir o aspecto tosco e rústico da impressão de 1790. Jacno imprimiu-as em vermelho, azul e preto sobre o branco, para evocar as três cores da bandeira nacional e os uniformes da Garde Nationale.

Em 1956, as letras tipo estêncil usadas no pôster do TNP foram adaptadas e transformadas na família de tipos Chaillot pela companhia Deberny & Peignot, que antes da guerra produzira outros dois designs a partir de tipos criados por Jacno, o Film e o Scribe, e mais tarde, em 1948, um terceiro, o Jacno. Seu formato extravagante e vistoso, típico de muitas outras letras francesas, como aquelas desenhadas pelo artista de pôster Roger Excoffon – Mistral, Choc e Calypso –, limitava seu uso, mas elas encontraram lugar nos cartazes de loja, convertendo as

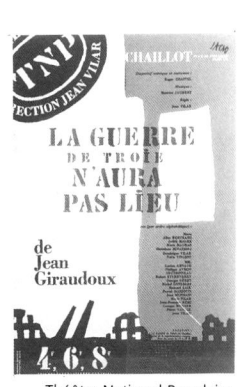

Théâtre National Populaire,
pôster, anos 60
[Marcel Jacno]

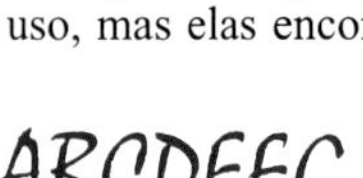

Família de tipos Film, 1934
[Marcel Jacno]

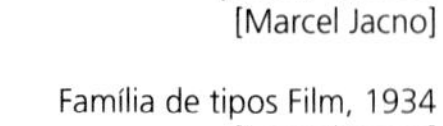

Família de tipos Mistral,
1953 [Roger Excoffon]

Família de tipos Choc,
1955 [Roger Excoffon]

Família de tipos Calypso,
1958 [Roger Excoffon]

Família de tipos Jacno, 1950
[Marcel Jacno]

Monsavon, "sabonete com leite", pôster, 1949
[Raymond Savignac]

ruas francesas, já bem supridas de anúncios em cartazes esmaltados, em exposições de design gráfico.

Os pôsteres pintados ainda floresciam. Artistas de antes da guerra, como Carlu e Jean Colin, continuavam em atividade, mas Cassandre se dedicava principalmente à pintura e ao design teatral. Uma nova geração dava nova vida à pintura de pôsteres. Os designs de Bernard Villemot e de dois ex-assistentes de Cassandre, Raymond Savignac e André François, eram menos pictóricos, lembrando mais cartuns. Savignac reagiu à técnica de justaposição de idéias. "Uma única imagem para uma única idéia" era seu objetivo, obtido através daquilo que chamava de "escândalo visual" – geralmente uma combinação extravagante e surrealista, cujo humor inesperado transmitia uma idéia sem a necessidade de palavras. Savignac disse que atingiu a maturidade aos 41, com seu pôster Monsavon, que cumprira perfeitamente seus objetivos. A idéia única, a de que o sabonete contém leite, foi expressa de maneira singular.

Vinhos Nicolas (desenho de Nectar, o entregador, feito por Dransy), pôster, década de 20.

Símbolo da Nicolas, c. 1950
[Charles Loupot]

O mais importante designer remanescente do período de antes da guerra foi Charles Loupot. Ele engenhosamente geometrizou o tradicional símbolo da companhia de vinhos Nicolas (um entregador, chamado Nectar, carregando várias garrafas em cada mão). Esse símbolo já havia sido modernizado por Cassandre em 1935. Em 1945, Loupot desenvolveu um logotipo que havia desenhado para o St. Raphaël, tornando-o ainda mais angular, dividindo-o em sílabas e suprimindo o "St." ao encurtar-lhe a forma. Como o "DU-BON DUBONNET" de Cassandre, o "St. Ra-pha-ël" foi transformado por Loupot em unidades flexíveis abstratas que eram juntadas em muros, paredes, vans e peças publicitárias.

St. Raphaël, outdoor, década de 50
[Atelier Charles Loupot]

Esse tipo extravagante de expressão gráfica atingiu o máximo de sua originalidade e energia nas capas e nos textos de volumes criados para os clubes de livro. Esses clubes vendiam diretamente para os assinantes, que se comprometiam a adquirir quatro títulos por ano, dos quatro publicados a cada mês. Jacno desenhara uma bíblia para o Club Bibliophile de France em 1947, mas a figura mais importante nesse tipo de empreendimento era Pierre Faucheux, que trabalhava para o Club Français du Livre desde sua origem em 1946. O clube publicava novas edições dos clássicos, obras menores de períodos anteriores e traduções de textos estrangeiros. Diferentemente dos livros de edição limitada, que incluíam estampas de artistas, esses livros eram ilustrados, "por amor à autenticidade", com material gráfico pertencente à época da primeira edição da obra. Quase quinhentos livros desse tipo foram produzidos por Faucheux. Em suas mãos, a capa e as páginas do livro tornavam-se um espaço livre para criar. Faucheux estudara livros antigos, aprendendo a posicionar os tipos numa página com precisão matemática. Apesar disso, ele sempre insistia na "inovação".

Tom Sawyer, Club Français du Livre, design de livro, 1950 [Pierre Faucheux]

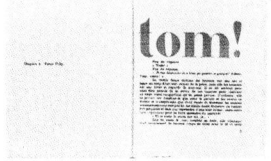

Entre as inovações introduzidas pelo próprio Faucheux, incluem-se os contrastes extremos de estilo e tamanho de tipo, como os encontrados nas páginas de abertura de *Tom Sawyer*, e o uso de letras e ornamentos gráficos extravagantes para simbolizar personagens, como acontece em *Les Epiphanies*, de Henri Pichette. Faucheux tinha experiência em composição de tipos e se sentia à vontade para utilizar qualquer família de tipos que encontrasse na gráfica. Em *Les Chants de Maldoror*, de Lautréamont, cada página de uma determinada seqüência de páginas é totalmente preenchida por uma única e enorme letra, soletrando MALDOROR (no mesmo design de alfabeto que foi redesenhado alguns anos mais tarde para o logotipo da CBS – ver p. 133). As páginas preliminares de um livro muitas vezes recebiam esse tipo de tratamento gráfico, semelhantes aos créditos dos filmes, para estabelecer o caráter do livro através de uma série de páginas duplas.

Faucheux prosseguiu desenhando uma grande quantidade de livros para clubes e editoras comerciais. Seu relato sobre a produção de uma capa de livro descreve os métodos modernos de design gráfico:

Les Epiphanies, página do livro (lista de personagens), 1948 [Pierre Faucheux]

> tipo em película transparente, fundo colorido variável, imagem fotográfica em filme ou papel (iconografia), tudo disposto dentro de uma janela do tamanho da capa final, rodeada por uma máscara preta ou branca. A máscara é como uma janela; ela forma uma divisa que isola o design em desenvolvimento de seus arredores, transformando essa janela num palco de teatro.

Dentro da moldura fixa, esses elementos em tamanho natural podem ser movidos, alterados, superpostos, manipulados à vontade. A

MODERNISMO NA EUROPA **161**

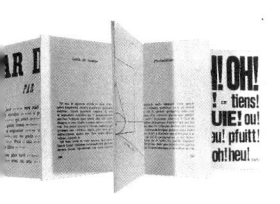

partir do momento em que o palco está montado, resta a nós, para cada capa, preparar, inventar e manipular os elementos simbólicos ou descritivos que, quando reunidos, transformam uma coleção de elementos em um signo de signos: uma capa bem feita e completa.

Um dos primeiros designs de Faucheux foi para o *Exercices de Style*, de Raymond Queneau, uma anedota repetida mais de uma centena de vezes em diferentes estilos narrativos, que eram reproduzidos na tipografia. O livro foi retrabalhado num formato maior, em 1962, por Robert Massin, que fora um dos assistentes de Faucheux em seu trabalho no clube do livro.

Exercices de style,
de Raymond
Queneau, Club des
libraires de France,
design de livro, 1956
[Pierre Faucheux]

Exercices de style,
design do livro, 1962
[Robert Massin]

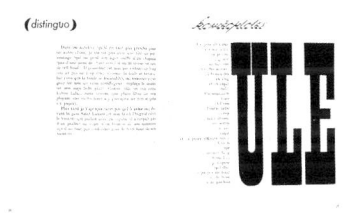

A chegada da fotocomposição na década de 60 e o uso cada vez maior da manipulação fotográfica de imagens e texto deram aos designers uma nova liberdade de expressão. Massin foi um dos poucos a explorar essas possibilidades. No livro da peça *La Cantatrice chauve* (A cantora careca), de Ionesco, ele trabalhou com o fotógrafo Henry Cohen, apresentando os personagens em imagens de grande contraste e em roupas que os diferenciavam claramente. Cada um deles diz alguma coisa e suas palavras são impressas em tipos distintos, as mulheres expressando-se em itálico. Além de pontos de exclamação e interrogação, esses diálogos não contêm pontuação. As palavras e expressões mudam de tamanho, são dispostas obliquamente e se sobrepõem para sugerir o tom de voz. Para a ação da peça, Massin encontrou um equivalente gráfico: na parte em que a cortina do teatro se abria e revelava um palco escuro, as páginas do livro eram pretas; em outras partes, usaram-se folhas em branco, não impressas, para representar o silêncio. Massin buscou manter que as seqüências de diálogo fossem lidas da esquerda para a direita. Conseguiu isso utilizando os balões de diálogo das histórias em quadrinhos e isolando os personagens individual-

Fotonovela, década de 60

A cantora careca,
de Eugène Ionesco,
design do livro, 1964
[Robert Massin]

mente por meio de close-ups, uma adaptação sofisticada das técnicas usadas nas populares fotonovelas.

Na esteira do sucesso dos clubes de livro, foi lançado no começo dos anos 50 o Club Français du Disque. As capas de disco do clube eram brilhantes tanto em termos de efeito visual quanto em praticidade. Impressas em preto e branco ou em duas cores uniformes, tinham um formato padronizado que servia de protótipo para o design de itens relacionados, como por exemplo uma série de livros de bolso. Para que os discos fossem guardados e achados com facilidade, as capas traziam um quadrado colorido no canto superior esquerdo com a inicial do nome do compositor e o número do disco na lista do clube. À direita, havia uma faixa com o nome do compositor e o título da obra. Logo abaixo, os designers do clube satisfaziam seu desejo de produzir um documento iconográfico empregando uma foto moderna do compositor ou, no caso dos discos de jazz e música folclórica, dos próprios artistas. Os três quartos restantes da capa ficavam livres para imagens que, diferentemente de muitas capas americanas, nunca eram ilustrações desenhadas, mas fotografias abstratas, impressas em preto – sem qualquer tom – sobre uma segunda imagem em cores.

Capas de disco, c. 1958 [Jacques Darche / Pierre Comte]

As mais eficientes dessas capas foram as produzidas por Jacques Darche. Ele criava designs para os clubes de livro e, como Faucheux, insistia em utilizar ilustrações documentais, chegando a usar fotos de agências de imagem para acompanhar os poemas do poeta quatrocentista François Villon.

Reconhecia-se agora que a fotografia tinha uma qualidade simbólica e que não era meramente o registro de um momento. Nas revistas semanais de notícias, como a *Paris Match* e as americanas *Life* e *Look*, determinado evento podia ser reconstruído por um editor através de uma seqüência de fotos selecionadas. O layout tornou-se crucial. Seguindo o exemplo de revistas americanas como a *Redbook*, *McCalls* e *Seventeen*, um jovem designer suíço, Peter Knapp, transformou a edição gráfica dos semanários femininos franceses. Knapp trabalhara na gráfica Tolmer e, em 1959, com apenas 25 anos, tornou-se diretor de arte do estúdio de publicidade das Galerias Lafayette. Knapp tinha na *Elle* uma equipe considerável, composta de 14 designers trabalhando no layout, dois retocadores, um letrista, cinco assistentes de câmara escura para cuidar da impressão das fotos e ampliar as letras dos títulos, cinco compositores, cinco ilustradores e seis fotógrafos de moda trabalhando em tempo integral, cada um deles com um assistente. Os designers (*équipe visuelle*) eram divididos em duas

Elle, páginas duplas
da revista
abaixo, 1960
[fotógrafo E. Bronson]
à direita, 1964
[Peter Knapp]

Elle, ilustração com
fotomontagem, página dupla,
1964
[ilustrador Roman Cieslewicz]
[diretor de arte Peter Knapp]

equipes, que trabalhavam em números alternados da revista, competindo entre si.

O próprio Knapp era fotógrafo e orientava as poses de seus modelos já sabendo que efeito bidimensional teriam na página. As fotos eram tiradas contra fundos brancos ou pretos para enfatizar o contorno das formas (e facilitar os retoques); os elementos gráficos eram dispostos de modo que criassem contrastes entre si ou se complementassem, e áreas uniformes de cor, ou imagens de céus e paredes, eram incluídas para proporcionar um fundo simples para o texto das legendas. Os textos eram compostos nas antigas máquinas de fundição de tipos, cujas convenções Knapp procurou quebrar compondo tipos com extremidades irregulares, freqüentemente alinhados à direita, o que, na época, era incomum na França.

Os designers suíços, como Knapp, tinham uma formação disciplinada e estavam habituados a seguir padrões técnicos desconhecidos na

Galerias Lafayette, anúncio,
1960, com *Caligramas* de
Apollinaire (ver p. 35)
[Jean Widmer]

Jardin des modes,
página da revista, 1963
[Jean Widmer]

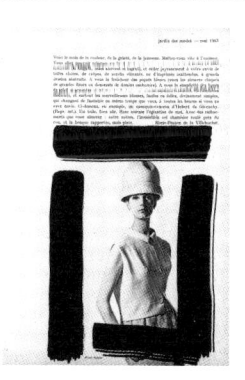

França. Os títulos da *Elle* eram preparados por um conterrâneo de Knapp, Albert Hollenstein, que abrira um negócio na área de composição e reprodução fotográfica de letras. Também suíço foi o sucessor de Knapp nas Galerias Lafayette, Jean Widmer, que mais tarde assumiu a direção de arte de outra revista feminina, *Jardin des Modes*. Widmer tornou-se um dos mais importantes e influentes designers da França (ver pp. 197-9). Foi um jovem suíço no estúdio de Loupot que executou os enormes painéis abstratos do St. Raphaël, e o Serviço de Informação dos Estados Unidos contratou para criar seus pôsteres o mais austero seguidor do estilo suíço, Gérard Ifert.

A mais significativa contribuição suíça para o design francês foi a família de tipos Univers, de Frutiger, criada especificamente para fotocomposição e disponível num sistema coordenado de diferentes larguras e pesos. Como o Gill Sans anteriormente, o Univers ajudou mui-

"Livros Americanos", Serviço de Informação dos Estados Unidos, pôster da exposição, 1960 [Gérard Ifert]

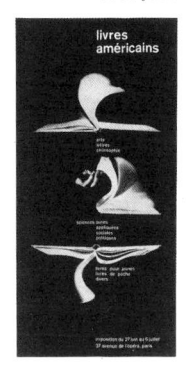

Família de tipos Univers, 1957 [Adrian Frutiger]

to na racionalização da tipografia de documentos técnicos e tabelas de horário. Para a Air France, Frutiger criou não só o design do material impresso informativo, mas também os sinais e letras da companhia no aeroporto Charles de Gaulle. Essas letras viraram uma outra família de tipos chamada Frutiger, um design quase intermediário entre o Univers e o Gill. O logotipo da Air France, desenhado por Roger Excoffon, passou a usar o Nord (1959), uma outra família sem serifa de vários pesos.

Os conceitos de identidade corporativa e "estilo da casa" não atraíram na França o mesmo interesse que nos Estados Unidos, mas o escritório de Loewy em Paris já atuava nessa área desde 1953. Em 1963, a empresa farmacêutica Roussel-Uclaf adotou um símbolo da Loewy semelhante ao do Chase Manhattan Bank, que fora criado por Chermayeff & Geismar. Era composto de três paralelogramos idênticos, dispostos simetricamente dentro de um triângulo eqüilátero, formando um outro triângulo eqüilátero semelhante no centro do desenho. O livro de consulta *Hornung's Handbook of Designs and Devices* (Guia de designs e projetos de Hornung) continha muitas imagens geométricas desse tipo. A identidade corporativa passou a incluir a escolha meticulosa e racional desses símbolos. O símbolo de Roussel-Uclaf é típico: "Incisivo, equilibrado, aberto, sua personalidade não representa nenhu-

Tabela de horários da Air France, 1960 [Adrian Frutiger]

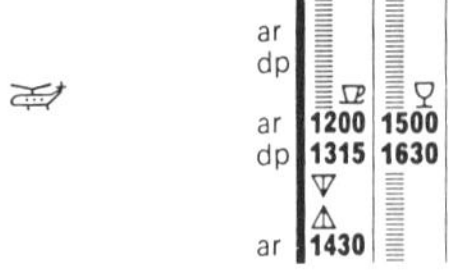

Roussel-Uclaf, símbolo, 1963 [Raymond Loewy / CEI]

Guia de designs e projetos,
de Clarence P. Hornung,
página dupla

New Man, logotipo, 1967;
novo design, 1969
[Raymond Loewy / CEI]

ma especialização em particular e permite que a identidade do grupo estenda-se além dos confins da indústria farmacêutica."

O escritório de Loewy também foi responsável pela mudança de imagem da New Man, uma empresa de roupas. As primeiras letras usadas no símbolo da companhia evocavam o Velho Oeste americano. Identificadas demais com botas de caubói, foram substituídas em 1969 por um logotipo eletrônico que se repetia quando colocado de cabeça para baixo. O novo logotipo da New Man pertence claramente à era do design gráfico e não à da arte comercial. Os símbolos do período anterior, como o homem da Michelin e os garçons do St. Raphaël, que sobreviveram por décadas com algumas modificações, faziam parte de uma tradição ininterrupta na França e eram considerados pertencentes à cultura e não ao comércio.

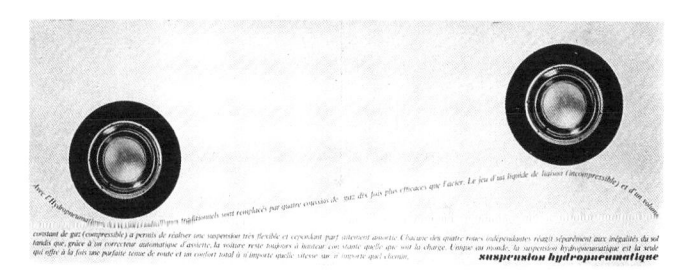

Citroën DS19, brochura, 1964
[fotógrafo William Klein]
[Atelier Delpire]

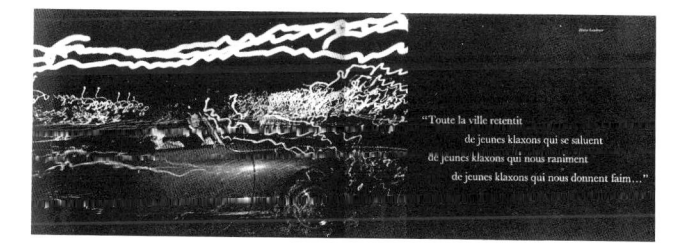

Designers de pôster como Cassandre eram famosos, e sua associação com produtos ou empresas conferiam prestígio a estas. Por essa razão, em 1963, Cassandre foi chamado a desenhar – num de seus últimos trabalhos – o logotipo e as letras do costureiro Yves Saint Laurent. Alguns anos mais tarde, dentro desse mesmo espírito de patronato, pediu-se ao artista Victor Vasarely que redesenhasse o símbolo da fábrica de automóveis Renault. Embora Jacno tenha descrito o público jovem como "tão ingênuo que desfruta mais as promessas feitas pelo produto do que o próprio produto", foi esse mesmo público que injetou vida nova na tradição francesa, através dos pôsteres do Atelier Populaire, produzidos em 1968 (ver p. 198), que decoravam os muros de Paris bem na época da morte de Cassandre.

Renault, símbolo, 1972
[Victor Vasarely]

Yves Saint Laurent, logotipo, 1963
[A. M. Cassandre]

17. NORTE DA EUROPA

Grã-Bretanha

A guerra debilitou as economias dos países do norte da Europa. Havia pouca oferta de matéria-prima e, para inibir o consumo, as atividades de publicidade e a impressão foram restringidas. Na Grã-Bretanha, uma edição revisada do manual *Making a Poster* (Como fazer um pôster) expressava a esperança de que "o pôster venha a ser cada vez mais usado, não apenas pelo comércio, seu esteio natural, mas também pelo estado, como meio de propaganda educacional, para moldar o novo mundo que aspiramos". Isso refletia as realidades do pós-guerra, em que o governo e os serviços públicos eram alguns dos maiores anunciantes. Pôsteres assinados por designers que ficaram conhecidos antes e durante a guerra, como Tom Eckersley, Abram Games, F. H. K. Henrion, G. R. Morris, Reginald Mount e Hans Schleger, eram encontrados não apenas no metrô de Londres e nas estações das ferrovias recém-nacionalizadas, mas também nos tapumes de madeira das áreas bombardeadas das cidades. Para garantir a segurança no trabalho e "Manter a Grã-Bretanha limpa", esses pôsteres continuaram a usar as mesmas imagens simples e os mesmos apelos verbais diretos da época da guerra.

"Ângulo de segurança – 4 para cima – 1 fora", pôster, 1947 [Abram Games]

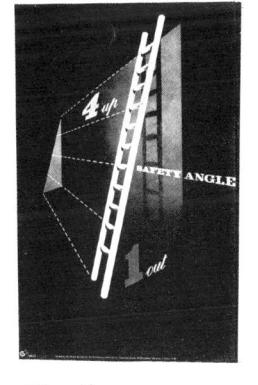

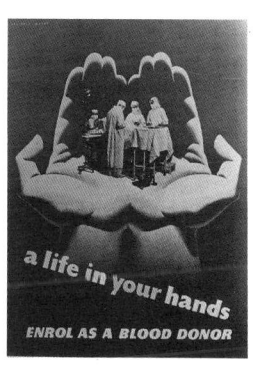

"Uma vida em suas mãos", pôster de doação de sangue, 1948 [Reginald Mount]

"No banco – nem a metade", pôster de segurança, 1951 [Robin Day]

O design passou a fazer parte do programa de reconstrução econômica e social na Grã-Bretanha. O Council of Industrial Design (Conselho de Desenho Industrial), fundado em 1944, deixou bem claras suas intenções numa exposição de 1946, confiantemente intitulada "A Grã-Bretanha chega lá". Para demonstrar a gama de possibilidades para o design de um único objeto, montou-se um estande com mais de cinquenta oveiros, produzidos nos mais diferentes formatos. Essa seção foi projetada pela Design Research Unit (DRU – Unidade de Pesquisa de Design), um grupo profissional criado no auge da guerra e que, em seu primeiro ano de existência, tinha como único membro o poeta e crítico de arte Herbert Read. Read era um dos raros defensores articulados da arte moderna, especialmente do abstracionismo. Seu livro sobre design, *Art and Industry* (Arte e Indústria), com layout de Herbert Bayer, fora lançado em 1934. Na DRU ele arrebanhou um grupo de designers e arquitetos que incluíam Milner Gray e Misha Black (autor do estande de oveiros). Entre os trabalhos realizados pela DRU estava o de desenho industrial. Com respeito ao design, a maior parte de seu trabalho era tridimensional – na área de exposições, em que seguiam os padrões modernistas, e na de embalagens, especialmente para a indústria de bebidas, em que Gray pôde se entregar a uma estética de elegância vitoriana, que visava evocar os valores tradicionais de qualidade.

A volta dos tipos do século XIX e das gravuras e ornamentos tipográficos e o interesse pela "arte popular", pelas letras de tabuletas, pelos cartazes de lojas antigas e pela pintura de barcaças de canal traíam a desconfiança do público britânico em relação ao modernismo, que ainda era visto como algo "estrangeiro". A preocupação latente com o destino do tradicional design nacional veio à tona nas páginas da *Architectural Review* – que desde a década de 30 achava-se dividida entre o tradicionalismo e o modernismo – e na obra do pintor, ilustrador e fotógrafo John Piper. A tendência à nostalgia tornou-se vividamente perceptível na exposição Festival of Britain (Festival da Grã-Bretanha) de 1951, onde apresentou um forte contraste com o modernismo espalhafatoso das construções e com as mostras de engenharia avançada.

As posições pró e contra o modernismo na área do design gráfico achavam-se representadas na revista *Alphabet and Image*, que geralmente tinha uma postura tradicionalista, e na progressista *Typographica*, lançada em 1949 pelo designer Herbert Spencer. Este periódico trimestral trazia a obra de designers contemporâneos, especialmente estrangeiros – tais como Grignani e Huber –, e publicava uma série de introduções a pioneiros do modernismo como Lissitzki e Zwart. O próprio Spencer foi um dos muitos designers britânicos a adotar a assimetria quase como um princípio. Trabalhou na Central School of Arts and Crafts (Escola Central de Artes e Ofícios) de Londres, onde os professores eram designers de carreira. Entre os professores que ali lecionavam nos anos 50, incluía-se o impressor e tipógrafo Anthony Froshaug. Durante muitos anos, Froshaug tivera sua própria oficina de impressão, onde ele mesmo fazia a composição de tipos. Ele introduziu um humor espirituoso e brincalhão numa variada gama de trabalhos e o fez de maneira racional e moderna, que integrava as lições da Nova Tipografia com o programa romântico da Escola de Artes e Ofícios.

The Unquiet Grave, sobrecapa de livro, 1956 [John Piper]

abaixo, à esquerda
St. George's Gallery Books, cartão postal de mudança de endereço (A6), 1954 [Anthony Froshaug]

"Homem, máquina e movimento" (composto em máquina de escrever / impresso em offset), catálogo da exposição, 1955 [Anthony Froshaug]

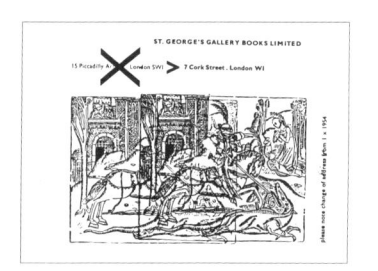

Simpsons / Daks,
anúncio de calça, 1946
[Ashley Havinden /
Crawfords]

A figura de proa do modernismo na publicidade comercial britânica era Ashley Havinden, da Crawfords. A visão de Ashley, que só veio a ser aceita muitos anos mais tarde, era a de que os designers "consideravam-se solucionadores de problemas de comunicação em qualquer que fosse o veículo necessário". Eles se sentiam livres, disse ele,

> para recorrer à Antiguidade clássica; ao funcionalismo da Bauhaus; à simetria do século XVIII; ao realismo renascentista; ao experimentalismo cubista; à antiquada e graciosa estética dos primeiros tempos da era vitoriana; às imagens surrealistas dos sonhos; aos instantâneos de câmaras indiscretas; aos projetos de engenharia; às divisões de espaço da arte abstrata e da arquitetura moderna; à tipografia do século XV; às chapas de raio X; às gravuras em madeira; aos diagramas de estatísticas; à nova tipografia de Tschichold; às fantásticas decorações das letras de tabuletas etc. etc.

Maconochie's, rótulos
de latas de comida, c. 1947
[P. Booker-Cook]

Essa lista cobre todo o vocabulário do design gráfico internacional e é notável por identificar e registrar o ecletismo fundamental do designer.

A tendência de Ashley era para o modernismo funcional, como demonstrava o rótulo de sopa produzido em 1946 para a Maconochie, que fornecia informações de maneira direta. Um exemplo semelhante de inocência comercial, não tolhida pelas pesquisas de mercado, foi demonstrado no maço de cigarro Guards, desenhado pela DRU em 1958. Sua retangularidade branca e limpa, as cores sóbrias – preto, vermelho e dourado – e a figura gravada em relevo têm mais a ver com um estúdio de design de uma escola de arte do que com as prateleiras de uma tabacaria

Guards, maço de
cigarro, 1958
[Design Research Unit /
Alan Ball]

"D. H. Evans –
Especialista em moda",
pôster, 1948
[Arpad Elfer]

Alguns dos anúncios mais originais de Londres foram criados por Arpad Elfer para a loja D. H. Evans. Seu slogan simples, "Fashion wise" (Especialista em moda), o logotipo em Bodoni, a exuberante combinação de desenhos com letras pinceladas obliquamente, as fotos recortadas – impressas em vermelho, preto e verde –, tudo isso compunha um estilo imediatamente reconhecível.

As letras pinceladas – como a da família de tipos criada por Ashley, a Ashley Script – foram uma importante característica do "estilo da casa" da cadeia de peixarias Macfisheries", que se manteve por muito desde sua criação, na década de 50. Desenhado por Hans Schleger, esse símbolo, que incorporava quatro peixes à cruz de Santo André, nasceu como um desenho geométrico. Schleger desenvolveu-o acrescentando uma caligrafia que imitava a dos cartazes escritos à mão das peixarias, nos quais se anuncia a promoção do dia.

"Que caça", pôster da MacFisheries, 1955 [Hans Schleger]

MacFisheries, símbolo e logotipo, c. 1953 [Hans Schleger]

Ele fez algo parecido com o símbolo da Finmar, firma importadora de móveis escandinavos. Desenhado em claro, médio e negrito, como se fosse um tipo, sua semelhança com o abeto foi espirituosamente explorada. O trabalho de Schleger era muitas vezes heterodoxo. Ele embutiu uma caneta tinteiro da Waterman num bloco sólido de plástico transparente para exposição em balcões de loja; produziu para o uísque Grant's uma garrafa triangular; e amarrou as páginas do livro *The Practice of Design* (A prática do design – 1946), impresso em papel de alta qualidade, com um pente de plástico dentro de uma capa de pano. Para refletir o conteúdo do livro, que tinha "algo de filme documentário e de exposição contemporânea", Schleger utilizou um layout assimétrico digno de Tschichold e, para abrir os capítulos, gravuras antigas, impressas em azul pastel ou cor de camurça.

Finmar, importadores de mobília escandinava, símbolo

A revista *Design*, publicada pelo Council of Industrial Design (Conselho de Desenho Industrial), foi lançada em janeiro de 1949 com um layout centrado bastante sem graça. Demorou muito tempo para que ela se tornasse mais do que uma exposição insípida de produtos manufaturados e passasse a incluir artigos críticos e um layout e tipografia mais sofisticados, produzidos pelo diretor de arte Ken Garland, de 1956 a 1962. A revista reproduzia trabalhos gráficos, e o Conselho promovia exposições como a que foi montada em 1952 para coincidir com a publicação de um importante manual escrito por Spencer,

"Ernestine Anderson canta", capa de disco, 1957 [Ian Bradbery]

"Jornada Internacional de Apoio à Resistência do Povo Chileno", pôster de suplemento de jornal, 1974 [Robin Fior]

Pirelli, pacote de descongelante de pára-brisas, 1962 [Derek Birdsall]

Associação de Designers e Diretores de Arte, logotipo, 1963 [Alan Fletcher]

Design in Business Printing (Design na impressão comercial). Em sua exposição "Tipografia na Grã-Bretanha de Hoje" (1963), Spencer reconheceu que "numa sociedade próspera, aparecem executivos enérgicos e ambiciosos determinados a tornarem-se conhecidos mais pelo impacto que provocam do que, como acontecia no passado, pelas políticas econômicas que podem introduzir."

Na década de 50, os designers formados em escolas de artes ajudaram na formação de uma identidade profissional através da Society of Industrial Artists (Sociedade de Artistas Industriais). A entidade deu aos profissionais do design um código de ética semelhante ao dos arquitetos e oferecia-lhes orientação na cobrança de honorários.

Dos designers free-lance que participaram da exposição de Spencer, Ian Bradbery caracterizava os anos 50 e Robin Fior, os anos 60. Ambos lecionavam em meio expediente. Os dois usavam o trabalho para atender a interesses particulares. A amizade de Bradbery com músicos levou-o a desenhar capas de disco e a revista *Jazz Music*. Ao mesmo tempo, ele trabalhava na produção de estandes de exposição para clientes grandes como a cadeia de farmácias Boots e o Central Office of Information (Escritório Central de Informação).

O autodidata Fior desenhava capas de panfletos e pôsteres. Em 1960, redesenhou o semanário *Peace News*, usando para as letras maiores o Akzidenz negrito sem serifa e o tipo americano Record Gothic. A *Peace News* seguia o exemplo da *Politecnico* de Huber e se antecipou ao redesenho do jornal londrino *Guardian* na década de 80. O responsável pelo novo design do *Guardian* foi um aluno de Fior, David Hillman. Ao mesmo tempo, Fior criava anúncios para empresas de finanças e para fabricantes de produtos químicos para a indústria de papel. Ambos os designers deixaram a Grã-Bretanha algum tempo mais tarde para morar no exterior; Bradbery na Austrália e Fior em Portugal, onde produziu alguns notáveis pôsteres políticos e um jornal.

O número de designers trabalhando sozinhos diminuiu. À medida que o design gráfico ia se estabelecendo, tornava-se cada vez mais comum dividir um escritório, um assistente e uma secretária. A BDMW Associates (formada em 1960), composta por Derek Birdsall, George Daulby, George Mayhew e Peter Wildbur, foi uma das primeiras parcerias desse tipo. Cada um dos sócios retinha seu estilo pessoal característico e seus próprios clientes, diferentemente da DRU ou da Brownjohn, Chermayeff & Geismar em Nova York.

Os designers se promoveram na exposição "Graphic Design London" (1960). Em 1963, a Designers and Arts Directors Association (Associação de Designers e Diretores de Arte) foi fundada em Londres. Suas exposições no começo do ano mostravam a influência de idéias vindas da Suíça e, principalmente, dos Estados Unidos. Alguns dos expositores eram designers de Nova York trabalhando em Londres. O mais importante deles foi Pául Peter Piech, que trabalhara com Bayer na agência Dorland de Nova York e, na década de 40, viera para a Grã-Bretanha trabalhar na Crawfords sob a supervisão de Ashley. Ele produziu um dos poucos anúncios a integrar palavra e imagem. Num anúncio para a borracha sintética Intol, Piech estreitou o "E" maiúsculo da

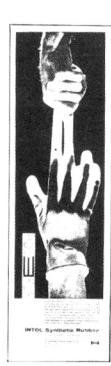

"StrEtch – Borracha sintética da Intol", anúncio, 1956
[Paul Peter Piech]

"Compressão", máquinas de teste Avery, anúncio, 1955
[Paul Peter Piech]

palavra "squeeze" (espremer) e o espichou na palavra "stretch" (esticar), ilustrando sua idéia por meio de fotos cuidadosamente iluminadas. Para a Avery, "fabricantes das mais avançadas máquinas de teste do mundo", ele usou as mais simples técnicas de traço e silhueta para criar ilustrações dramáticas de diferentes tipos de teste.

Designers de Nova York, como Bob Gile e Robert Brownjohn, mais conhecido pela criação da seqüência de créditos do filme de James Bond *Goldfinger* (1964), vieram trabalhar na Inglaterra, enquanto agências americanas abriam escritórios em Londres: Doyle, Dane, Bernbach, com seus "conceitos" publicitários, e Papert, Koenig e Lois, com seu diretor de arte Tony Palladino. Palladino foi responsável pela mais original campanha em termos de design gráfico, a dos cigarros Perfectos Finos. O texto fazia referências diretas às técnicas publicitárias, usando cupons e questionários de mentira e deixando claro que cada anúncio fazia parte de uma série de muitos outros. "Em nosso último anúncio, perguntamos a você se deveríamos mostrar o maço de Perfectos. Vinte e cinco por cento de nossos leitores responderam 'Sim'. Eis então 25% dele." Palavras e imagens eram dispostas na página como uma mesma unidade compacta. Em vez de apresentar o maço como produto, o anúncio mostrava a imagem de um único cigarro, junto com um fósforo e o slogan, como parte do texto publicitário: "Um fósforo, um Perfectos, isto diz tudo".

Anúncio, 1962
[Tony Palladino / Papert, Koenig, Lois]

Doyle, Dane, Bernbach; (you rascals!) Welcome to London.

Perfectos, anúncios de cigarro, 1967
[Tony Palladino / Papert, Koenig e Lois]

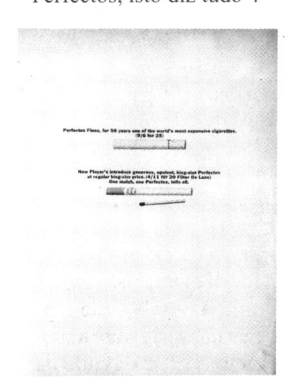

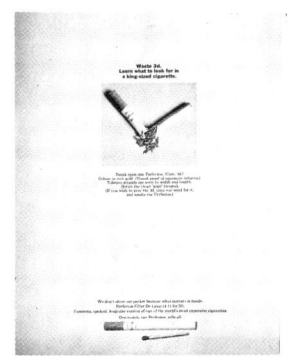

Troubadour,
capa de disco, 1967
[Bob Gill]

Bob Gill, ilustrador e designer free-lance conhecido nos Estados Unidos, formou uma parceria em 1962 com os designers Alan Fletcher e Colin Forbers. Ambos haviam sido assistentes de Spencer, e Fletcher, após um ano de pós-graduação em Yale, trabalhara para a Container Corporation e a *Fortune*. Dos exemplos de design incluídos por Fletcher, Forbes e Gill em seu compêndio *Graphic Design: visual comparisons* (Design gráfico: comparações visuais – 1963), mais da metade era originário dos Estados Unidos e, com exceção dos trabalhos produzidos por eles mesmos, apenas seis eram de origem britânica, sendo dois deles cartuns. O compêndio era um retrato acurado do "clima dos anos 60" que eles pretendiam ilustrar. "Nossa tese é que qualquer problema visual tem um número infinito de soluções; que muitas delas são válidas; que as soluções devem ser tiradas do assunto abordado; que o designer não deve ter um estilo gráfico preconcebido." Fletcher / Forbes / Gill foi o primeiro grupo de design importante desse período, produzindo imagens corporativas exemplares para grandes companhias, como a BP, Rank Xerox e Reuters. Eles fizeram o design de anúncios

Pirelli, pneus Cintura,
pôster de ônibus, 1963
[Fletcher / Forbes / Gill]

Pirelli, pôster de ônibus
para chinelos, 1963 [Fletcher / Forbes / Gill]

Agência de notícias Reuters,
logotipo, 1961
[Fletcher / Forbes / Gill]

para a El Al, a companhia aérea israelense, e para a Pirelli. Entre os anúncios criados para a Pirelli, houve um notável pôster para as laterais de um ônibus de dois andares, que dava a impressão de que os passageiros no segundo andar estavam calçando chinelos da Pirelli. Nessa época era quase impensável que designers recomendassem um outro tipo de letra que não fosse tipos sem serifa em caixa-alta e caixa-baixa, especialmente para placas. Fletcher / Forbes / Gill inovaram ao redesenhar uma série de famílias de tipos para usá-las em letreiros (mostradas mais tarde, em 1970, em seu livro *A Sign Systems Manual* – Manual de sistema de placas). Os letreiros que criaram para a BP foi baseado no Futura; para a Rank Xerox, usaram Grotesk condensado; para placas de aeroporto, uma família de tipos semelhante ao Helvética, que era resultado de uma adaptação do Akzidenz Grotesk. Essa família de tipos também serviu de base para os letreiros das famosas placas de auto-estrada britânicas, desenhadas por Jock Kinneir. As letras dessas placas ficaram conhecidas como Transport.

A legibilidade das placas, estivessem suas letras todas em caixa-alta ou em caixa-alta e caixa-baixa, era muito discutida. Mas a importância das placas de Kinneir tinha menos a ver com suas letras do que com o sistema de espaçamento modular utilizado por ele, o qual controlava o espaço entre as palavras. Esse espaçamento derivava da extensão das

Sugestão alternativa para
letreiro de cartaz de estrada,
1961 [David Kindersley]

Placa de tráfego britânica e sistema de espaçamento por quadrados, 1964 [Jock Kinneir]

linhas de texto que informavam a direção das estradas, de modo que o conteúdo de cada placa definia seu tamanho, em vez de um tamanho padrão em que palavras maiores e conteúdos mais complexos tinham de ser espremidos.

Decisões conjuntas sobre esquemas de identidade corporativa podiam gerar resultados duradouros. Em 1952, a Design Research Unit recebeu a incumbência de criar um novo estilo visual para a British Railways, que abrangia o uniforme dos funcionários, esquemas de cor para os trens e novos letreiros. A abreviação de "Railways" para "Rail" ocorreu por acaso. Milner Gray pedira à sua equipe de designers que desenhasse algumas letras: "Eu lhes disse que não havia necessidade de soletrar todos os nomes por extenso. Quando deparei com a forma abreviada, achei que dava um nome melhor, com a vantagem de poupar espaço no arranjo do texto." O novo símbolo foi tão eficiente quanto o da London Transport na economia gráfica com a qual sugeria viagem por trem. As letras, adaptadas do Helvética por Margaret Calvert, combinavam com o símbolo em tamanho e força. A aplicação generalizada das novas técnicas de design foi demonstrada na edição dos livros em brochura, especialmente nas capas. Tschichold viera trabalhar para a editora Penguin, na Inglaterra, em 1947. Entre 1947 e 1949, estabelecera padrões tipográficos para os textos e refinara o design do símbolo da companhia e das capas padronizadas dos livros. Desde a década de 30, elas vinham usando o tipo Gill Bold e faixas coloridas verticais que identificavam os livros por categoria: laranja para literatura de ficção, azul-claro para não-ficção, verde para crime, amarelo para miscelânea, magenta para viagem e cinza para assuntos atuais. Para tentar competir com as demais editoras de livros de capa mole, a Penguin introduziu cor em suas capas e nomeou Abram Games diretor de arte em 1956. Games inseriu o símbolo da Penguin num retângulo colorido e colocou o nome do autor da obra e o título, impressos em preto com tipos Gill Bold e Extra Heavy, sobre uma faixa branca na parte de cima da capa, deixando o resto do espaço para ilustração. O uso da cor foi abandonado dois anos mais tarde e, após a nomeação de Germano Facetti, em 1960, como novo diretor de arte da editora, foi introduzido o uso da grade para controle dos designs. As cores que identificavam a categoria dos li-

British Rail, símbolo, 1952, página de manual de design, 1965 [letras de Margaret Calvert] [Design Research Unit]

Símbolo antigo e novo da Penguin, 1947 [Jan Tschichold]

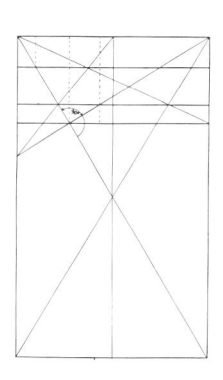

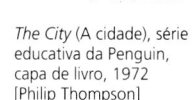

The City (A cidade), série educativa da Penguin, capa de livro, 1972 [Philip Thompson]

canto direito
Penguin Books, série de crime e não-ficção, grade da capa, 1962 [Romek Marber]

centro
The Naked Society (A sociedade nua), série Pelican de não-ficção, capa de livro, 1963 [Derek Birdsall]

vros foram usadas como cor secundária na nova impressão em preto, e adotou-se o tipo Continental sem serifa. Isso criou um novo estilo visual para a editora, e duas novas séries com capas exemplares foram acrescentadas. A primeira delas, Penguin Education (série educativa), com direção de arte de Derek Birdsall, usava fundo branco e um tipo vitoriano condensado e sem serifa, que individualizava o título na lombada de cada livro. A parte da frente das capas continha imagens inteligentes e espirituosas criadas por Birdsall e mais um pequeno grupo de designers, notadamente Philip Thompson. As capas da segunda série, Penguin Classics (série de obras clássicas), eram desenhadas por Facetti e usavam fundo preto com maiúsculas brancas e centradas. Os tipos escolhidos eram da nova família Helvética. O espírito ou a época dos livros eram imaginosamente sugeridos por imagens documentais, geralmente pinturas ou esculturas.

As editoras estavam entre os principais clientes dos jovens designers independentes mas, como nos Estados Unidos, apenas os grupos de design podiam dar conta de todos os serviços exigidos pela indústria e pelo comércio numa economia em nova fase de prosperidade. Dos grupos formados em Londres na década de 60, o Minale Tattersfield (1964) e o Wolff Olins (1965) pertenciam àquela categoria típica que ganhava e perdia clientes e sócios mas retinha sua característica independente. Wolff Olins foi importante por reintroduzir o uso de símbolos pictóricos como marcas, ignorando o difundido logotipo (uma raposa para um fabricante de tinta em 1967 e um rouxinol para uma empresa de construção em 1971).

A edição de revistas variava bastante com respeito ao design, indo da *Picture Post*, com seu layout que pouco mudara desde os anos anteriores à guerra, à ousada *Contact*. A primeira, que sobreviveu até 1957, estabeleceu elevados padrões de fotos de atualidades em preto e branco, mas isolava cada elemento do design – título, fotografia, legenda e texto – e raramente organizava as páginas duplas para formar um todo eficientemente integrado, cortando fotos ou utilizando escalas contrastantes. A *Contact*, uma revista cara de literatura e cultura, projetada a princípio por Henrion e depois por John Denison-Hunt, fazia exatamente isso, utilizando fotos recortadas e cortes dramáticos. Impressa parcialmente em papel tingido, era influenciada pela ainda arrojada *Architectural Review* e por revistas americanas como a *Esquire*. Uma das primeiras

Meditações, de Marco Aurélio, série de clássicos da Penguin, capa do livro, 1967 [Germano Facetti]

publicações a usar cor profusamente foi a revista *Ambassador*, especializada em moda e produtos têxteis que também contratava artistas para criar suas capas.

Os anos 60 testemunharam o lançamento e o relançamento de várias revistas e com elas a carreira de vários "designers editoriais" e diretores de arte, que passavam de uma revista para outra. Os títulos, o texto, as imagens e as legendas se combinavam em páginas duplas, para conferir a cada revista seu caráter individual. O valor da foto como registro documental era menos importante do que sua virtude gráfica – o atrativo era o fato de serem imagens simples que podiam ser "cortadas" e posicionadas segundo as preferências estéticas do diretor de arte. O pesado contraste e a forte granulação das fotografias jornalísticas, produzidas em geral sob difíceis condições de iluminação, por exemplo, eram adequados às fotos de moda. As revistas mensais *Queen* e *Town* apresentavam um trabalho meticuloso – especialmente sob a direção de arte de Tom Wolsey – na produção de fotos, em sua disposição na página, na atenção detalhada à tipografia do texto e na inventividade dos títulos.

Hadfields, símbolo e logotipo do fabricante de tintas, 1967 [Wolff Olins]

Ocean Oil Company, símbolo, 1966 [Minale, Tattersfield]

Queen, página dupla da revista, 1963 [Tom Wolsey]

A crescente prosperidade, o surgimento da televisão como veículo publicitário e o desenvolvimento da impressão em off-set (sobre bobinas de papel) estimularam o uso de mais cor na propaganda impressa. Em 1962, foi lançada a seção colorida do *Sunday Times*, o primeiro suplemento colorido dos jornais dominicais londrinos. Os designers dessas novas revistas familiarizaram grande parte do público com o fotojornalismo documental. No começo, os layouts desses trabalhos eram boas imitações das revistas americanas, e as páginas de moda inspiraram-se na *Elle*. As ilustrações e as fotos de estúdio, encomendadas pelo diretor de arte, passaram a dominar o texto. Mapas, tabelas e tudo quanto era tipo de diagrama, aos quais os leitores dos jornais populares já estavam habituados, especialmente os do *Daily Express*, foram então incorporados e ganharam mais eficácia graças ao uso da cor.

Séries elaboradamente documentadas, como a *History of the 20th Century* (História do século XX), eram publicadas por partes semanalmente e continham uma grande quantidade de imagens cuidadosamente pesquisadas, além de impecáveis ilustrações técnicas. Eram muitas vezes registros de programas de televisão sobre o mesmo assunto, ofe-

Daily Express, título em coluna, 1961 [Raymond Hawkey]

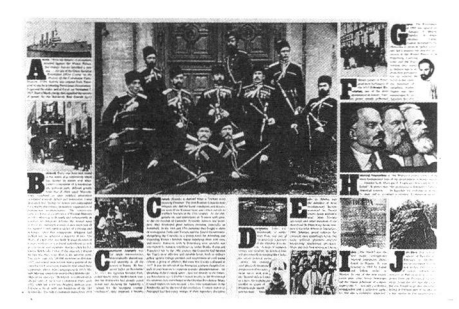

Sunday Times, "A Dictionary of the (1917) Revolution" (Dicionário da revolução de 1917), páginas duplas da revista, 1967
[diretor de arte Michael Rand]
[designer David King]

recendo ao leitor a chance de preservá-los antes da chegada dos aparelhos de videocassete.

Como o suplemento dominical não custava nada aos leitores do jornal, este podia prometer aos anunciantes uma circulação garantida e uma excelente reprodução de cores graças a sua técnica de impressão. O número de páginas coloridas numa edição dependia do número de páginas vendidas aos anunciantes. A maneira como uma matéria com fotos fluía ao longo de uma seqüência de páginas dependia do que exigiam os anúncios. Durante alguns anos, sob a direção de arte de Michael Rand, a *Sunday Times Magazine* agrupou o maior número de páginas possível sem anúncio, chegando às vezes até 16. Isso era feito inserindo-se os anúncios apenas nas páginas com texto e aplicando-se cor em algumas fotos em preto e branco – um preto mais vivo ou um sépia ou cinza-chumbo azulado. Em meados dos anos 60, a *Sunday Times Magazine* desenvolveu uma maneira de contar histórias pictóricas "de investigação", como "Quem matou Kennedy?", por meio de técnicas que enfatizavam o caráter documental do material fotográfico: mantendo a legenda original do telex junto com a fotografia e não retocando as fotos, especialmente os instantâneos e as enviadas por cabograma.

Em meados da década de 60 era muitas vezes difícil distinguir as matérias dos anúncios: as fotos comuns às vezes pareciam fotografias de cenas de filme. Por outro lado, o diretor de arte da moderna revista alemã *Twen* enviava fotógrafos ao exterior após mostrar-lhes os layouts previamente preparados de suas reportagens. O design da *Twen* foi uma influência importante, especialmente para a revista mensal feminina *Nova*, lançada em 1965. Ela empregava um tipo vitoriano muito pesado que assumia formas curvilíneas nas maiúsculas dos títulos, rivalizando com as capas da *Esquire* de Lois.

As imagens das revistas, que tinham sido a matéria-prima da colagem dadaísta e da "comunicação de massa" em geral, atraíram a atenção dos artistas nessa época. Esse interesse foi vivamente expresso na exposição "Isto é o amanhã", na galeria de arte de Whitechapel em Lon-

"Isto e o amanhã", páginas do catálogo da exposição, 1956
[Edward Wright]

dres, em 1956. Seu catálogo foi desenhado por Edward Wright, que aprendera publicidade com Elfer, na Crawfords, e era um perito no uso de sua técnica. A capa do catálogo continha um tipo de pôster bastante estreito impresso por serigrafia. Suas páginas, presas na lombada por espiral, foram as primeiras a usar litografias off-set baratas e tipos iguais aos das máquinas de escrever. O catálogo antecedeu as improvisações caseiras das revistas "alternativas" dos anos 60 e representou o início da Pop Art graças às colagens feitas por Richard Hamilton com imagens de revistas de fotos americanas. Como designer, Hamilton produzira em 1956 um símbolo forte e eficaz para uma das novas empresas de televisão britânicas, a Granada – o símbolo contrastava vigorosamente com aquele concebido por Games para a BBC.

A CBS americana demonstrara a importância do símbolo identificador do canal de televisão. A seqüência de créditos e os trailers promovendo os programas tomavam uma parcela consideravelmente grande do tempo de transmissão, e o uso de gráficos nas previsões de tempo, nos programas educacionais, na apresentação e na comparação de estatísticas, especialmente na época de eleições, era cada vez maior. Tudo isso levou ao desenvolvimento dos departamentos de design gráfico nas empresas de televisão. Surgidas nos anos 50, com ilustrações e letreiros muito simples colocados na frente das câmaras, as técnicas desses departamentos se desenvolveram na década de 60, chegando a criar seqüências de animação extremamente originais, como a seqüência de abertura da série "Doctor Who", da BBC, criada em 1963. No período anterior às transmissões em cores, as pequenas dimensões das telas de tevê exigiam a criação de imagens econômicas e concentradas. Além disso, a velocidade com que os programas eram produzidos e o tipo de equipamento relativamente simples utilizado encorajavam a improvisação criativa de imagens animadas. Os efeitos visuais eram incrementados pela dimensão extra acrescentada pelo som, do qual muitas vezes dependiam.

A televisão e aquilo que logo seria descrito como "indústrias da comunicação" (relações públicas, marketing e propaganda) haviam transferido os designers dos estúdios para escritórios onde, em equipe, discutiam e desenvolviam "soluções de design". A busca por uma identidade profissional que fosse aceita continuava sendo debatida entre os designers gráficos. Em 1963, um grupo assinou em Londres um

Granada Television, símbolo, 1956
[Richard Hamilton]

BBC Television, símbolo, década de 50
[Abram Games]

"First Things First" (Em primeiro lugar as coisas mais importantes), manifesto, 1964
[Ken Garland]

Doctor Who, seqüência de abertura do programa, 1967
[BBC / Bernard Lodge]

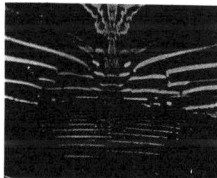

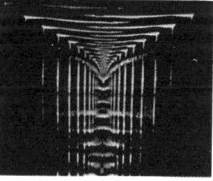

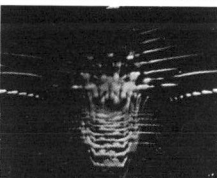

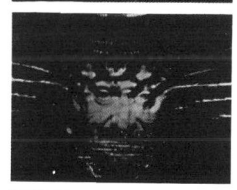

manifesto no qual deplorava a adulação daqueles que "exploravam a perícia e imaginação dos designers para anunciar bens de consumo. Acreditamos que há outras coisas nas quais vale a pena investir nossa perícia e experiência". Era um apelo para que se trabalhasse mais em áreas que tendessem para o lado esquerdo da tabela de Schwitters – mostrada na p. 55 –, que tendessem para a "informação".

A Society of Industrial Artists (Sociedade de Artistas Industriais) existia na Grã-Bretanha desde 1933, com o objetivo de atender aos interesses da profissão de design em geral. A maior parte de seus sócios era composta de artistas comerciais. Para vincular essa organização a outras de diferentes países, a Grã-Bretanha tomara uma importante iniciativa em 1963, fundando em Londres o International Council of Graphic Design Associations (ICOGRADA – Conselho Internacional das Associações de Design Gráfico). Nas três décadas seguintes, por meio de conferências, encontros, concursos de estudantes e seminários, o ICOGRADA ajudou os designers a desenvolver uma consciência maior de seu papel numa comunidade mais ampla, estimulando o interesse por tópicos como a padronização dos sistemas de sinais.

Marcha da Campanha pelo Desarmamento Nuclear, pôster, 1965
[Ken Garland]

Alemanha

Na Alemanha, com o país devastado pela guerra e dividido em leste e oeste, demorou uma década para que o design gráfico começasse de fato a renascer. Ainda havia um departamento de design gráfico na Schule für Freie und Angewandte Kunst (Escola de Artes Livres e Aplicadas), em Berlim Ocidental. A escola fora fundada em 1919 por Otto Hadank, o pioneiro da embalagem. Ele mesmo deu aula na escola até 1949, tendo sido co-fundador da Bund Deutscher Gebrauchsgraphiker (BDG), através da qual a Alemanha tornou-se membro do ICOGRADA. Outros designers importantes que haviam sobrevivido à guerra e agora lecionavam em várias partes da Alemanha foram F. H. Ehmcke (em Munique), Hans Leistikow (em Kassel) e Max Burchartz (em Essen). O mais enérgico dos sobreviventes foi Anton Stankowski, que continuou exercendo grande influência no design até a década de 80. Aluno de Burchartz na década de 20, ele fora um dos principais defensores da "publicidade objetiva" nos anos 30. Após a guerra, em

1949, começou a trabalhar como editor de fotografias do semanário *Stuttgarter Illustrierte*, sendo logo promovido a editor-chefe.

Stankowski produzia pôsteres pequenos que eram entregues nas bancas de jornal com cada número da revista. Desenhados durante a noite e impressos em duas cores por litografia no dia seguinte, traziam o cabeçalho da revista e sumarizavam seus assuntos principais por meio de uma imagem simples e pouquíssimas linhas de texto. Stankowski

abaixo, à esquerda
Stuttgarter Illustrierte, pôsteres da revista, 1951
[Anton Stankowski]

Lorenz, anúncio, c. 1952
[Anton Stankowski]

Lorenz, símbolo para calendários e anúncios, 1955
[Anton Stankowski]

também produziu dúzias de símbolos e logotipos para companhias e organizações, descobrindo estruturas geométricas para emblemas de companhia que evocavam características específicas.

Sua abordagem metódica (exposta em diversos livros) era uma defesa da participação ativa do designer nas pesquisas. Dessa maneira, os designers podiam manter-se em dia com as novidades no campo das idéias científicas e das invenções tecnológicas e descobrir maneiras de expressá-las. Na década de 50 Stankowski demonstrou seu ponto de vista mediante uma série de anúncios para a companhia de produtos eletrônicos Lorenz, em Stuttgart. Os abstratos desenhos mecânicos desses anúncios são produtos de pesquisa visual que Stankowski realizou em seu cavalete.

Esse uso de desenhos abstratos geométricos foi imitado por vários designers em anúncios publicitários para a indústria, notadamente por Harald Gutschow para a Siderúrgica Mannesmann e por Herbert Kapitzki para a Porsche. Kapitzki, que após a guerra fora aluno de um outro dos pioneiros tipógrafos pintores, Willi Baumeister, foi um dos designers da nova geração a ser convidado para dar palestra na escola de design de Ulm, a Hochschule für Gestaltung. A escola, cujos prédios foram desenhados por Max Bill, seu primeiro reitor, abriu suas portas em 1951. Ela era menos importante pelo tipo de design que produzia do que por suas idéias, que influenciaram as escolas de design de todo o mundo. A escola se preocupava em desenvolver métodos que usassem a lógica matemática para resolver problemas de design. A importante contribuição de Ulm nessa tentativa foi descobrir uma linguagem e um sistema criterioso para o estudo da comunicação visual. Tomando emprestadas idéias lingüísticas, a escola desenvolveu o conceito de

Lorenz / SEL, símbolo e logotipo de anúncio de produtos eletrônicos, 1954
[Anton Stankowski]

"A visão científica do misticismo" pôster da conferência, c. 1956
[Otl Aicher]

"retórica visual" e empregou a semiótica (a ciência dos signos) na análise dos anúncios.

O corpo de professores trabalhando em tempo integral incluía Vordemberge-Gildewart e, nos primeiros anos, Anthony Froshaug, da Inglaterra, cuja criatividade tipográfica foi abafada por uma rígida ortodoxia que pregava o alinhamento do texto à esquerda. Em 1962, o diretor do Departamento de Comunicação Visual, Otl Aicher, forneceu um exemplo da abordagem sistemática preconizada pela escola em seu design corporativo para a Lufthansa. O resultado foi um estilo de layout limpo ou "suíço", que utilizava a Helvética. Aicher, todavia, mostrava originalidade ao insistir em que a propaganda da companhia era uma extensão de seu estilo visual, incluindo nesse estilo até mesmo o tratamento dado às fotografias – imagens quadradas sem narrativa ou conteúdo expressivo. Esse estilo permaneceu inalterado por várias décadas. "A convicção em uma imagem é revelada nos detalhes", disse Aicher num relatório. Essa postura foi também expressa em seus sistemas para os Jogos Olímpicos de Munique em 1972 (ver p. 217). Até mesmo os atletas pictográficos usados na simbolização de cada esporte foram desenhados a partir de uma grade octogonal. Essa postura sistemática influenciou o design internacional durante muito tempo.

Símbolo e logotipo da companhia aérea Lufthansa, do manual de estilo, 1963
[Otl Aicher / Entwicklung 5 / HfG Ulm]

A mais importante contribuição estilística da Alemanha Ocidental para o design internacional nessa época foi a revista mensal *Twen*, publicada pela primeira vez em 1959. Uma versão germânica de *Esquire*, com mais ou menos o mesmo formato da revista americana, a *Twen* atraía os jovens abastados, frutos da recuperação econômica alemã, misturando imagens de corpos, artistas de música pop, estrelas de cinema e gurus com matérias culturais e sociais da atualidade. Seu designer, Willy Fleckhaus, utilizava uma grade de colunas extremamente estreitas para obter grande flexibilidade; as linhas de tipos podiam ocupar desde a extensão inteira da página a colunas com apenas um doze avos da largura da folha. Uma gravura pequena de uma trombeta pontuava as páginas cheias de impressões de fotogravuras. O truque utilizado por Fleckhaus para criar o layout das páginas consistia no uso de contrastes: simetria com assimetria; enormes títulos em letras estreitas e pretas acima de textos impressos em Times; fotos com fundo branco alternando-se com fotos de fundo preto; páginas duplas com close-ups coloridos, bastante cortados, que pairavam como cenas congeladas sobre imagens em plano geral no tamanho de um contato de filme de 35 mm.

Essa manipulação de texto e imagem, criando uma aura de hedonismo elegante, marcou um momento em que as necessidades do consumismo e os objetivos do designer coincidiam sem qualquer conflito.

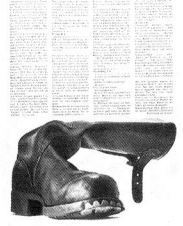

Twen, páginas da revista e índice, 1964
[Willy Fleckhaus]

abaixo
Anúncio do serviço de correio alemão, 1959
[Michel + Kieser]

à esquerda
Cola Uhu, anúncios, 1958
[Michael Engelmann]

canto esquerdo
Salvatore Giuliano, anúncio do filme, 1963
[Hans Hillmann]

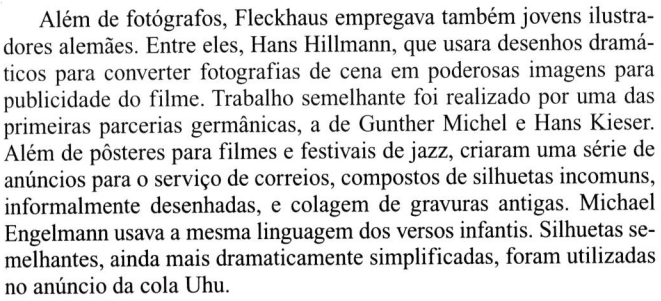

Além de fotógrafos, Fleckhaus empregava também jovens ilustradores alemães. Entre eles, Hans Hillmann, que usara desenhos dramáticos para converter fotografias de cena em poderosas imagens para publicidade do filme. Trabalho semelhante foi realizado por uma das primeiras parcerias germânicas, a de Gunther Michel e Hans Kieser. Além de pôsteres para filmes e festivais de jazz, criaram uma série de anúncios para o serviço de correios, compostos de silhuetas incomuns, informalmente desenhadas, e colagem de gravuras antigas. Michael Engelmann usava a mesma linguagem dos versos infantis. Silhuetas semelhantes, ainda mais dramaticamente simplificadas, foram utilizadas no anúncio da cola Uhu.

Engelmann, que retornara dos Estados Unidos em 1949 e trabalhou em Amsterdam e Milão, desenvolveu a técnica de corte de fotos utilizada pela *Twen* e combinou-a com tipos sem serifa de estilo suíço para os anúncios dos licores Bols e dos cigarros Roth-Händle. Eles eram extremamente estilizados, suprimindo a perspectiva e excluindo qualquer coisa que não intensificasse a idéia central do anúncio.

O anúncio da Bols mostrava parte de um rosto em perfil, cortado na altura do meio do nariz e na ponta do queixo. O nariz acha-se colo-

Bols, anúncios de licor, 1962
[Michael Engelmann]

Rothhändle, pôster de cigarro, 1962
[Michael Engelmann]

Randolectil, anúncio de remédio da Bayer, 1964
[Graphicteam]

"300 cápsulas de Natabec", anúncio da Parke Davis, 1967
[Pierre Mendell e Klaus Oberer]

Chat dans la gorge, embalagem de remédio para tosse, 1964
[Pierre Mendell e Klaus Oberer]

cado logo acima da borda do copo para inalar o aroma da bebida. A superfície da bebida está nivelada com os lábios do perfil. A ausência do olhos concentra a atenção nos sentidos do olfato e paladar, os meios de estabelecer que o produto é, como diz a única palavra do título, *unverkennbar* (inconfundível).

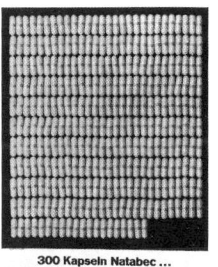

Mais tarde, os anúncios da Bols vieram a ligar o texto e o produto simplesmente alinhando a borda esquerda do texto à borda esquerda da garrafa. As imagens dos anúncios eram compostas pela foto de uma garrafa com copos, produzida com cuidadosa direção de arte, e silhuetas de diferentes tipos de cadeira – uma cadeira de mesa de jantar antiga, uma poltrona de escritório, uma cadeira dobrável de jardim –, para evocar situações nas quais era possível desfrutar a bebida. Esses trabalhos foram criados por Pierre Mendell e Klaus Oberer, parceiros de um novo escritório de design que criara, simultaneamente com Engelmann, anúncios para os carros Renault. As embalagens desenhadas pelos dois, em 1964, para o remédio para tosse Chat dans la Gorge e os anúncios criados para a companhia farmacêutica Parke Davis, em 1967, foram considerados novos clássicos do estilo internacional.

Como acontecia em outros países, a indústria química era uma grande usuária do design gráfico. Na Alemanha, ela foi responsável pelo crescimento de um outro grupo de design formado na década de 60, o Graphicteam. O grupo era composto de cinco designers que haviam trabalhado na Bayer. Eles foram responsáveis pela identidade visual da Westdeutsches Fernsehen (Televisão da Alemanha Ocidental), cujas características geométricas tendiam à abstração linear de Stuttgart, no mesmo estilo de Stankowski.

Os créditos de televisão, as capas de livro e as sobrecapas eram particularmente adequados ao tipo de ilustração identificada com a escola de Kassel, liderada por Hillmann. A qualidade do design de livros na Alemanha baseava-se nos padrões de composição estabelecidos por Renner e Tschichold nas escolas de indústria gráfica antes da guerra. Segundo esses padrões, as palavras e as linhas de tipos tinham de ser adequadamente espacejadas. Esse era um aspecto do design quase que ignorado nos demais países (especialmente na França). A Alemanha também tinha a vantagem de possuir vigorosas fundições de tipo, como a Bauer, Berthold e a Stempel, e enérgicos designers, como Georg Trump e Hermann Zapf, cuja família de tipos, a Optima, foi lançada em 1958. Essa família tornou-se bastante popular (embora fosse recebida com escárnio pelos designers, que se referiam a ela como "Péssima"). O próprio Zapf estabeleceu o padrão de tipografia de livro em seu trabalho e seu *Manuale Typographicum* (1968).

Apesar de contar com a presença de John Heartfield em Berlim até sua morte em 1968, a Alemanha Oriental dependia do conhecimento técnico fornecido pela indústria gráfica de Leipzig. Na Tchecoslováquia e na Hungria, onde haviam surgido importantes movimentos de vanguarda entre as duas guerras, a tradição do pôster, iniciada na virada do século, havia sobrevivido e, na falta de uma concorrência comercial, eram os eventos culturais, especialmente os filmes, que inspiravam a criação de pôsteres com imagens desenhadas.

Televisão da Alemanha Ocidental, símbolo e logotipo, 1965 [Graphicteam]

A Alemanha também era líder no design de livros de capa mole. A padronização visual das coleções de livro teve início em meados da década de 50 com o *Bücher des Wissens* (Livros da sabedoria), editados pela Fischer Bücherei. A Fischer imprimia o colofão da editora com destaque na capa da frente dos livros, enquanto as demais editoras dependiam de um determinado layout e de uma única família de tipo, comuns a todos os seus livros, para estabelecer sua marca visual, como acontecia com qualquer produto embalado.

Na década de 60, a coleção da Deutscher Taschenbuch foi desenhada pelo suíço Celestino Piatti. Piatti usou ilustrações coloridas e um tipo preto sobre fundo branco. A coleção de livros de crime da Signun foi sempre em preto e vermelho, e os romances policiais da

Suhrkamp Verlag, design da série de livros de capa mole, 1964 [Willy Fleckhaus]

Pesquisa de Comunicações, série "Mundo em Evolução" da Fischer Bücherei, capa, 1962 [Wolf D. Zimmermann]

A revolução chinesa, série de livros de capa mole da DuMont Dokumente, capa, 1962 [Ernst Brücher]

A Dafne do pastor, coleção da Deutscher Taschenbuch, capa, 1961 [Celestino Piatti]

Rowohlt em preto e branco. As capas da Suhrkamp eram arranjadas por Fleckhaus, que lançou mão nesse trabalho de um espectro codificado de cores uniformes e brilhantes com títulos simples, em Garamond, alinhados à esquerda. As sobrecapas dos livros de capa dura variavam de estilo, apresentando desde a geometria de Ulm até a liberdade gráfica típica do design polonês.

Polônia

Mais conhecida por seus pôsteres de filmes, a Polônia foi um dos poucos países a desenvolver um estilo gráfico nacional distinto e reconhecível nas duas décadas que se seguiram à Segunda Guerra. Apresentando traços de sua cultura folclórica, esse estilo nacional recebeu certa influência de Cassandre através de Tadeusz Gronowski, cujo pôster para o detergente Radion, mostrando um gato preto pulando num tanque de lavar e saindo de lá branco, ganhara em 1925 o grande prêmio da exposição de Arts Décoratifs em Paris.

Radion, pôster de detergente, 1925 [Tadeusz Gronowski]

Chapaev, pôster de filme, 1947 [Mieczyslaw Berman]

Os heróis setembristas, pôster de filme, 1948 [Roman Cieslewicz]

O estilo dos pôsteres era moderno, mas não havia traço da vanguarda polonesa da década de 30. Esta ficara famosa pela tipografia de Henryk Berlewi, cuja *Mechano-Faktura*, uma família de tipos em estilo construtivista, buscava relacionar a arte à vida por meio da publicidade; pelas revistas *Blok* e *Praesens*, com layout de Wladislaw Strzeminski e Henryk Stazewski; e pelas fotomontagens dos brilhantes Mieczyslaw Szczuka (que morreu em 1927) e Mieczyslaw Berman.

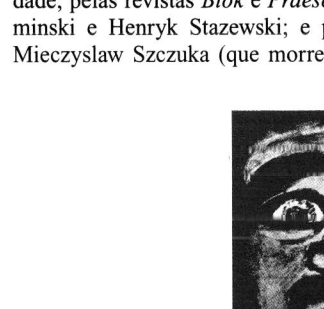

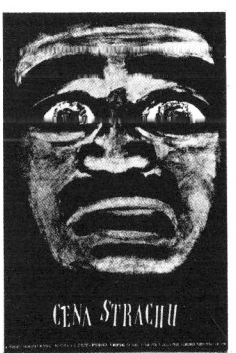

Salário do medo, pôster de filme, 1954 [Jan Lenica]

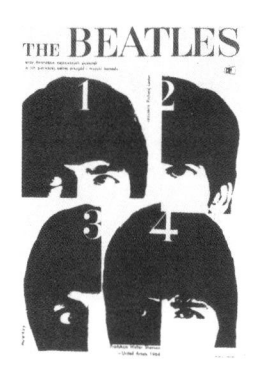

Two Pennies of Hope
(Dois centavos de esperança),
pôster do filme, 1957
[Waldemar Swierzy]

Os reis do iê-iê-iê,
pôster do filme, 1964
[Waldemar Swierzy]

Berman sobrevivera à guerra e tornara-se um dos primeiros líderes da nova escola de design de pôster polonês, embora fosse excepcional no trabalho com a fotografia. A mudança de atividade deu-se em parte pela escassez de materiais de reprodução fotográfica no mercado.

Os designs consistiam em ilustrações pintadas e letras desenhadas. Às vezes, exibiam um realismo simples e direto; outras vezes, eram decorativos ou então dramáticos, freqüentemente apresentando elementos surrealistas; e outras vezes oníricos, não raro lembrando pesadelos. Além de Berman, os maiores expoentes do design após a guerra foram Tadeusz Trepkowski, Henryk Tomaszewski, Jan Lenica, Waldemar Swierzy, Julian Palka, Eryk (Henryk) Lipinski, Wojciech Fangor, Roman Cieslewicz, Wojciech Zamecznik e Stanislaw Zamecznik. Só para o cinema, produziam mais de duzentos pôsteres por ano, sob o patrocínio da agência de publicação estatal Wydawnictwo Artystyczno-Graficzne (WAG). Divulgados pela revista *Projekt*, o trabalho deles tornou-se parte da cultura subsidiada e um meio de educação artística popular.

O diretor de arte da WAG era o designer Josef Mroszczak, que lecionara junto com Tomaszewski na Academia de Belas-Artes de Varsóvia. Eles e seus colegas desfrutavam uma liberdade que era imitada em outros países da Europa Oriental, particularmente na Tchecoslováquia e na Hungria que, como a Polônia, haviam herdado uma importante tradição de design de pôster e, antes do advento do fascismo, acolhido vigorosos movimentos de vanguarda.

A reprodução litográfica ajudava a criar designs especialmente convincentes. Marcas desenhadas à mão revelavam a presença do designer, que cada vez mais atuava como o manipulador oculto por trás das famílias de tipo, das fotos anônimas e das construções geométricas. Essa tra-

Nafta, pôster do filme, 1962
[Roman Cieslewicz]

Mônica e o desejo, pôster do filme, 1960
[Wojciech Zamecznik]

MODERNISMO NA EUROPA **187**

dição sobrevivera na França através de *affichistes* como Savignac. Em 1963, Lenica começou a trabalhar na França e Cieslewicz se estabeleceu definitivamente em Paris. Foi nessa cidade que o espírito, o calor e a simplicidade da tradição foram absorvidos pelo grupo Grapus (ver pp. 211-3) na década de 70, onde ela foi desenvolvida e transformada num veículo capaz de carregar uma carga maior de informação e argumento.

Países Baixos

Gráfico estatístico, 1932
[Willem Sandberg]

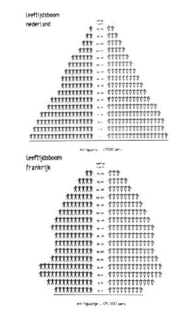

Nas duas décadas que se seguiram à guerra, o designer holandês com maior influência internacional foi Willem Sandberg. Basicamente autodidata, Sandberg trabalhou nos anos 20 para um impressor na Suíça, visitou a Bauhaus em Weimar e Dessau e estudou o sistema de estatística visual de Otto Neurath em Viena. Isso o levou ao design gráfico. Nos anos 30 trabalhou para a PTT, em Haia, e para os museus municipais de Amsterdam.

Durante a ocupação nazista, muitos designers e impressores se envolveram em atividades ilegais de impressão e falsificação de documentos. Sandberg, durante o período em que ficou escondido, produziu o primeiro de seus dezenove *experimenta typographica*, livretes escritos à mão, contendo colagens, que eram expressões gráficas de pequenas citações. Certos trechos pequenos eram enfatizados por meio de letras contrastantes e pelo posicionamento e espaçamento das linhas. Sandberg também se interessou pelas possibilidades decorativas de letras individuais e era aficionado por contrapunções – o espaço nas partes internas da letra impressa.

O primeiro desses livretes foi composto e impresso secretamente em 1944. Os *experimenta* estabeleceram um estilo empregado por Sandberg durante muitos anos nos catálogos e pôsteres que desenhou para o Stedelijk Museum em Amsterdam, onde trabalhara como curador de arte moderna (de 1937 a 1941) e mais tarde tornou-se diretor (de 1945 a 1962). Ele usava tipos grandes não apenas em pôsteres mas nas capas de catálogo. Para essas capas, quase sempre empregava os mais toscos papelões e papéis de embrulho. Essa discrepância de textura e escala era compensada pela delicadeza com que Sandberg utilizava tipos irregulares no corpo do texto. Seu ponto de vista é bem sintetizado num texto que escreveu em 1969, chamado "impressão quente":

> *não gosto*
> *de luxo na tipografia*
> *do uso de ouro*
> *ou papel brilhante*
> *prefiro os contornos grosseiros*
> *as superfícies ásperas*
> *e formas dilaceradas*

O que torna o trabalho de Sandberg importante é sua tentativa de usar o sentido das palavras e a estrutura das frases para determinar-lhes o layout, terminando uma linha de texto no ponto em que há uma quebra de sentido. As imagens, e algumas vezes o formato das letras, eram produzidas por impressão a partir de pedaços de papel rasgados, usados como estêncil. Muitas das técnicas de Sandberg eram inspiradas nas de Werkman (ver p. 73), ao qual se assemelhava na postura artesanal, propositalmente direta e até mesmo desafiadora ante os métodos comerciais aceitos.

A maturidade do design tipográfico de Sandberg é brilhantemente exemplificada numa narrativa ilustrada da história do signos e da comunicação, publicada na edição de natal do jornal *Drukkersweekblad*. Sua elegante estrutura apresentava uma seqüência de páginas compostas em Gill Sans, que reuniam imagens de papel rasgado, exemplos de pinturas de artistas com suas assinaturas e fotos de placas de rua, muitas das quais tiradas pelo próprio Sandberg.

A informalidade e a improvisação eram os principais elementos do trabalho de Sandberg. Ele preferia tipos Grotesque em negrito e sem serifa do século XIX e, para os títulos, tipos grandes "Egyptian" com serifas largas, embora usasse todos os tipos de letra. Num trabalho empregava apenas letras em caixa-alta ou então apenas em caixa-baixa, muitas vezes não usando maiúsculas nas letras iniciais dos nomes dos artistas. Esse maneirismo era quase que o único remanescente dos dogmas da vanguarda de antes da guerra.

Representantes dessa vanguarda, Schuitema e Zwart ainda estavam trabalhando e lecionando. Um outro importante sobrevivente, membro do Ring neuer Werbegestalter, foi Vordemberge-Gildewart, que em 1938 estabelecera-se como designer em Amsterdam. Além de desenhar etiquetas para embalagens de comida artificial, também produziu livros de poesia dentro do esquema restritivo imposto pela guerra, que exigia que todo material impresso fosse submetido à aprovação das potências ocupantes. Sua mais importante realização foi um livro de memórias dedicado ao impressor Frans Duwaer, que produzira o trabalho clandestino de Sandberg e do próprio Vordemberge antes de ser executado por tomar parte na impressão de material ilegal. As páginas do livro prestam uma homenagem a Duwear por meios gráficos, utilizando blocos recortados de meio tom, uma técnica que Vordemberge viria a desenvolver mais tarde nos designs feitos para a revista de arquitetura *Forum*, de Amsterdam, no começo dos anos 50.

O abstracionismo radical sobreviveu através das janelas geométricas criadas em 1950 por Vordemberge para três lojas de departamento Bijenkorf, em Amsterdam, Roterdam e Haia. Vordemberge argumen-

Nu, capa e páginas do livrete, 1959
[Willem Sandberg]

Cartão de Ano Novo, Stedelijk Museum, 1963
[Willem Sandberg]

Thema, embalagem de chá artificial, c. 1941
[Friedrich Vordemberge-Gildewart]

Franz Duwaer por seus amigos, página do livro, 1945
[Friedrich Vordemberge-Gildewart]

Forum, capa de revista de arquitetura, 1952
[Friedrich Vordemberge-Gildewart]

tou que elas proporcionavam um fundo neutro, não dispersivo, aos produtos expostos para venda, mas mesmo assim não foram bem recebidas pelo público. Antes da guerra já houvera um recuo do modernismo austero, até mesmo por parte de Zwart. Dick Elffers, que fora assistente de Schuitema e Zwart, começara a substituir as fotos em seus trabalhos por traços de desenho extravagantes. Após a guerra, mudou seu estilo para o tipo de ilustração expressionista encontrado em seu pôster para a exposição *Weerbare Democratie* (Democracia defensável), em 1946: a combinação do civil e do soldado numa só figura é tosca em termos gráficos, se comparada com as impressionantes fusões contidas numa colagem de Heartfield, ou com a fusão de duas imagens produzidas por Abram Games com um aerógrafo, nessa mesma época.

"Democracia defensável", pôster da exposição, 1946
[Dick Elffers]

Rayon Revue, capa da revista, 1948
[Otto Treumann]

Paradoxalmente, o trabalho tipográfico simples e artesanal de Elffers e Wim Brusse respeitava as tradições de elegância da geração anterior, exemplificada num selo postal de 1946, criado pelo designer de tipos Jan van Krimpen. O design feito por Elffers, em 1957, para o selo Europa revela uma postura mais cautelosa em relação ao design por parte da PTT, que foi forçada a assumir um papel colaboracionista durante a guerra, após a morte de Van Royen num campo de concentração em 1943. O modernismo retornou em 1964 com os selos fotográficos de Cas Oorthuys e, no ano seguinte, com o conjunto de três selos de borda preta desenhados por Otto Treumann para celebrar o vigésimo aniversário da Libertação.

De 1946 a 1959, Treumann também desenhou a *Rayon Revue* para a Algemeene Kunstzijde Unie (Companhia Geral de Raiom). Outras revistas internas produzidas por grandes companhias davam provas do renascimento da indústria e do comércio. Duas delas, produzidas pelo conglomerado multinacional Philips, eram a *Contact*, projetada por Elffers, e a *Range*, por Alexander Verbene e Ton Raateland.

Com a recuperação econômica veio a demanda por designers, catálogos, publicidade e imagem da companhia (identidade corporativa). Em 1963, Treumann trabalhou com o designer britânico George Him para produzir um dos mais bem-sucedidos símbolos comerciais, o símbolo da companhia aérea israelense El Al, que utilizava caracteres romanos e hebraicos. Ao mesmo tempo, a KLM (Royal Dutch Airline), demonstrando duvidar da capacidade dos designers de seu país, recorreu a Henrion, na Grã-Bretanha, para a criação da imagem de sua companhia. Apesar disso, o design gráfico holandês era bem divulgado no exterior, não só pelo trabalho de Sandberg, mas também por causa dos *Kwadraat-Bladen* (Impressões de Quadratim). Eles foram publicados por Steendrukkerij de Jong, impressores de Hilversum, de 1951 a 1974. Projetados e editorados por Pieter Brattinga, cujo pai era dono do negócio, esses livretes eram pastas quadradas, cujo conteúdo, completo em si mesmo, tratava de assuntos ligados ao design. Eram distribuídos em exposições realizadas numa pequena galeria na oficina da gráfica, mas também circulavam em grande número no exterior. O quadrado era um dos motivos gráficos dos pôsteres dessas exposições, criados a partir de uma grade de cinco quadrados de altura por três de largura.

"Sonsbeek 52", pôster da exposição, 1952
[Otto Treumann]

El Al, logotipo da companhia aérea, 1963
[George Him e Otto Treumann]

Steendrukkerij de Jong, símbolo, 1959
[Pieter Brattinga]

"O homem responsável pelo design da PTT", pôster da exposição, 1960
[Pieter Brattinga]

A grade (típica do design suíço, que viria a influenciar toda uma nova geração de designers, dentro e fora da Holanda, nos anos 60) foi muito bem explorada por Wim Crouwel. A postura de Crouwel era oposta à de Elffers. Enquanto os pôsteres deste último exalavam cheiro de tinta, os de Crouwel davam a impressão de terem sido concebidos e produzidos por máquina. Crouwel estendeu o uso da grade para os no-

"Novo alfabeto", design para computador, 1967
[Wim Crouwel]

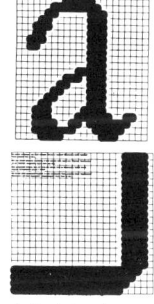

⌡bcdεϝϙhi ꓶtLႶ
ႶopϙɼϚ Ϝudஶɪɥϡ

"a" minúsculo convencional digitalizado, "a" minúsculo no "novo alfabeto", 1967
[Wim Crouwel]

PAM (Steenkolen Vereeniging), símbolo e logotipo da companhia de petróleo, 1964
[Total Design]

Aeroporto Schiphol, sistema de sinalização, 1967
[Benno Wissing / Total Design]

vos meios eletrônicos de geração de imagens. Da maneira como era usada pelos suíços, a grade ajudava o designer a organizar as unidades retangulares da tipografia. Crouwel, contudo, transformou-a na matriz básica dentro da qual as próprias letras eram construídas. Embora seu "novo alfabeto" tivesse ficado famoso por sua ilegibilidade e engenhosidade, demonstrava a percepção de Crouwel de que o computador estava prestes a mudar o modo pelo qual as palavras e imagens podiam ser criadas e reproduzidas. Para ele, a revolução eletrônica exigia novas formas, e essas formas seriam determinadas pelas exigências da própria tecnologia. Crouwel estava obviamente certo quando argumentava, por exemplo, que as letras de seu alfabeto não podiam ser distorcidas num monitor pois seus traços horizontais e verticais correspondiam à matriz digital. O que acabou acontecendo, todavia, foi um tal refinamento da tecnologia, que os mais finos traços dos tipos tradicionais puderam ser reproduzidos pelo computador com uma precisão jamais obtida antes.

O primeiro grupo de design dos Países Baixos, o Total Design, foi fundado por Crouwel e mais quatro colegas em 1963. Era "total" por incluir o design tridimensional, uma vantagem que se tornou óbvia no primeiro trabalho que o grupo realizou para uma grande companhia. O trabalho era revisar a identidade visual da companhia de petróleo PAM, inclusive os designs de seus postos de gasolina. Em 1965, o Total Design foi incumbido de apresentar uma proposta para um "sistema de rotas" do aeroporto Schiphol, de Amsterdam. Dirigido por Benno Wissing, esse foi um dos primeiros esquemas abrangentes de sinalização. As letras sem serifa e as setas combinando com as letras tornaram-se o protótipo dos modelos adotados nos metrôs de Milão, Nova York e Tóquio e nas sinalizações de várias partes do mundo.

O Total Design cresceu e transformou-se numa grande organização que trabalhava com equipes. A coerência visual era estimulada pela padronização de formatos e de procedimentos. O catálogos da Stedelijk, por exemplo, eram controlados por uma grade padronizada e uma única família de tipos, de modo que, qualquer que fosse a pessoa responsável por determinado catálogo, o design conservaria as características gerais das demais publicações do museu. A retangularidade do design holandês (quebrada por Zwart na década de 30 e reintroduzida pelo Total Design) estava prestes a ser abandonada em virtude das pressões sociais e da chegada da nova tecnologia. O surgimento de uma linguagem mais expressiva tornou-se possível graças ao uso de técnicas fotográficas e eletrônicas, que libertaram os designers das restrições impostas pela retangularidade.

[O psicodelismo, os protestos e as novas técnicas]

18. FINAL DOS ANOS 60

Durante os anos 60 o design gráfico era visto como uma solução para problemas de comunicação. Também era apresentado ao público nos veículos de comunicação de massa como algo semelhante à moda: preocupado em ter bom gosto, em ser moderno e até mesmo avançado. Como era uma arte visual, o design gráfico respondia à moda, mas as mudanças em seu estilo resultaram de uma série de pressões oriundas dos desenvolvimentos na tecnologia, na moda e na sociedade. E como não era apenas uma arte visual, mas também verbal, atraiu o interesse dos acadêmicos, que começavam a perceber a importância social das comunicações. O canadense Marshall McLuhan, partindo de uma análise de anúncios em 1958, desenvolveu sua idéia de que "o meio é a mensagem". Ele afirmava que "as sociedades sempre foram moldadas mais pela natureza do meio pelo qual os homens se comunicavam do que pelo conteúdo da comunicação".

Segundo McLuhan, a tradição de composição tipográfica, iniciada por Gutenberg, pertencia a uma era quase defunta, a era da mecânica. Essa técnica, sugeriu ele, induziu o homem a certos padrões de pensamento que estimularam a especialização e a alienação; a nova "tecnologia eletrônica" faria de todos nós membros da "aldeia global".

The Medium is the Massage (O meio é a massagem), páginas duplas do livro, 1967 [Quentin Fiore]

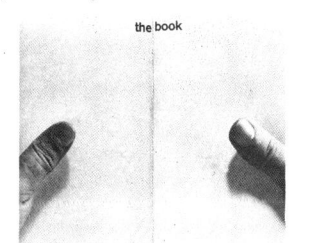

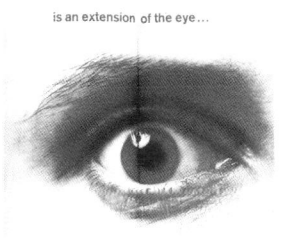

McLuhan reconhecera a intercessão entre a tecnologia e a mudança política. Embora os designers sempre tivessem percebido que havia mais coisas na comunicação além de seu conteúdo óbvio, eles só agora começavam a se dar conta dos efeitos provocados pelas mudanças técnicas. Sua profissão, recém-estabelecida, já assimilara uma série de mudanças na tecnologia de impressão. A fotografia foi uma inovação fundamental, primeiro como meio de geração de imagens (no início em preto e branco e agora também em cores); segundo, como meio de composição, permitindo o espaçamento de letras – impossível quando a impressão era feita diretamente a partir de tipos metálicos. Os computadores agora permitiam o armazenamento e a rápida organização de informações. Nessa época, porém, essas inovações ainda não haviam alterado significativamente o trabalho dos designers, que continuavam a trabalhar em papel e não na tela do computador, cuja utilização só se tornou realmente difundida na década de 80.

As mudanças nos hábitos de trabalho, a diversificação e os desafios profissionais advinham mais comumente de fatores culturais e políticos do que de mudanças tecnológicas. A reação à guerra do Vietnã (1964-75), os protestos sociais – exemplificados nos eventos ocorridos em maio de 1968 em Paris –, a revolução cubana, a música pop e o uso de drogas alucinógenas, tudo isso foi expresso por meio da linguagem gráfica. Novas formas gráficas desenvolveram-se independentemente do design gráfico estabelecido e de como essa atividade era entendida por seus profissionais. Essas novas formas preenchiam uma lacuna existente entre o formalismo distante e frio do estilo suíço e o gosto popular. Apesar da facilidade cada vez maior de comunicação internacional, o design gráfico ainda possuía características gráficas locais; as mudanças ainda eram provocadas por indivíduos (designers), a partir de circunstâncias particulares.

Campanha pelo Desarmamento Nuclear, símbolo, 1958
[Gerald Holtom]

Cuba

A revolução cubana de 1959 liberou uma notável onda de energia gráfica, visível especialmente na torrente de pôsteres produzidos. Os pôsteres anunciavam eventos culturais (filmes, balés e atrações folclóricas), convocavam as massas para comícios públicos e proclamavam as realizações revolucionárias. Seus designers, diferentemente daqueles do primeiro período soviético, não seguiam nenhuma estética ideológica. Empregavam uma inspirada mistura de técnicas que remontavam aos trabalhos de Saul Bass, dos estúdios Push Pin e dos pôsteres tchecos e poloneses, e seu trabalho nada ficava a dever em termos de qualidade técnica de reprodução. Pelo contrário, muitos dos primeiros pôsteres foram impressos por meio de serigrafia, a partir de estênceis cortados manualmente pelos designers. A simplicidade técnica desses trabalhos advinha de necessidades econômicas. As fotos eram de alto contraste (sem meios-tons), uma restrição que foi explorada com especial habilidade nos pôsteres de cinema criados por Eduardo Munoz Bachs e René Azcuy. As formas em cores uniformes e as letras sem serifa produziam um efeito que lembrava a técnica utilizada por Lester Beall nos pôsteres para a Rural Electrification Administration, na década de 30, e esse efeito foi reexplorado durante dez anos por Felix Beltran, um designer cubano que trabalhara em publicidade nos Estados Unidos.

"Poupar energia elétrica é poupar petróleo", pôster, c. 1969
[Felix Beltran]

Baisers volés (Beijos roubados), pôster do filme, c. 1970
[René Azcuy]

Não havia publicidade em Cuba e todos os anúncios eram controlados pelo estúdio governamental Intercomunicaciones. Os pôsteres produzidos para exportação, para demonstrar solidariedade com as demais nações comunistas, eram distribuídos no exterior pela OSPAAAL (Organização de Solidariedade com os Povos da África, Ásia e América Latina). A maior parte deles tinha slogans banais, como *Hasta la Victoria Siempre* (Sempre em frente, até a vitória), ligados a uma imagem simples. Algumas vezes, como acontecia nas obras de Beltran, apresentavam uma elegância desarmônica. A imagem do líder guerrilheiro e ex-ministro Che Guevara, com sua boina preta e a estrela de cinco pontas, evocando a figura de Cristo, tornou-se um ícone internacional.

"Dia da Guerrilha Heróica",
pôster de 1968
[Tony Evora]

Um pôster criado em 1968 para celebrar o "Dia da Guerrilha Heróica" foi um dos pouquíssimos a utilizar uma imagem que representava mais do que uma simples ilustração para um slogan. A efígie em vermelho de Che Guevara, o símbolo da luta armada, expande-se em retângulos concêntricos sobre um mapa da América do Sul, uma metáfora gráfica precisa para expressar o avanço da revolução pelo continente. Seu designer, Tony Evora, era editor de arte de *Lunes*, o suplemento cultural das segundas-feiras do jornal *Revolución*. Impresso em duas cores, o *Lunes* tinha muito em comum com um periódico mais antigo, o *Il Politecnico* de Milão, com o qual compartilhava da mesma

Pôster educativo destacável,
do jornal *Revolución*, c. 1961

estratégia de educação cultural. Como os pôsteres, trouxe às massas algo que anteriormente pertencia à cultura de elite. A própria editora do jornal, a Ediciones R, introduziu o design de livros em Cuba. Os pôsteres educativos de página inteira do *Revolución*, usados na luta contra o analfabetismo, são um exemplo típico do papel do design gráfico no esforço para transformar o país.

Califórnia, o underground e o alternativo

O fundo em xadrez e as cores complementares no pôster de Che Guevara criado por Evora lembram os pôsteres "psicodélicos" desenhados para concertos de rock em meados dos anos 60, especialmente em São Francisco. As drogas eram legais na Califórnia até 1966, e sua influência na percepção, imitada nos concertos através das luzes estroboscópicas, era simulada no trabalho gráfico por meio de uma deslumbrante repetição de contrastes cromáticos, seja entre preto e branco, seja entre as cores complementares. Um dos designers mais importantes dessa época, Wes Wilson, afirmava que escolhia suas cores a partir de suas experiências visuais com o LSD. O nome mais conhecido do grupo de designers psicodélicos da Califórnia, e o único com formação em arte, era Victor Moscoso, que estudara as cores em Yale com Josef Albers, ex-professor da Bauhaus. Moscoso combinava efeitos de vibração óptica obtidos por meio das cores com letras formais que ele tornava quase ilegíveis através de uma total equivalência entre elementos positivos e negativos: o espaço existente entre as letras e dentro delas era contrabalançado pelas próprias letras, da mesma maneira como cores adjacentes contrastam entre si com igual intensidade. As letras de Wilson eram tiradas diretamente dos tipos secessionistas vienenses, que ele encontrou no catálogo da exposição "Jugendstil e Expressionismo", realizada na Universidade da Califórnia em novembro de 1965. O meio não se tornou toda a mensagem, mas grande parte dela: a mensagem desses trabalhos era que eles eram "underground".

"Underground" era um termo usado para descrever a atitude de oposição ao establishment de muitos jovens de classe média nos anos

Quicksilver Messenger Service, pôster do concerto, 1967
[Victor Moscoso]

Procol Harum, pôster do concerto, 1969
[Lee Conklin]

60, que haviam adotado valores culturais e posições políticas alternativos, fora dos padrões sociais convencionais ou contra eles. Nos Estados Unidos, essa postura foi identificada com a cultura hippie, com os movimentos pela paz e com a ecologia, cuja causa era promovida através de um imenso catálogo ilustrado, o *Whole Earth Catalog* (O catálogo de toda a Terra). Esse movimento underground utilizava a tecnologia gráfica do faça-você-mesmo, que precedeu a editoração eletrônica. Composto numa IBM composer Selectric com esfera de tipos – uma sofisticada máquina de escrever –, o texto era impresso em offset com litografias, um método introduzido pelo semanário nova-iorquino *East Village Other*. Esse semanário foi concebido em 1965 como "um jornal *visualmente* revolucionário, que usava técnicas de off-set não apenas para economizar".

Em todo o mundo, as revistas underground aceitaram de bom grado a má qualidade da impressão off-set em papel barato. Além de imprimir textos sobre imagens coloridas toscas, esses periódicos tinham como objetivo "garantir que ninguém acima de trinta" os lesse. Esse estilo, cuja informalidade alimentava a idéia de que não era preciso ter nenhuma qualificação especial para produzir uma revista, espalhou-se rapidamente. Surgiu em Amsterdam com o *Hitweek*, *Real Free Press* e *Hotcha!* e na Inglaterra com o *Oz*, *International Times* e *Frendz*.

Ontbijt op Bed, capa da frente e de trás e página dupla, 1967

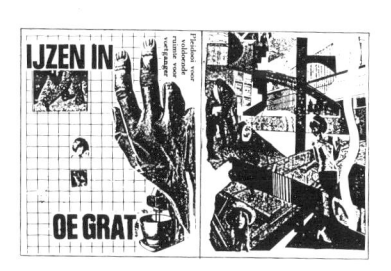

Comum a todas essas revistas era o crescente controle exercido pelos responsáveis por seus layouts. As palavras e imagens eram posicionadas na página pelos designers e não pelos impressores. A fotocompositora com esfera de tipos, operada pelo jornalista ou pelo designer,

Oz, página da revista, 1971
[Pearce Marchbank]

podia gerar o texto no próprio estúdio. Os títulos podiam ser produzidos com Letraset, em vez de serem compostos por impressores. O sistema de transferência fotomecânica para a ampliação e redução de imagens, que as deixava prontas para reprodução, permitia a modificação, o refinamento e o posicionamento dessas imagens no estúdio, dando ao designer um controle direto sobre os primeiros estágios da preparação da foto para a impressão.

Protesto: 1968 e Vietnã

No final dos anos 60, os estudantes e grupos de protesto dominaram as técnicas de impressão, no mais surpreendente desafio ao avanço técnico e à mídia eletrônica. Era uma reação a uma série de eventos – principalmente à guerra do Vietnã, mas também aos assassinatos de Che Guevara e Martin Luther King, em 1967 e 1968 respectivamente, seguidos pelos "eventos" de maio em Paris e pela invasão soviética da Tchecoslováquia em agosto. O estado tinha a televisão para levar sua visão dos fatos à casa das pessoas; os estudantes tinham as ruas para apresentar seu lado da história. As demonstrações, muitas vezes violentas, mostravam a intensidade, a dimensão e o ardor de seu compromisso com a causa; mas foram seus pôsteres que produziram uma impressão dramática e indelével.

Pôster de muro, Praga, 1968

Pôster de jornal, Paris, 1968

"Somos o poder"

"A polícia gruda na Escola de Belas-Artes – A Escola de Belas-Artes gruda [seus pôsteres] na rua"

Pôsteres, Paris, 1968

Durante a revolta estudantil em Paris, em maio de 1968, os pôsteres eram produzidos no Atelier Populaire, pelos estudantes da École des Beaux-Arts (Escola de Belas-Artes). A principal técnica utilizada por eles era a serigrafia, um processo cuja economia era igualada por uma extrema compactação gráfica. Os slogans eram inspirados nos desafiadores gritos de guerra usados pelos estudantes ao enfrentar a polícia nas ruas. Escritos a giz num quadro-negro e refinados por um comitê, serviram de base para trezentos ou mais designs distribuídos por estudantes e trabalhadores por toda a capital. As mensagens eram inequívocas, e as impressões, feitas em regime de urgência. Algumas vezes usavam uma cor, mas na maior parte das vezes eram em preto e

NOVAS TÉCNICAS **199**

"Greve", pôster, Berkeley, Califórnia, 1970

branco. Um esquema muito utilizado era a inversão do preto e do branco, em que as letras eram impressas em branco sobre fundo preto. Isso era obtido diretamente no processo de serigrafia, preparando-se a tela em negativo. Os estudantes exploravam a simplicidade de seus meios gráficos (letras desenhadas e silhuetas pintadas) para questionar o complexo aparato utilizado na produção de imagens impressas na sociedade de consumo, a cujos valores se opunham. Nem no meio nem na mensagem havia lugar para a modulação de tom proporcionada pelo cinza fotográfico ou pelas distrações proporcionadas pela cor.

Esse tipo de graffiti impresso era produzido em oficinas de pôster em muitos países. Era uma arma de propaganda, de resposta rápida, como se viu na Tchecoslováquia após a invasão soviética em 1968. Era usado por grupos de estudantes para estimular ondas de protesto contra as autoridades, além de servir de voz para feministas e ativistas em questões sociais.

Os pôsteres exerceram um importante papel nos apelos à paz e ao desarmamento, especialmente no caso do Vietnã. Alguns deles foram realizados por designers profissionais. Em Nova York, os diretores de arte de agências de propaganda se juntaram para produzir anúncios para o Committee to Help Unsell the War (Comitê para Ajudar a Desacreditar a Guerra), nos quais utilizavam os mesmos arranjos de imagem, títulos e textos usados diariamente para vender produtos e serviços.

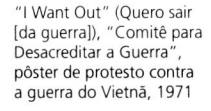

"I Want Out" (Quero sair [da guerra]), "Comitê para Desacreditar a Guerra", pôster de protesto contra a guerra do Vietnã, 1971

A mais poderosa demonstração da eficácia do texto impresso e da imagem sem movimento foi produzida em 1970 pela Art Workers Coalition (Coalizão dos Profissionais da Arte) nos Estados Unidos, que se apropriou de conhecidas técnicas de jornalismo televisivo – fotos documentais e diálogos de entrevistas. A uma foto colorida de aldeões vietnamitas massacrados é sobreposto um texto ampliado e toscamente impresso de uma entrevista feita com uma testemunha do massacre, na qual ela fala de suas ordens de forma lacônica: "P. Bebês também? R. Bebês também". Congelada na folha impressa, e não apenas momentaneamente exibida na tela cintilante da televisão, a foto transmite

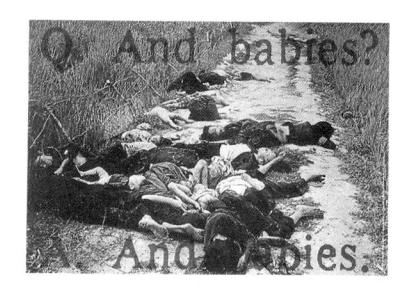

"P. Bebês também?
R. Bebês também", pôster
de protesto contra a
guerra do Vietnã, 1970
[fotógrafo R. L. Haerberle]
[designer Peter Brandt]

ao espectador todo o seu horror, um horror enfatizado ainda mais pelas terríveis palavras.

No interior das casas, os pôsteres políticos e culturais tornaram-se, além de objeto decorativo, um símbolo de status e compromisso ideológico de seu proprietário. Esses pôsteres estenderam os limites do design gráfico, que não era mais associado apenas a interesses comerciais. Sua produção não dependia da indústria gráfica nem de designers profissionais. O indivíduo podia agora criar a mensagem e controlar seus meios de produção.

> As novas ondas:
> tecnologia
> eletrônica

19. DÉCADA DE 70 E DEPOIS

Na década de 60, o design gráfico expandira-se para áreas anteriormente reguladas por tradições de oficio, como o design de jornais, e também para os novos meios – televisão e vídeo. As imagens sem movimento dos designers, embora pudessem ser geradas e controladas eletronicamente, tinham de competir – ou mesclar-se – com as imagens em movimento das telas de TV. O papel do design gráfico na divulgação da cultura e dos serviços públicos também cresceu. Vários Jogos Olímpicos, por exemplo, dependeram do design para a criação de publicidade, de programas e sistemas abrangentes de sinalização. Cidades e regiões européias disputavam para atrair investimentos e indústrias, e órgãos de governo entravam nessa disputa para afirmar sua independência e individualidade. Em 1969, o Canadá decidiu que precisava de algo mais do que uma bandeira; precisava de um sistema para sua identidade gráfica. Em 1980, tornou-se a primeira nação a ter um símbolo e um logotipo.

Em 1970 o design gráfico tornou-se parte do mundo dos negócios, sendo usado principalmente para criar uma "imagem" reconhecível das companhias (como elas gostariam de ser vistas e lembradas) que se estendia até a apresentação de seus relatórios anuais (como a companhia gostaria que vissem suas atividades). Todas as empresas e organizações, independentemente de seu tamanho, sentiram necessidade de ter um logotipo, seguindo o exemplo da Coca-Cola.

Canadian National Railways, símbolo, 1959 [Allan Fleming]

Canadá, símbolo federal (poder executivo)
símbolo da bandeira (governo)
brasão de armas (legislativo e judiciário)
logotipo e símbolo (turismo), 1970

Coca-Cola
da esquerda para a direita
Inglês, árabe, russo

Etíope, japonês, chinês

Hebraico, coreano, inglês (EUA)

Logotipos da década de 80

Esperava-se dos designers responsáveis pela comercialização de produtos e serviços que produzissem imagens capazes de identificar o produto ou a companhia. Para isso, não era preciso que as palavras e as imagens transmitissem um significado específico, bastava torná-las reconhecíveis. O contexto daria a elas um significado, como acontecia na Grã-Bretanha com a companhia de tinta Hadfield e seu símbolo, uma raposa. O estilo gráfico freqüentemente sucumbia a um estilismo que parodiava o design. Grande parte do design gráfico fora incorporado ao marketing, à mídia ou à indústria do entretenimento. O estereótipo de design gráfico era o estilo suíço, que se originava do modernismo europeu, um estilo caracterizado pela ausência de ornamentos, por espaços brancos, tipos sem serifa e uso de grade. Elaborado e refinado, muitas vezes mal compreendido, era usado no mundo inteiro. Os pôsteres de protesto na década de 70, todavia, haviam mostrado outras alternativas. Os jornais underground demonstraram o controle cada vez maior dos designers sobre o processo de produção. Com a introdução do microcomputador, o designer ganhou controle quase total sobre os processos anteriores à impressão.

Estilos nacionais e influências internacionais

Mesmo num mundo de comunicação de massa, vários países conservaram um estilo gráfico próprio, com forte identidade nacional. Nos anos 80, as tradições polonesa, tcheca e húngara de pôsteres desenhados tiveram grande influência no Ocidente e na União Soviética. Uma maior conscientização do que estava acontecendo em diferentes países foi estimulada pela proliferação de revistas de design gráfico nos países industrializados. Os "anuários de diretores de arte" atraíam assinantes estrangeiros, e aumentou o número de organizações, conferências e exposições internacionais.

Japan Airlines / Alitalia / British Airways, programação visual dos aviões, década de 70 [Landor Associates]

O design gráfico na área de marketing internacionalizou-se, como exemplificava a programação visual dos aviões da Alitalia, British Airways, Japan Airlines e Singapore Airlines, todas desenhadas pela firma Landor Associates, de São Francisco. Grupos como o Chermayeff & Geismar, de Nova York, ou o Pentagram, de Londres, aplicaram o estilo modernista de maneira inteligente e esclarecida aos programas de identidade corporativa das companhias multinacionais. Dessa maneira, o próprio estilo acabou sendo associado à indústria e ao comércio, aos valores estabelecidos e à respeitabilidade. Houve uma reação a isso e, especialmente, à rigorosa disciplina imposta pela abordagem suíça. Essa resposta crítica revelou-se nos novos trabalhos do grupo Total Design, em Amsterdam.

O que estava sendo rejeitado não era a racionalidade da grade ou o uso de técnicas de solução de problemas; esses métodos continuaram sendo essenciais à produção dos gráficos de informação. O modernismo, todavia, visto por seus defensores como "livre de valores", especialmente por não ter referências históricas, havia conduzido o design a um formalismo árido e até mesmo a uma fórmula que muitos designers consideravam esgotada.

Alternativas ao estilo internacional

Foram desenvolvidas duas respostas alternativas à abordagem modernista. A primeira delas relacionava-se ao movimento punk e foi usa-

Furness
Furness (transporte rodoviário)
Furness (portos)
Furness (comércio)
Furness (seguros)
Símbolos, 1969-72
[Total Design]

Swatch, anúncio
de relógio, 1987
[Paula Scher]

Pôster de turismo
suíço, 1934
[Herbert Matter]

da principalmente na Grã-Bretanha; a segunda retinha muitos dos elementos do modernismo suíço e tornou-se a "nova onda", especialmente na Holanda e nos Estados Unidos. A "nova onda" usava a nova tecnologia fotográfica e eletrônica para "descontrair" os formatos antigos ou então, pelo contrário, ignorá-los totalmente, dando aos designs o aspecto de terem sido toscamente improvisados e feitos às pressas. A reação geral foi expressa numa mudança para o informalismo; a retangularidade cedeu a vez para um tipo de Art Nouveau fotográfica e eletrônica. Com computadores, os designers podiam gerar relações de significado complexas por meio de superposições e da disposição em "camadas" de elementos de texto e imagem, em vez de precisar vinculá-las vertical e horizontalmente na grade. Mas os sedutores efeitos oferecidos gratuitamente pela tecnologia muitas vezes levaram ao uso excessivo de ornamentos e não a uma expressão eficaz de idéias.

Havia agora um grande estoque de imagens impressas (xilogravuras clássicas, gravuras vitorianas e fantasias kitsch) prontas para serem vasculhadas e reaproveitadas por designers decorativos. Essa foi uma técnica muito usada pelo Push Pin Studio e também por Herb Lubalin em seus últimos trabalhos. O próprio modernismo podia ser reciclado por meio de grotescos pastiches, como os feitos por Paula Scher nos anúncios para os relógios Swatch, em 1987.

Grã-Bretanha

A primeira extensão importante do vocabulário gráfico no começo dos anos 70 se deu por meio da cultura de massa. O estilo punk, em sua forma mais óbvia, era um estilo das ruas de Londres, parte da cultura das drogas e da música pop, rebelde e ansioso por chocar. As "fanzines" punks – revistas de fã-clubes de conjuntos de música – usavam imagens e letras arranjadas de jornais populares, textos escritos à mão e à máquina de escrever, imagens prontas, tudo colado junto para produzir um original que era reproduzido por meio de litografia ou fotocópia. O dadaísmo fora contra a arte; o punk era antidesign.

O estilo punk foi imediatamente acolhido pelos designers desiludidos com o modernismo. Surgiu de maneira parecida em outros países europeus, especialmente nos Países Baixos. Na Inglaterra, Colin Fulcher, que adotou o nome de Barney Bubbles, foi o talento mais original

"Deus Salve os Sex Pistols",
capa de disco, 1977
[Jamie Reid]

desse estilo. Bubbles aprendeu o ofício de maneira convencional, trabalhando como assistente de designer, e depois passou a criar capas de disco e anúncios para revistas musicais. O símbolo que criou para o grupo Blockheads em 1977 é um ideograma impressionantemente criativo, que expressa com perfeição a espirituosidade agressiva da banda. Bubbles era único em sua capacidade de encontrar imagens para uma

"The Fabrics", anúncio em
fanzine, c. 1976

idéia verbal. Seus designs não dependiam de efeitos estéticos óbvios, nem tomavam nada emprestado das belas-artes, como haviam feito os designers do movimento modernista, como Rand. A imagem era encerrada junto com a palavra no design para formar uma idéia; suas referências estavam todas dentro do próprio design, sem manter qualquer vínculo com uma cultura mais abrangente. Bubbles certamente utilizava algumas das abordagens diretas e não refinadas do brutalismo, expondo o processo por trás da fabricação. Um exemplo disso é o trabalho feito com tipos de borracha de um kit de impressão infantil. Ele explorava até o uso do processo fotográfico no estúdio, construindo seus designs através de uma série de improvisações e manipulações de escala, de imagens toscas e delicadas, de positivo e negativo.

O maior controle sobre a produção permitiu ao designer tomar decisões no processo de criação. Anteriormente, com a impressão tipográfica, o designer dava instruções separadas para a composição e a reprodução de imagens. Depois que o designer preparava as instruções para a montagem da página, ficava difícil fazer qualquer alteração de tamanho e posicionamento. Agora, o designer era responsável pela arte final e deixava o trabalho pronto para ser transformado em fotolito pelo impressor, com as ilustrações, os meios-tons e os anúncios em seus de-

Blockhead, logotipo
da banda de rock, 1977
[Barney Bubbles]

"O Song Book de Ian Dury", capa, 1979
[Barney Bubbles]

"Bata em mim com sua baqueta rítmica", anúncio do disco e da turnê, 1978
[Barney Bubbles]

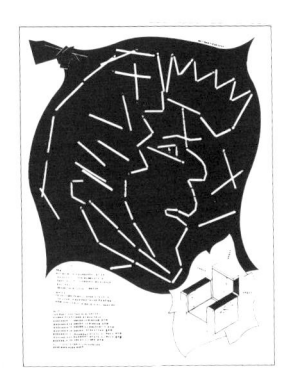

vidos lugares. Usando uma câmara PMT o designer podia ampliar os títulos, invertê-los para a cor branca ou preta, alterar o contraste das imagens e improvisar, fazendo correções no último minuto. Isso tinha a vantagem de deixar o trabalho pronto (geralmente no mesmo tamanho em que deveria ser impresso), sem que fosse necessário esperar pelas provas do impressor – "o que o designer via (exceto as cores) era o que o designer ia obter". O tamanho dos títulos ou das fotografias podia ser mudado no estúdio.

Quem aproveitou ao máximo esse tipo de controle foi David King, um dos membros da inovadora equipe da *Sunday Times Magazine*. Nas décadas de 70 e 80 ele desenhou pôsteres, livros e revistas, quase sempre políticos. Seus trabalhos lembram talvez os de alguns construtivistas russos (especialmente os de Rodchenko), tendo sido diagramados com a mesma velocidade e economia, mas eram produzidos com métodos completamente diferentes. Letras de pôster sem serifa do século XIX, ampliadas e transformadas em fotolito, eram coladas junto com fotogravuras de má qualidade e faixas de papel preto recortadas com um escalpelo.

"Apartheid in Practice" (O apartheid na prática), pôster, 1978
[David King]

"Demonstrate!" (Proteste), pôster, 1978
[David King]

Muitas vezes King reimprimia "ponto sobre ponto" partes de seu trabalho (geralmente impresso em vermelho e preto, algumas vezes em papel amarelo), para provocar um efeito intenso e brutal – um efeito de contraste com a densidade do texto, que era realçado por fortes sublinhas vermelhas e pontos pretos quadrados. Os cinco pôsteres *Apartheid in Practice* (O apartheid na prática), produzidos numa semana de 1978, são exemplos típicos. Fora as letras pequenas de máquina de escrever usadas na composição do texto, as demais características comumente encontradas na fotolitografia – letras impressas através da inversão de cores e superposição de elementos gráficos – acham-se ausentes. A óbvia simplicidade desse processo de produção parece pertencer ao próprio Terceiro Mundo descrito nos trabalhos.

As técnicas de imagem pronta foram usadas a partir de 1970 para produzir o semanário londrino *Time Out*. As páginas internas da revista eram uma versão mais disciplinada da *Oz* e *Friends / Frendz*, onde o diretor de arte da *Time Out*, Pearce Marchbank, havia trabalhado. O logotipo evocava o processo fotomecânico usado na composição da revista por causa do contorno desfocado de suas letras. As capas seguiam a tradição de surpresa e cor estabelecida por Lois na *Esquire*, apresentando trocadilhos verbais e visuais e títulos em letras Franklin Gothic. Algumas revistas britânicas se renovaram sem terem sido afetadas pelas mudanças na tecnologia (a revista mensal *Management Today*, por exemplo, manteve o mesmo diretor de arte por três décadas).

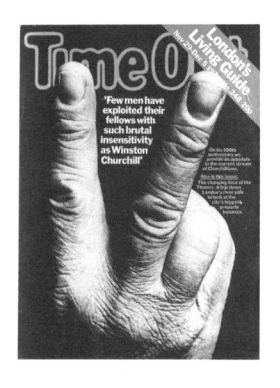

Time Out, capa, 1975
[Pearce Marchbank]

Radio Times, página da revista, 1975
[ilustrador Peter Brookes]
[David Driver]

O semanário da BBC *Radio Times*, que nos anos 70 ainda era impresso em obsoletas máquinas tipográficas rotativas – as mesmas que por cem anos haviam impresso jornais –, organizava com extraordinária elegância tabelas com os horários da programação do rádio e da televisão. O *Times*, que publicava anúncios em sua primeira página desde o século XVIII, em 1966 substituiu-os por notícias. Sua editora de design, Jeanette Collins, introduziu mais ilustrações e deu uma elegância a seus detalhes tipográficos digna de Stanley Morison. Também o *Sunday Times*, tendo Edwin Taylor como diretor de design e Harold Evans como editor, deu a todos os elementos gráficos – fotos, gráficos, títulos e legendas – uma função na página do jornal, formando um design completo, como explicou Evans em *Pictures on a Page* (Imagens numa página – 1978), um exame prático da relação entre a narrativa e a imagem.

Antigo editor de arte da *Vogue*, Terry Jones criou o *Not Another Punk Book* (Um livro punk diferente) em 1977, uma caricatura das técnicas grá-

i-D, capas da revista
de 1981
[diretor de arte Terry Jones]

ficas do estilo punk – pedaços rasgados de jornal, imagens prontas e letreiros produzidos numa máquina de etiqueta. Jones lançou a seguir, em 1980, uma revista em estilo de rua chamada *i-D*. A *i-D* era a mais enérgica expressão de tudo quanto era tipo de tecnologia nova, que ela usava em excesso – fotos exageradamente ampliadas, cópias distorcidas pelo movimento do papel, fotos Polaroid claras ou escuras demais com arranhões e pinturas sobre elas. "Usamos o computador", disse

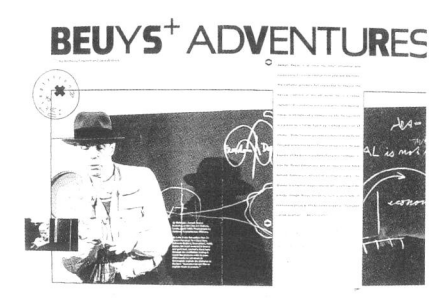

acima
The Face, página
dupla da revista, 1983
[Neville Brody]

acima, à direita, revista *i-D*,
página dupla, 1986
[fotógrafo Robert Erdmann]
[diretor de arte Terry Jones]

Terry Jones, "como mais uma ferramenta nova e divertida a ser adicionada à caixa de efeitos gráficos." Essa era uma atitude decididamente punk, transformar as limitações da nova tecnologia em atributos positivos. Dessa forma, a matriz que dava formato à letra foi transformada num importante elemento na textura da página impressa.

Outras novas técnicas de composição similares, que permitiam a expansão e a contração das formas dos tipos, foram exploradas pela *The Face*, uma revista "de cultura de estilo" lançada em 1980. Seu diretor de arte, Neville Brody, domou o punk, transformando-o no idioma gráfico do consumidor dos anos 80. Enquanto as palavras e as imagens da *i-D* eram apresentadas na mesma textura, a *The Face* sacudia o layout convencional das revistas de consumo com títulos impressos em letras de formato bizarro, algumas vezes geradas por computador, outras geometricamente construídas num estilo Art Déco. Na tela do computador, os formatos novos ou antigos podiam ser manipulados, organizados e reorganizados sem que o designer tivesse de se submeter à disciplina (ou limitação) imposta pelos métodos anteriores de impressão.

No final da década de 80, o design gráfico tornara-se parte essencial do marketing retalhista sob a forma de "estilo". Alguns designers reagiram a isso com ansiedade. Brody, junto com Jon Wozencroft, manifestou sua confusão quanto ao papel da "indústria do design" numa página do jornal *Guardian*, que havia sido recentemente redesenhado. Além de

Guardian, Londres,
2 de dezembro de 1988
[Neville Brody]

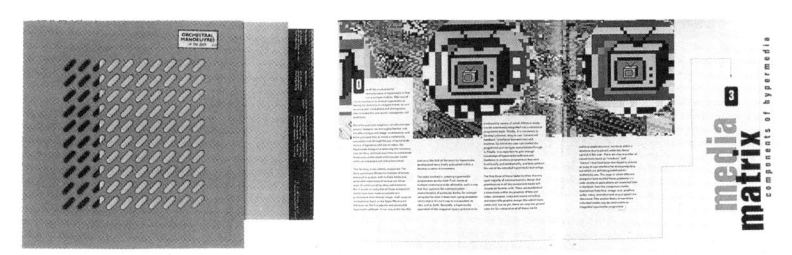

afirmar que "ao abordar o design como um solucionador de problemas tudo o que se consegue comunicar é o próprio problema", também declararam que o "estilo é um vírus". Na verdade, como o Estilo, o Design manifestava-se através de uma grande variedade de estilos.

Na indústria da música, o estilo punk (encontrado no trabalho de Jamie Reid para o Sex Pistols) sobreviveu lado a lado com o ecletismo pós-punk de Brody, o retrô (todos os tipos de estilos do passado), o modernismo atualizado e comercial (Peter Saville), o modernismo pós-underground da revista *Underground*, e o eletrônico. O estilo eletrônico, encontrado nos trabalhos da Assorted Images e de Malcolm Garrett, foi impulsionado por Garret em seu design do livro *Understanding Hypermedia*, título que sugeria uma confiança maior no futuro do design.

à esquerda
Orchestral Manoeuvres in the Dark, capa de disco com os orifícios recortados, 1980
[Peter Saville]

acima
Understanding Hypermedia, capa dupla do livro, 1992
[Malcolm Garrett]

Os Países Baixos

Os protestos contra a autoridade na Holanda tinham como base intelectual e política as atividades dos artistas do Fluxus e dos situacionistas, que haviam usado as ruas do país no começo dos anos 60 para encenar happenings provocadores. Suas publicações, e as do movimento Provo, surgido mais tarde, usavam o mesmo estilo direto do punk visual na impressão – o texto era escrito à mão e não composto. Essa tensão entre liberdade e repressão, entre anarquismo e conservadorismo, refletia-se nas posturas em relação ao design. Uma interessante síntese dessa tensão foi obtida num trabalho encomendado pelos serviços públicos holandeses, no qual as experiências punks foram incorporadas a uma versão livre do modernismo, desenvolvida no computador.

Nos Países Baixos, o design gráfico tornara-se parte do cotidiano. Granjeava ao país o mesmo respeito internacional obtido pelo design gráfico suíço duas décadas antes. Foi somente na década de 80, todavia, que esse estilo manifestou sua particularidade. Nos anos 60, o design holandês tomou muita coisa emprestada do estilo suíço, como na programação visual das ferrovias do país feita pela Tel Design, cujo departamento de design gráfico fora fundado para esse projeto em 1967, pelo jovem designer Gert Dumbar.

O estilo corporativo da PTT é notável por sua evolução. Em 1968 a Tel e Dumbar envolveram-se no projeto de criação de uma nova identidade para a companhia. Ele foi gradualmente implementado, tendo sido concluído apenas em 1981. Esse trabalho começou utilizando a tí-

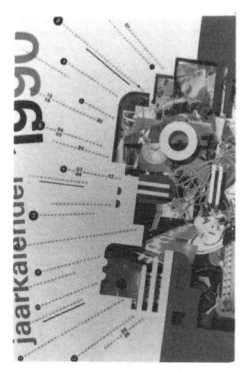

PTT, anuário, 1990
[Vorm Vijf]

TECNOLOGIA ELETRÔNICA 209

pica abordagem de solução de problemas desenvolvida nos Países Baixos na década de 60, particularmente por Crouwel no Total Design. Foram designadas cores para cada uma das quatro áreas de atividade da PTT: vermelho para o serviço de correio, azul para a transferência de dinheiro, verde para as telecomunicações e marrom para a administração. As letras "ptt", em caixa-baixa, eram compostas em Univers, que era também o tipo padrão usado no texto. Impressas em branco sobre um quadrado de cor chapada, tornaram-se o logotipo da companhia. Esse logotipo foi utilizado nos departamentos internos de todas as filiais da companhia. Um manual orientava sobre a maneira de usar o logotipo. Em 1988, com a iminente privatização da companhia, a PTT pediu a Dumbar, que agora tinha seu próprio grupo de design, para criar um novo estilo visual para a companhia. A resposta do Studio Dumbar foi dividir o estilo anterior em grupos aos quais foram adicionados cinco pontos. Quadrados menores com cores codificadas foram inseridos no quadrado do logotipo, ao qual era possível incorporar retângulos com letras adicionais. Para demonstrar todas as aplicações possíveis desse novo esquema, o Studio Dumbar produziu um manual de quatro volumes.

PTT, manual de estilo da casa, 1989
[ilustrador Berry van Gerwen]
[Studio Dumbar]

O nome do grupo de design, Dumbar, era bem apropriado, já que a maior parte de sua produção provinha do estúdio de arte ou fotografia do artista e não da prancheta de desenho. As imagens expõem sua real bidimensionalidade em perspectivas exageradas e prendem a atenção do espectador com piadas visuais. Em seu pôster para uma exposição das idéias do De Stijl em 1982 nos Estados Unidos, Dumbar quebrou as convenções do design de pôster de museu. Além de simplesmente reproduzir uma arte final, acrescentando-lhe um título e as informações detalhadas do evento, montou um cenário no museu e o fotografou para usá-lo como imagem do pôster. Na frente de uma pintura de Van Doesburg pendurada na parede, Dumbar colocou um manequim cuja cabeça era uma foto do rosto do artista; no chão, uma maquete arquitetônica com ripas de madeira no estilo De Stijl, nas mesmas cores da pintura. No pôster, ele ligou o título principal à imagem dispondo-o diagonalmente como as linhas da pintura. O resto do texto foi colocado à direita, alinhado à extremidade da folha e à superfície plana da parede. Parte da figura humana, um recorte bidimensional, relaciona-se com a superfície plana da pintura e da parede; a outra parte, modelada em papel machê, funciona como uma ponte entre a superfície

"De Stijl", pôster da exposição, 1982 [Gert Dumbar]

plana e o espaço fotográfico tridimensional do primeiro plano. Dumbar quebra assim mais uma convenção – dessa vez uma convenção do design gráfico – ao introduzir uma perspectiva naturalista, que se estende na direção do espectador, no terço inferior do pôster. Aqui, o fundador do De Stijl, que introduziu uma das principais características do design gráfico na estética do movimento modernista – a supressão gráfica da profundidade – é ironicamente colocado no espaço tridimensional, sugerido pela perspectiva.

Muitos outros designers holandeses também se empenharam em expandir seus meios de expressão para além dos limites impostos pela profissão. Os designers mais experientes como Crouwel insistiam em que o "design gráfico é uma profissão, como a de médico". Outros, como Jan van Toorn, defendiam que o designer tinha a obrigação de expor as relações de significado, fazendo com que cada trabalho explicasse seu próprio contexto. A preocupação de Van Toorn com o papel social e educacional do design refletia-se coerentemente em seu trabalho, que continha todos os elementos dos quais ele pudesse lançar mão – ora técnicas modernistas de montagem, no estilo de Zwart ou Lissitzki; ora as informalidades anárquicas do estilo punk.

Essas técnicas informais e antiprofissionais eram empregadas por dois grupos de jovens designers, o Hard Werken (Dando Duro) em Roterdam, e Wild Plakken (Pregação Louca ou Panfletagem ilegal) em Amsterdam, que haviam se estabelecido no começo da década de 80. O trabalho deles é especialmente notável pela deliberada incoerência esti-

Selos postais, 1980 [Jan van Toorn], 1983 [Wim Crouwel / Total Design]

Dutch Art and Architecture Today (A arte e a arquitetura holandesas hoje), capa (que dobra como um envelope), 1974 [Jan van Toorn]

Sistema de sinalização
de hospital, 1978
acima, símbolos de
identificação dos andares
[Gert Dumbar / Ko Sliggers]

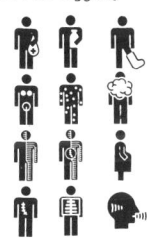

lística e independência em relação à tradição e às noções de "bom gosto". Parecia haver tantas tendências estilísticas nos Países Baixos quanto havia designers: desde os que trabalhavam com ilustrações (os pôsteres de Gielijn Escher); os fotossurrealistas (Anthon Beeke); os que seguiam a tradição tipográfica modernista (Karel Martens); até os muitos grupos de design, como o Vorm Vijf, cujo trabalho demonstrava ostentosamente as possibilidades da arte gráfica gerada por computador. Em sua vontade de criar, os jovens designers utilizaram os mais convencionais elementos: o anuário criado pelo Studio Dumbar em 1989 para a PTT tem o visual kitsch de uma Disneylândia eletrônica em Art Nouveau; o trabalho do Total Design, que Crouwel deixou em 1985, foi invadido pelas linhas curvas e letras oblíquas, obtidas por meio dos recursos instantâneos de que dispõe o designer que trabalha com computador. Esforços semelhantes para romper com o passado ocorreram na maioria dos países. As experiências com tal variedade de possibilidades radicais são um mérito dos designers holandeses da década de 80 e também uma demonstração do compromisso de seus clientes com o bom gosto.

"Festival da Holanda",
capa do programa, 1987
[Robert Nakata / Studio Dumbar]

França

Ministério da Educação
e Ciência holandês, símbolo
e logotipo, 1982
[Total Design]

La Villette, logotipo, 1984
[Grapus]

Os elementos da Bauhaus – o círculo, o quadrado e o triângulo – mostraram ao público a tendência do designer gráfico nos anos 80. Foram utilizados no logotipo feito pelo Total Design para o Ministerie van Onderwijs en Wetenschappen (Ministério da Educação e da Ciência) holandês e tornaram a aparecer na identidade gráfica de la Villette, um enorme parque cultural e educacional nos limites de Paris, para o qual o Total Design fora incumbido de criar um sistema de sinalização. A concorrência fechada para a criação da identidade gráfica do parque e de suas diferentes atrações foi vencida em 1984 pela Grapus, uma cooperativa de design. As origens do grupo estavam no Atelier Populaire de 1968, onde os três fundadores – Pierre Bernard, Gérard-Paris Clavel e François Miehe – se conheceram. Em 1970, deram início à sua produção de "imagens sociais, políticas e culturais". Ao optar por trabalhar numa área em que não havia muito dinheiro para pagar seus serviços, podiam "brigar com o idioma rígido da retórica tradicional sem substituí-lo pelo doce veneno da publicidade".

Teatro La Salamandre,
página dupla, 1977
[Grapus]

No final da década de 70, havia dez pessoas na cooperativa Grapus trabalhando em pôsteres e publicações efêmeras para teatros pequenos e para o partido comunista francês. O trabalho tinha um visual amador, uma linguagem direta e um tom brincalhão. Boa parte do texto era escrita à mão, numa caligrafia tosca; as imagens freqüentemente lembravam desenhos infantis; e sinais de uso de aerógrafo, além de salpicos e borrifos de tinta, satirizavam a autoridade da fotografia. Essa gíria gráfica contava piadas, encantava e chocava. Era manipulada por intelectuais que não apenas haviam estudado teoria das comunicações, como também haviam adquirido seu conhecimento gráfico diretamente do mestre polonês de design de pôster, Henryk Tomaszewski. A influência polonesa se manifesta nesse estilo pelo prazer de usar uma imagem dramática, que geralmente acha-se silhuetada contra um fundo evocando o céu. Embora normalmente a palavra e a imagem estejam intimamente vinculadas por seus elementos gráficos (ou então unidas pela textura tosca e improvisada das marcas), as duas atuam separadamente como slogan e ilustração, em vez de combinar-se para formar uma idéia integrada.

Nenhum dos trabalhos da Grapus pode ser atribuído a um único designer, mas, mesmo assim, todos mantêm uma forte coerência, não técnica, mas de postura. Eram trabalhos instigantes, que exigiam uma resposta, algumas vezes uma pergunta, algumas vezes apenas a fruição da imagem. A Grapus forneceu a vários teatros pequenos uma identidade visual completa, incluindo logotipos, jornais, papéis timbrados e pôsteres. Em 1977, quando o teatro La Salamandre em Tourcoing produziu uma peça de Rimbaud, *Un Coeur sous une soutane* (Um coração sob uma batina), as notas sobre o poeta no jornal do teatro foram apresentadas no mesmo estilo das páginas do jornal local. O pôster da Grapus mostrava a parte de trás da cabeça e dos ombros do sacerdote, fotografada em preto e branco contra a luz. A imagem é quase uma silhueta; o contorno do cabelo rebelde, de seu corte brutal e dos ombros descrevem nuamente o personagem da peça; o arco branco no colarinho o identifica. A imagem simplesmente registra um semblante, mas o faz realçando suas características essenciais, aquilo que descreve uma personalidade única. A colocação do logotipo – letras amarelas num retângulo preto com borda branca – obedece à simetria da figura. O logotipo parece ser a etiqueta do pôster, cuja solene formalidade é enfatizada pela borda preta.

Um coração sob uma batina, pôster de teatro, 1977 (Grapus)

"A Natureza da Arte", pôster de La Villette, 1988 [Les Graphistes Associés / Grapus]

Centre Georges Pompidou, símbolo, 1974 [Jean Widmer]

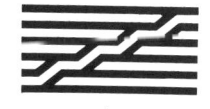

Placas rodoviárias, 1972 [Jean Widmer]

Apesar disso, o caráter documental do design e sua formalidade são desafiados pela cor nas orelhas do ator, que são tingidas de vermelho, e pela informação sobre a produção, escrita à mão no canto inferior direito da folha. Tais contrastes, cor versus preto e branco, claro versus escuro, nítido versus desfocado, fazem parte das técnicas convencionais do design gráfico. A Grapus, todavia, usou-os, de meados da década de 70 a meados da de 80, como se esses recursos tivessem sido recentemente descobertos. Seus pôsteres granjearam à organização prêmios internacionais. O estúdio Grapus expandiu-se e acabou ganhando feições de um grupo de design convencional.

O crescente conhecimento que o público francês adquiriu a respeito do design gráfico correu paralelo à carreira do *graphiste* suíço Jean Widmer. Ele passara quase vinte anos em Paris atuando nas áreas de marketing, propaganda e revistas. Em 1980, Widmer fundou seu próprio estúdio e estabeleceu-se na área central do design gráfico, criando sistemas de sinalização para organizações públicas e publicidade para instituições culturais. O símbolo que criou para o Centre Georges Pompidou era incomum na época por ser pictórico, tendo sido inspirado na visão lateral do edifício com sua escada rolante que serve a cinco andares. Para as placas de direção, Widmer preparou (junto com o escritório de Ernst Hiestand em Zurique) uma análise gráfica das necessidades dos visitantes. Um diagrama indicava os pontos nos quais os direcionamentos eram essenciais. Ele se dividia em três áreas – *para a frente*: os possíveis pontos de partida dos visitantes e meios de transporte; *ao redor*: possíveis acessos ao edifício e pontos de entrada; e *dentro*: circulação dentro do próprio Centre. As letras especiais das placas, semelhantes a letras de máquinas de escrever, eram dispostas verticalmente em pranchas coloridas, que obedeciam a um código de cores. Ocupando menos espaço, o letreiro podia ser grande no nível do olho.

Na década de 70, Widmer também fez placas para serem lidas em alta velocidade. A primeira delas foi desenhada para aliviar a monotonia de uma auto-estrada obscura e sem atrativos, dando ao viajante uma idéia do que havia para além das margens da estrada – locais com vista panorâmica ou de interesse histórico, vida selvagem, esportes, tipos de atividade rural e comida. As placas eram uma combinação de pictogramas com letras em Frutiger. Para as Autoroutes du Sud, Wid-

Musée d'Orsay,
logotipo, 1986
[Bruno Monguzzi / Jean Widmer]

Niggli, logotipo do editor, 1960
[Karl Gerstner]

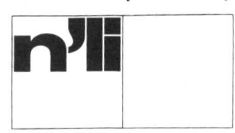

Bellezza d'Italia,
logotipo, c. 1957
[Franco Grignani]

"Chicago", pôster da exposição, 1987
[Philippe Apeloig]

Le médecin malgré lui,
pôster de teatro, 1989
[Tout Pour Plaire]

mer preparou um estudo comparativo sobre a sinalização rodoviária na Europa, que incluía um apelo para que ela fosse padronizada. Ele fez recomendações – que não foram seguidas.

Uma nova atração cultural surgida nos anos 80 em Paris foi o Musée d'Orsay, dedicado à arte do século XIX e estabelecido numa antiga estação ferroviária, a Gare d'Orsay, em 1986. A concorrência para a criação de seu design gráfico foi vencida por Widmer em conjunto com o designer suíço-milanês Bruno Monguzzi. O nome do museu foi reduzido à abreviatura M'O, escrita com o tipo neoclássico Walbaum.

Esse logotipo é um bom exemplo da maneira como um designer moderno e convencional podia obter a solução para um problema visual – uma solução que satisfazia simultaneamente a exigências funcionais e padrões estéticos – a partir de elementos existentes. A idéia tipográfica não era nova. O apóstrofo já havia sido usado antes em marcas criadas por designers suíços, como a que Gerstner criou para a editora Niggli, em 1960. Mas, no caso do museu d'Orsay, o apóstrofo é o componente essencial do design: ele garante ao emblema uma identidade exclusiva – tanto pelas palavras que abrevia, quanto pela idéia que representa. Sem ele, a placa torna-se um punhado de letras sem sentido, signos descontextualizados. As letras, além disso, tinham um formato perfeito. Os designers tiraram proveito de seus contrastes gráficos – as curvas robustas e expansivas do "O" em conjunção com os traços vigorosos e as linhas delgadas do anguloso "M", que eles alongaram com uma linha divisória horizontal da mesma espessura. Ao mesmo tempo em que cortava o espaço entre as duas letras, a linha definia a posição do apóstrofo, evitando que o tomassem por uma vírgula, e ligava as letras em um único signo, com um significado especial. As linhas apareciam na sinalização do edifício e na tipografia de todo o material impresso – papéis timbrados, guias e pôsteres – para o qual foi adotado exclusivamente o tipo Walbaum. Os enormes pôsteres anunciando a abertura do museu continham ainda, no logotipo, a foto de um avião antigo em vôo. Essa foto manteve sua identidade apesar de ter sido bastante cortada (a forma em que geralmente era mostrada).

Na atmosfera de expansionismo cultural dos anos 80, as exposições de design gráfico no Centre Pompidou ajudaram a educar o público. A mostra "Vive les graphistes", em 1990, celebrou o florescimento de uma nova geração de talentos. O design editorial moderno foi representado por uma série de novos designs de vários jornais, especialmente do *Libération*, e pela sagacidade e elegância do periódico mensal *Marie Claire*. A nova geração combinava essas características parisienses com duas tendências opostas na França: a tendência polonesa ao uso de ilustração, exemplificada pelo trabalho do grupo Grapus, e a postura objetiva suíça de designers como Widmer.

Suíça

"Strauhof: séries, variações, ciclos", pôster da exposição, 1981 [Siegfried Odermatt]

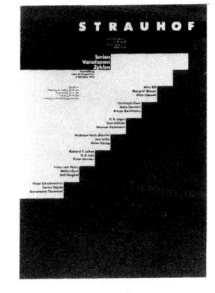

Foi nas escolas de design de Zurique e da Basiléia que o estilo suíço (surgido na década de 30 e exportado como Estilo Internacional no final da década de 50) foi consolidado e desenvolvido para tornar-se um treinamento básico. Nos anos 70 e 80, designers estabelecidos, como as equipes de Odermatt e Tissi e Ernst e Ursula Hiestand, e toda uma nova geração de brilhantes desenhistas de pôster, trabalhavam livremente. Adaptavam seus métodos a cada trabalho, sem se restringir aos tipos Akzidenz e Helvética e aos layouts retilíneos que haviam caracterizado o estilo suíço.

O Akzidenz, especialmente na versão negrito, era todavia o tipo preferido de Wolfgang Weingart, o mais influente dos jovens designers suíços no exterior. Weingart era um compositor alemão contratado por Hofmann em 1968 para lecionar na Basle Allgemeine Gewerbeschule. Desde 1963, quando suas primeiras idéias foram expostas numa revista alemã da indústria gráfica, a *Der Druckspiegel*, desfrutou da fama de *enfant terrible*, questionando entusiasticamente as posturas convencionais e demonstrando suas próprias idéias através de uma considerável produção experimental. Seu porta-voz era o periódico mensal *Typographische Monatsblätter*, cujas capas (quinze entre 1972 e 1973), chamadas por ele de "capas de aprendizado", eram criadas para conduzir o leitor "passo a passo pela terminologia [do design], como era definida por vários teóricos do design e cientistas da comunicação... a composição ignora dogmas estabelecidos e desafia a ideologia do design".

Weingart percorreu os Estados Unidos em 1972 e 1973. Em 1972, publicou sua conferência, *Como fazer tipografia suíça?*, que se concentrava naquilo que era ensinado na Basiléia. Entre outros tópicos, Weingart respondeu às críticas feitas a seus designs. "Penso que o nível relativamente alto de estímulos provocado por tal texto compensa adequadamente sua difícil legibilidade." Weingart promoveu o design de Max Bill e Ruder, nos quais "a mensagem que deveria ser comunicada, não é intensificada pelo uso de material semântico ou sintático adicional" – o que ele descreveu como estilo "livre de valores".

Na verdade, Weingart estava invertendo a direção do vanguardismo. Artistas como Schwitters e Vordemberge-Gildewart haviam expandido sua arte até chegar ao design, e nessa atividade dedicaram-se ao princípio da clareza. Weingart levou o design para o campo da expressão pessoal, no qual atingiu seu ponto mais extremo numa capa que fez para o jornal acadêmico *Visible Language*, em 1974, onde rabiscou as palavras "Hoje estou sem idéias pra porra dessa capa". Mas a importância de Weingart está no seu precoce reconhecimento da nova tecnologia – o reconhecimento da ameaça que ela representava às tradições do ofício de compositor, dentro das quais ele se formara. Weingart enfrentou esse desafio com entusiasmo e criatividade, explorando a fotocomposição e o uso do filme fotográfico para fazer colagem de alfabeto e imagem (ver p. 19).

Uma contribuição mais sóbria para a formulação de uma base para o desenvolvimento do design gráfico foi o livro didático *Form und Farbe* (Forma e cor), escrito por Hans Rudolf Bosshard, professor em Zurique. O livro é uma declaração dos primeiros princípios do design e

abaixo, canto esquerdo
"O novo design de Weingart", pôster, 1978
[Wolfgang Weingart]

à esquerda
"Vale a pena apoiar esse tipo de tipografia?", capa de revista, 1976
[Wolfgang Weingart]

acima
"Por que e como as capas da *Typographische Monatsblätter* foram produzidas", capa de revista, 1973
[Wolfgang Weingart]

Forma e cor, páginas duplas do livro, 1968
[Hans Rudolf Bosshard]

uma exposição avançada de sua ortodoxia. Um outro livro didático bastante completo sobre a tipografia foi produzido por Hans-Rudolf Lutz, que lançou a seguir, em 1990, seu *Die Hieroglyphen von Heute* (Hieróglifos de hoje). Tratava-se de um enorme compêndio que reproduzia cinco mil signos e símbolos internacionais encontrados em caixas de papelão. Lutz apresentou os signos como um sistema funcional existente, criado sem a intervenção de designers.

Ensino de Design Tipográfico, páginas duplas do livro, 1987
[H.-R. Lutz]

Jogos Olímpicos, símbolos, Munique, 1972

Leverkusen, símbolo municipal, 1970
[Rolf Müller]

Berlim, logotipo com espaço para slogan e franquia postal, década de 80
[Anton Stankowski]

S. Fischer, pôster da editora, 1967
[Gunter Rambow]

Alemanha

Uma demonstração em grande escala da abordagem sistemática ao design gráfico, visto como um método para a solução de problemas de comunicação, foi dada nos Jogos Olímpicos de Munique, em 1972. Cada item de publicidade e cada cartaz produzido pela equipe de Otl Aicher (sob a direção do sempre ativo Stankowski) era controlado por uma grade geométrica.

Munique foi uma das cidades alemãs que, na década de 70, contratou designers gráficos para promover a consciência cívica e o senso de eficiência através de um programa de identidade visual. Um desses esquemas visuais, criados por Rolf Müller, ex-aluno de Aicher em Ulm, para a cidade de Leverkusen, no Reno, era típico. Incluía o design de papéis timbrados, brochuras para atrair indústrias e turistas, publicidade cultural e informações sobre educação e serviços sociais. O elemento central do design era um símbolo, um quadrado virado a 45 graus. Tal como no design olímpico, esse esquema era rigorosamente controlado por grade e utilizava um tipo sem serifa.

Os designers que trabalhavam com ilustrações e fotos também aproveitaram as oportunidades de trabalho publicitário oferecidas pelos teatros municipais. Essa era uma tradição alemã alimentada por Hans Hillmann, cujos pôsteres de filme mantiveram-se criativos na década de 70. Entre os designers que usavam fotos e montagem, incluíam-se

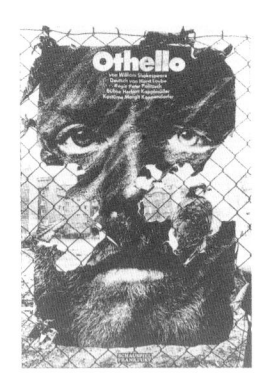

"Otelo", pôster de teatro, 1980
[Rambow / Lienemeyer
/ Van de Sand]

"A distância da rua para a sepultura muitas vezes não é superior a um milímetro", anúncio dos pneus Continental, GGK Dusseldorf, 1979 [Gerd Hiepler / Holger Nicolai]

Frieder Grindler e Holger Matthies. A equipe cuja imaginativa captação de idéias mais bem correspondia à sua técnica era a de Rambow / Lienemeyer / Van de Sand, fundada na década de 80. Gunter Rambow, aluno de Hillmann em Kassel, Gerhard Lienemeyer e Michael van de Sand exploravam os efeitos hiper-realistas comuns na publicidade, produzidos por iluminação e pelas câmaras modernas, e os transformavam em veículos perfeitamente talhados para idéias teatrais e políticas. Um típico pôster de Rambow e Lienemeyer consiste numa única e complexa imagem – essa imagem não é uma montagem óbvia, mas compõe-se de elementos perfeitamente integrados, geralmente dispostos a fim de proporcionar um intenso senso de perspectiva, com o título da peça reduzido ao papel de rótulo.

O design publicitário na Europa seguia em geral o modelo nova-iorquino – uma grande imagem e, ocupando menos de um terço da área do design, um título simples e claro, seguido de um texto explicativo disposto em colunas. No final da década de 70, o texto e a imagem eram muitas vezes mesclados e combinados como na página de uma revista. O anúncio com a vaca roxa do chocolate Milka, disposta contra um fundo também roxo, e com o slogan embaixo do sino, "Sou ótima especialmente à noite", foi um de uma série de exemplos dessa linha de propaganda editorial. Em contrapartida, havia alguns anúncios que se apoiavam basicamente em palavras e na tipografia.

abaixo, à esquerda
Milka, anúncio de chocolate, 1978 [fotógrafo Beat Jost] [diretora de arte Maria-Christina Sennefelder] [Young & Rubicam, Frankfurt]

Uma das agências inovadoras da Alemanha era a GGK, originária da empresa suíça Gerstner, Gredinger e Kutter. Helmut Schmidt-Rhen, que era ao mesmo tempo diretor de arte da GGK e da revista *Capital*,

Literatur in Köln, logotipo variável, 1974 [Helmut Schmidt-Rhen]

TECNOLOGIA ELETRÔNICA **219**

"Tra-la-li tra-la-lá...",
pôster para a campanha
contra dirigir alcoolizado
[Uwe Loesch]

desenhada por Gerstner, foi o responsável pela invenção de um logotipo transmutável (como o "Lik", criado para o jornal *Literatur in Köln*).

Os pôsteres das décadas de 70 e 80 ganharam novo vigor graças ao curioso trabalho de Uwe Loesch, que, junto com Schmidt-Rhen, fora professor em Dusseldorf. Eles exageravam no uso dos recursos gráficos: fotos com extraordinária profundidade de foco e variedade de tons, escuro impresso sobre o escuro e claro sobre o claro, ampliações gigantescas, pôsteres cortados fora do ângulo reto, tintas metálicas e cores fluorescentes. Seu pôster mais eficiente foi para uma campanha contra a bebida em 1979, que combinava palavras na forma de sons com imagens de significados opostos simetricamente justapostas, criando uma idéia gráfica integrada e única. Contra um fundo negro, Loesch equilibrou um copo de cerveja sobre a cúpula do farol giroscópico de um carro de polícia. À esquerda, numa única linha de letras brancas, o som de canto, "tra-la-li tra-la-lá", seguido, à direita, pelo som de carro de polícia, "tatuuun tataaa". Em 1982, ele produziu sua mais famosa excentricidade, picotando um anúncio de outdoor de três metros de altura para produzir um livro de 256 páginas em formato A4, para uma firma de reproduções gráficas. Loesch notabilizou-se por seu trabalho variado e surpreendente e por sua demonstração explícita dos processos gráficos.

O grosso do design gráfico alemão continuou sendo destinado à indústria. Esse trabalho era produzido por grupos como o Mendell & Oberer e aparecia em revistas como o suplemento do *Frankfurter Allgemeiner Zeitung*, no qual o estilo de layout criado por Fleckhaus, que tornou famosa a revista *Twen*, foi amadurecido.

Logotipos da Olivetti, 1970
[Walter Ballmer]

Itália

A influência dos métodos sistemáticos de design da Hochschule für Gestaltung, de Ulm, foi sentida na Itália na década de 60. O antigo diretor da escola, Tomas Maldonado, e um de seus principais teóricos, Gui Bonsiepe, trabalhavam em Milão. Uma de suas tarefas foi supervisionar a criação de uma identidade visual coordenada para a La Rinascente e sua rede de supermercados associados, a Upim (1967-69), onde um outro professor de Ulm, Tomas Gonda, fora diretor de arte. Dois ex-alunos de Ulm estiveram envolvidos na criação de importantes

Província de Bolzano,
diagrama dos serviços
de transportes públicos
(detalhe), 1975-79 e
bilhete de múltiplas
viagens 1975-79
[Giovanni Anceschi]

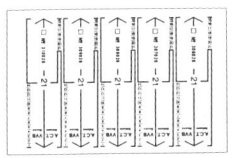

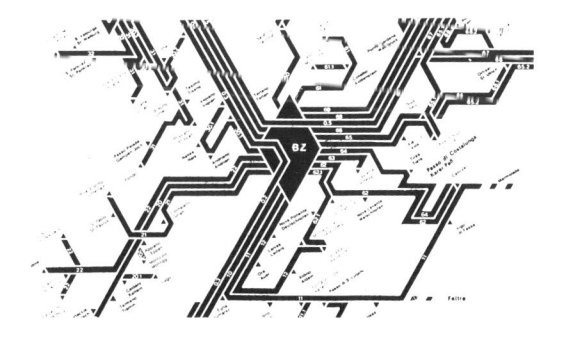

esquemas. Para a região de Bolzano, onde os nomes dos lugares apareciam em italiano e alemão e toda informação era fornecida em ambas as línguas, Giovanni Anceschi aplicou engenharia de sistemas às tabelas de horário – que podiam também ser lidas como mapa da rede de transportes – e ao design de bilhetes de múltiplas viagens. Hans von Klier foi responsável, no começo dos anos 70, pela direção de arte de um detalhado projeto de identidade visual para a Olivetti.

O envolvimento de designers em obras municipais, especialmente na área de transporte, começara com Noorda, que criou o sistema de sinalização do metrô de Milão (1963-64). Esse trabalho foi seguido por outros, mais notadamente pelo design realizado para a região lombarda, iniciado em 1974 pela DA (Centro per il Disegno Ambientale); para as companhias de transporte de Veneza, executado por Giulio Citatto em 1977; e para as Ilhas Eólicas (Lipárias), feito pelo designer Mimmo Castellano.

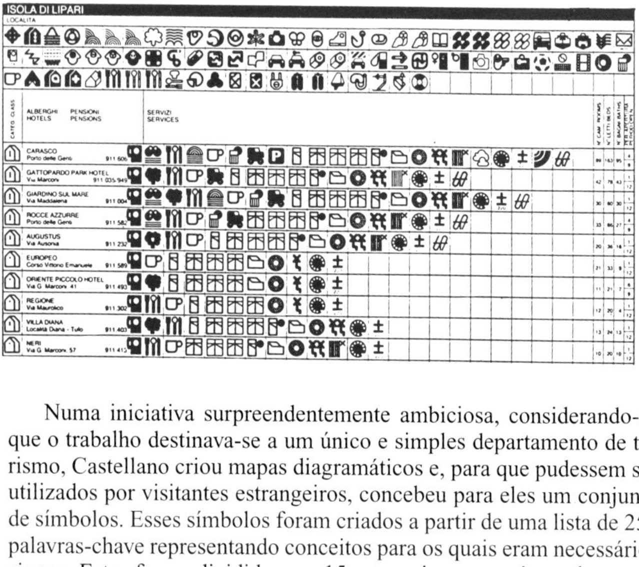

Ilhas Eólicas
Áreas de lazer, parte de um sistema de pictogramas, de 1976
[Mimmo Castellano]

Ilhas Eólicas
"I" de "Isole" (ilhas) – 2
"E" de "eolie" (eólicas) + 5 = 7
símbolo, 1978
[Mimmo Castellano]

Numa iniciativa surpreendentemente ambiciosa, considerando-se que o trabalho destinava-se a um único e simples departamento de turismo, Castellano criou mapas diagramáticos e, para que pudessem ser utilizados por visitantes estrangeiros, concebeu para eles um conjunto de símbolos. Esses símbolos foram criados a partir de uma lista de 250 palavras-chave representando conceitos para os quais eram necessários signos. Estes foram divididos em 15 categorias, como áreas de comunicação e esporte, e visavam fornecer informações sobre os serviços

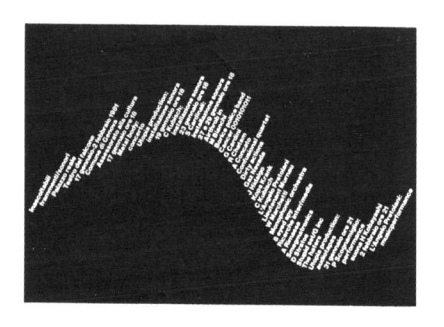

"Fragmentos de Som Inaudíveis", pôster de concerto, 1980
[A. G. Fronzoni]

disponíveis, sua localização e padrão de qualidade (esse último classificado pelo conhecido sistema de estrelas).

Na Itália predominava o trabalho do designer individual, não os trabalhos em equipe. Os designers convencionais da velha escola, como Grignani e Albe Steiner (até sua morte em 1974), ainda trabalhavam. O rigor modernista encontrado nos designs italianos continuava presente na obra de designers como A. G. Fronzoni e Monguzzi. A distribuição no mercado estrangeiro de revistas de arquitetura, como a *Domus* e *Casabella* e, mais popularmente, de revistas de moda, como a edição italiana da *Vogue*, manteve aceso o interesse internacional pela vigorosa elegância que caracterizava, para o público de fora do país, o design italiano.

Japão

Jogos Olímpicos, símbolos, 1964
[diretor de arte Masaru Katzumie]

Apesar de possuir fortes tradições na área de design, o Japão era o país mais aberto às influências estrangeiras. Duas revistas japonesas, distribuídas dentro e fora do país, tinham uma postura internacional, a *Idea*, um periódico bimensal fundado em 1953 pelo designer Hiroshi Ohchi, e a *Graphic Design*, publicada pela primeira vez em 1959 e pela última em 1986, em seu centésimo número. O editor da *Graphic Design*, Masaru Katzumie, supervisionara a criação dos símbolos para as olimpíadas de Tóquio em 1964. Esses símbolos introduziram o vocabulário de pictogramas para os quais Aicher criou uma gramática em seu trabalho para as olimpíadas de Munique em 1972. Katzumie usava a revista não apenas para reproduzir exemplos de design históricos e modernos, mas também como um foro de discussões. Suas idéias a respeito da importância social do design gráfico foram expressas em artigos em que apontava os passos a serem dados para se obter uma padronização internacional dos sistemas de sinalização. Além da sinalização criada por Aicher em 1976 para o aeroporto de Frankfurt, Katzumie registrou ainda em sua revista uma análise gráfica do mundo feita em diagramas coloridos por um ex-aluno de Ulm, Nobuo Nakagaki.

A tradição gráfica japonesa que interessava aos designers ocidentais era a das gravuras bidimensionais (sem perspectiva) com cores uniformes, impressas com blocos xilográficos. A criatividade formal e a precisão dos designers japoneses foram herdadas de sua caligrafia e dos

Voz
Tamanho das forças armadas, balança comercial mundial, 1980
[Nabuo Nakagaki]

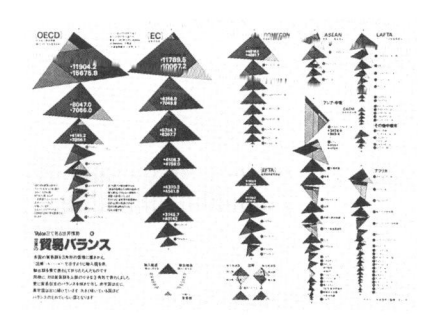

Loja de utensílios de cesta, logotipo na cortina da loja, c. 1975.

Bienal Gráfica Internacional, pôster, 1960
[Ryuichi Yamashiro]

símbolos geométricos, os *mon*, encontrados nos brasões das famílias japonesas. A litografia substituiu as impressões xilográficas e a perspectiva, e o claro-escuro europeus foram introduzidos no país. Entre as duas guerras, o Japão desenvolveu uma arte comercial muito parecida com a publicidade produzida no Ocidente. Na década de 50, seguindo o exemplo nova-iorquino, o Clube de Diretores de Arte de Tóquio publicou seu próprio anuário, e o Clube dos Artistas Publicitários Japoneses, principal órgão dos profissionais da área, realizou exposições anuais até ser substituído pela Associação de Designers Gráficos Japoneses, em 1978. A inventividade japonesa era divulgada pelo mundo através de empresas fabricantes de máquinas fotográficas, como a Canon, Nikon e Olympus, e de veículos como a Honda, Kawasaki e Mitsubishi.

Nikon, pôster para câmaras fotográficas, 1955
[Yusaku Kamekura]

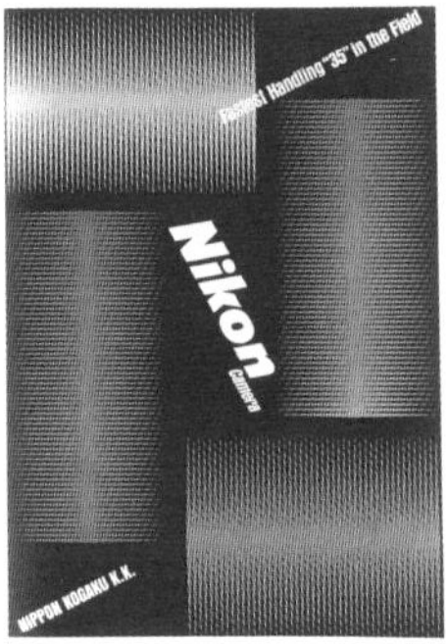

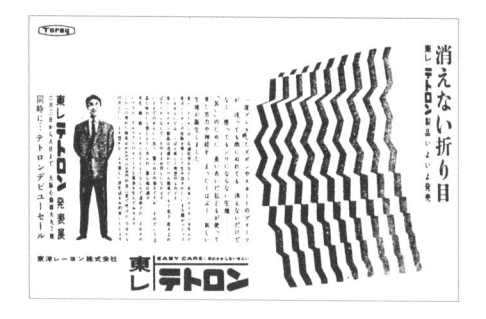

Tokyo Rayon, anúncio, c. 1950
[Ikko Tanaka]

Clube de Artistas Publicitários Japoneses, símbolo, 1952
[Ayao Yamana]

Associação dos Designers Gráficos Japoneses (JAGDA), símbolo, 1977
[Kazuo Kashimoto]

Herdeiros de uma técnica de produção de desenhos e de uma arte gráfica perfeitas, os primeiros designers profissionais japoneses passaram a adotar, na década de 60, o uso de imagens geométricas (Yusaku Kamekura, Kazumasa Nagai, Kohei Sugiura, Ikko Tanaka). Sucessivas gerações de designers tiraram proveito dos novos equipamentos fotográficos e eletrônicos desenvolvidos no Japão para criar, manipular e reproduzir imagens impressas (Makoto Saito). Eles usavam truques visuais e ilusões de óptica (Shigeo Fukuda), fotografia estroboscópica (Gan Hosoya) e montagens eletrônicas. Aos olhos ocidentais, havia ainda um exotismo extra proporcionado pela possibilidade de leitura do texto nos sentidos horizontal e vertical e pelo uso livre e desinibido do alfabeto romano.

Tóquio fora anfitriã da World Design Conference (WoDeCo – Conferência Mundial de Design) em 1959, para a qual foram convidados

Timbres tradicionais
de famílias japonesas

Tipografia japonesa,
pôster da exposição, 1959
[Hiromu Hara]

Coral russo Don Cossak,
pôster do concerto, 1952
[Hiroshi Ohchi]

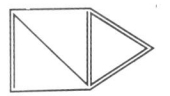

Nippon Design Center
(Centro de Design do
Japão), símbolo, 1960
[Kazumasa Nagai]

Kashima-Shuppankai, pôster
da editora, 1967
[Kazumasa Nagai]

Jogos Olímpicos, pôster, 1964
[Yusaku Kamekura]

designers estrangeiros que representavam as tendências modernista ou construtivista – Saul Bass e Bayer vieram dos Estados Unidos, Maldonado e Aicher de Ulm, e Müller-Brockmann, Huber e Munari da Suíça e da Itália. No mesmo ano, o Nippon Design Center (Centro de Design do Japão) foi fundado. O NDC era um grupo formado pelo consórcio de grandes empresas que também proporcionava treinamento em nível de pós-graduação para designers recém-formados. Um dos três membros fundadores foi Kamekura, designer do símbolo e de uma série de pôsteres fotográficos para os Jogos Olímpicos de Tóquio de 1964. O pôster mais famoso e popular dessa série mostrava um grupo de atletas parados no ar, numa formação que lembrava uma cunha, no exato momento em que davam o impulso inicial da corrida nos blocos de partida, colocados simetricamente acima do símbolo das olimpíadas. O fundo negro distrai a atenção do espectador da tridimensionalidade das figuras, exatamente o mesmo recurso utilizado por Capiello (ver p. 7).

Tanto Kamekura quanto Katzumie envolveram-se em 1965 na preparação de uma exposição para promover jovens designers japoneses, muitos dos quais faziam parte dos mais de mil alunos formados anualmente pelas escolas de arte japonesas. A seleção de designers estrangeiros para essa exposição, chamada "Persona", revelou um interesse mais eclético do que a "WoDeCo": o design suíço foi representado por

Gerstner, os pôsteres poloneses por Lenica e o movimento moderno americano por Dorfsman, da CBS. A "Persona" ajudou a redirecionar a carreira de Tadanori Yokoo, um dos muitos designers que haviam passado pelo Nippon Design Center. Yokoo assim sintetizou o sentimento de impaciência de sua geração: "O design modernista, vinculado como foi à indústria moderna, contribuiu para nossa civilização materialista. Por outro lado, está tentando agora livrar-nos de nossas almas".

Yokoo tornou-se um rebelde e uma celebridade, usando seu trabalho gráfico para prestar homenagem a outras celebridades, vivas ou mortas, indo do sublime ao banal. Na prodigiosa quantidade de pôsteres

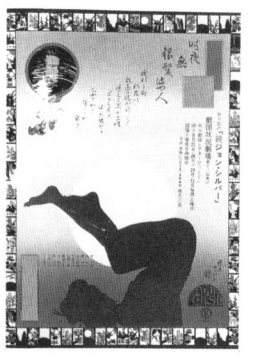

John Silver Parte 2, pôster de teatro, 1967 [Tadanori Yokoo]

Suntory Brandy, pôster, 1979 [Tadanori Yokoo]

que produziu nas décadas de 60 e 70 para eventos culturais e bebidas alcoólicas, Yokoo reunia sobre um fundo de tons *dégradés*, que lembrava antigas impressões xilográficas, imagens artísticas ocidentais, gravuras e decalques de fotos, motivos tradicionais japoneses e islâmicos e efeitos psicodélicos. Yokoo passou a depender cada vez mais das gráficas e de novos equipamentos de reprodução para repetir motivos em escalas gradualmente menores, para produzir um efeito de infinita profundidade.

Grande parte do trabalho gráfico japonês, especialmente na área dos pôsteres, usava imagens cuja relação com o produto anunciado era distante. Como nos pôsteres ocidentais na virada do século (ver capítu-

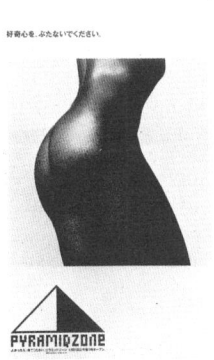

pôster de exposição, 1975 [Shigeo Fukuda]

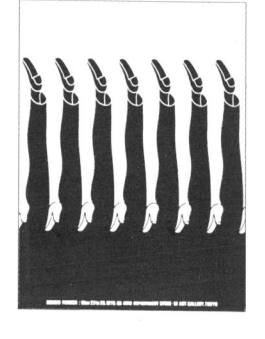

canto esquerdo "Look 1", pôster da exposição, 1984 [Shigeo Fukuda]

"Pyramid Zone", pôster da loja de departamento, 1985 [Takayuki Soeda]

TECNOLOGIA ELETRÔNICA **225**

"Projeto 7000 –
dilúvio de som",
anúncio da Pioneer
Electronics, 1979
[Gan Hosoya]

"Perfume Yoshie Inaba",
pôster, 1985
[Kaoru Watanabe]

Companhia
industrial
de máquinas
Taiyo, símbolo
[Yusaku
Kamekuro]

Banco Suruga,
símbolo, 1965
[Kazumasa Nagai]

"Waltz",
logotipo do edifício"
Tokorozawa, 1986
[Shin Matsunaga]

Enciclopédia de ciências
médicas, página dupla,
1982-83 [Kodansha Ltd.]

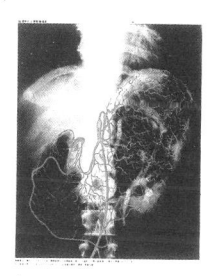

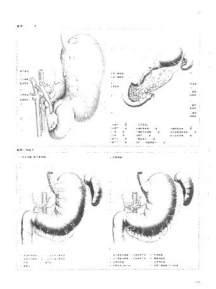

Japan Railways
(Companhia Ferroviária
Japonesa), símbolo, 1987
[Nippon Design Center]

Símbolo de empresa
de música, 1980
[Ikko Tanaka]

lo 1), o que atraía a atenção para o nome do anunciante era somente a idéia gráfica. Dentro dessa tendência, as lojas de departamento, como a Parco e a Seibu, e a companhia de bebidas Suntory patrocinavam os designs mais individualistas e avançados.

Os trabalhos de design eram geralmente entregues a empresas internacionais de marketing e a companhias multinacionais, em detrimento dos designers locais. A Landor foi incumbida pela Japan Airlines de criar sua identidade visual, e a recém-privatizada companhia ferroviária japonesa ganhou um logotipo insípido, de estilo ocidental, desenhado em 1987 pelo Nippon Design Center.

A criatividade japonesa surgiu em todos os campos do design impresso: na publicidade, nas revistas de moda, nos jornais especializados e, especialmente, num incontável número de marcas. A princípio o design japonês seguiu a tradicional simplicidade do *mon*, vindo mais tarde a tirar proveito das imagens criadas e manipuladas em computador.

A inovação tecnológica inspirou novas imagens. Ao mesmo tempo, revolucionou a produção de livros. A editora Kodansha introduziu um novo "sistema de edição editorial" em sua *Enciclopédia de ciências médicas*, publicada em 1982-83. O trabalho da equipe de produção, que utilizava máquinas de desenho automáticas e plotadoras ligadas a computadores centrais por meio de fibras ópticas, era coordenado por sistemas que determinavam, por exemplo, a cor e a densidade de uma cor num trabalho de aerografia. Essas técnicas de gerenciamento gráfico colocaram o Japão na vanguarda da nova tecnologia, na qual os computadores fazem parte da equipe de criação.

Estados Unidos

Ao mesmo tempo que exportavam designs modernos para companhias internacionais, os Estados Unidos continuavam importando idéias novas de design, especialmente provenientes do movimento de vanguarda europeu. De certa maneira, havia uma certa convergência de técnicas do Oriente e do Ocidente. Entre os designers modernistas trabalhando para grandes companhias na década de 70 (designers que também eram idolatrados no Japão), estavam Saul Bass, Paul Rand e a empresa nova-iorquina de consultoria Chermayeff & Geismar. As marcas criadas por Bass para a aveia Quaker e para a organização de escoteiras eram abstrações e tinham a mesma relação positivo/negativo do *mon*. Além disso, em 1984, ele empregou as mesmas técnicas fotográficas japonesas no pôster que criou para os Jogos Olímpicos de Los Angeles.

Aveia Quaker, símbolo, 1970 [Saul Bass]

Jogos Olímpicos, pôster, Los Angeles, 1984 [Saul Bass]

Paul Rand, que desenhara as primeiras capas para a *Idea* em 1955, ainda ganhava prêmios pelas identidades visuais corporativas que criava (a IBM ganhou o Prêmio AIGA de liderança de design em 1980, e a Cummins Engine Company ganhou-o em 1983). Esses trabalhos foram realizados no estilo convencional modernista também utilizado pela Chermayeff & Geismar, que criara a nova identidade corporativa da Mobil na década de 60. Os anúncios produzidos nas décadas de 70 e 80 para os programas de televisão patrocinados pela Mobil, criados por Ivan Chermayeff, remetem-se aos modelos europeus por sua técnica de *papiers collés* e pelos tipos utilizados. Diga-se de passagem, no livro de ensaios de Rand, *A Designer's Art* (A arte de um designer – 1985), todas as obras modernas citadas pertencem à cultura européia, a artistas como Picasso, Matisse e Miró. A linguagem gráfica americana – a de designs sem designers (o símbolo da Coca-Cola, os desenhos de Walt Disney e as histórias em quadrinhos) – é flagrantemente ignorada.

Cummins, embalagem de peças de motor, identidade corporativa, 1983 [Paul Rand]

A linguagem gráfica do cotidiano foi o objeto de atenção da obra polêmica dos arquitetos Robert Venturi e Denise Scott Brown, *Learning from Las Vegas* (Aprendendo com Las Vegas – 1972). Esse livro, produzido em formato grande, foi importante tanto por suas idéias quanto por seu design e técnicas de produção. Composto em Univers, numa máquina de escrever IBM, e com layout de Muriel Cooper, designer da editora da MIT, sua grade flexível permitia uma argumentação visual através de extremos contrastes de densidade, num estilo europeu refinado, mas expressivo.

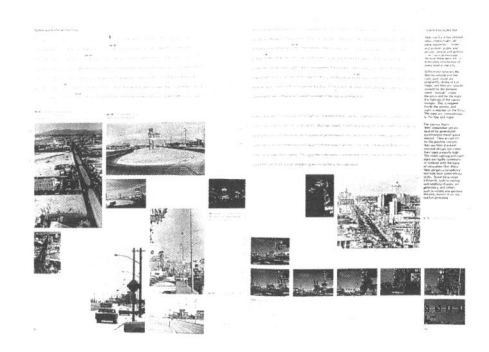

Aeroporto de Las Vegas, placa de direção, 1976
[John Follis & Associates]

Learning from Las Vegas (Aprendendo com Las Vegas), página dupla do livro, 1972
[Muriel Cooper]

Mobil, logotipo, 1965
[Chermayeff & Geismar]

Avant Garde, design de letras maiúsculas, década de 70
[Herb Lubalin]

Os signos eram uma preocupação pós-moderna. Para Venturi e outros, os edifícios eram signos, ou compostos de signos, e parte de um "sistema de comunicação" mais abrangente que, por sua vez, incluía os signos encontrados nas ruas comerciais ("Os outdoors são quase satisfatórios"). Paradoxalmente, era uma época em que o departamento responsável pelas auto-estradas estava revendo seu sistema de sinalização com a ajuda da AIGA.

As placas do aeroporto internacional de Las Vegas eram realmente internacionais, tendo sido desenhadas pela firma de John Follis na mesma tradição do aeroporto Schiphol. Em vez do Helvética, porém, foi usado o tipo Avant Garde. As letras tinham um aspecto funcional (como a Futura que a Chermayeff & Geismar modernizara para a Mobil). Embora geométricas, foram desenhadas para ser decorativas, aparecendo pela primeira vez em 1968, num logotipo de revista feito por Lubalin e Tom Carnase. A partir da década de 60, Lubalin começou a aproximar-se de um estilo reconhecidamente americano – um estilo eclético, que revivia o passado, identificado com o Push Pin Studio e especialmente com Milton Glaser.

A proliferação, na década de 80, dos discos digitais que armazenavam designs de fontes permitiu que um único sistema pudesse dispor de mais de mil designs. O Linotype, por exemplo, possuía cinco versões do Baskerville, em diferentes pesos e tipos de itálico, perfazendo um total de vinte e seis grupos de tipos. O relativo baixo custo do sistema e a facilidade com que novas famílias de tipo podiam ser geradas através da manipulação por computador de designs já existentes permitiram aos designers criar desenhos exóticos, que até então só eram possíveis por meio de fotografia ou transferência.

Em 1970, Lubalin fundou, junto com Aaron Burns, a International Typeface Corporation (Associação Internacional de Famílias de Tipos). Para anunciar seus designs, a ITC lançou um tablóide em formato grande, o *U&lc*, que, do logotipo ao layout, traía um estilo inconfundívelmente americano. Sob a direção de arte de Lubalin, o jornal parecia mais um semanário feminino do que um informativo técnico. Aliás, durante a década de 70, muitas revistas imprimiam cada título de suas matérias com uma família de tipos diferente (como o semanário *New York*, cuja direção de arte estava nas mãos de Milton Glaser), passando a assemelhar-se cada vez mais à publicidade do ITC.

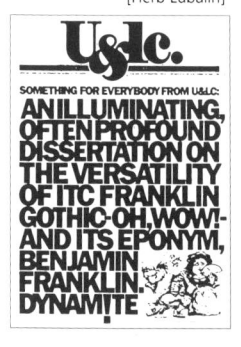

Glaser era o designer americano mais admirado no exterior. Seus interesses ecléticos foram demonstrados numa exposição de sua obra no Centre Pompidou: ele se sentia à vontade trabalhando com ilustrações narrativas e tipografia no estilo vitoriano e, algumas vezes, de forma brilhante, empregando um idioma modernista de geometria com tipos sem serifa. Em 1972, Glaser redesenhou a *Paris Match*, dando-lhe um formato menor; ao mesmo tempo, quase dobrou o tamanho da sofisticada *Jardin des Modes*, de Widmer.

Os alunos de escolas de arte norte-americanas iam aprender na Europa, muitos deles na Gewerbeschule, na Basiléia. Se partiam em busca das suaves receitas de Armin Hofmann, voltavam cheios do entusiasmo de Weingart para quebrar as regras – pelo expressionismo tipográfico. Isso ajudou a criar uma "nova onda", na qual a tecnologia eletrônica era utilizada para gerar e manipular tipos e imagens. O microcomputador tornou-se uma ferramenta de design. Essa onda pegou muitos dos elementos formais do modernismo ("fios" de composição e uso de tipos sem serifa) e despejou-os sobre o papel em formatos curvos, curiosas angulações e perspectivas evanescentes. Essa nova corrente fluiu mais vigorosamente na Califórnia, embora também tenha passado pela Cranbrook Academy of Art, nos arredores de Detroit (onde Eannes ensinara na década de 40), pelo MIT e por Nova York.

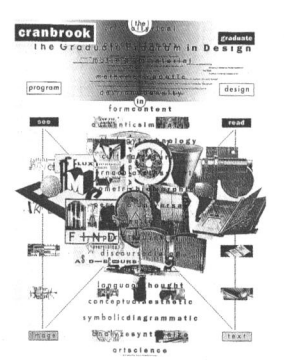

U&lc, capa da revista, 1980
[Herb Lubalin]

"Cranbrook: O programa de pós-graduação em design", pôster, 1989
[Katherine McCoy]

Os novos designs da Califórnia identificavam-se principalmente com a obra de uma das alunas de Weingart, April Greiman. Seus primeiros trabalhos, no final da década de 70, introduziram duas características da "nova onda". A primeira delas era aquilo que muitos chamavam de "design de coquetel" – pequenas imagens e tipos, com uma miscelânea de estranhos itens espalhados por toda a área de design, levando o espaçamento de tipos a extremos. A segunda era a colagem de

"Vertigo", logotipo de loja de roupas e presentes, 1982
[April Greiman]

"E P Pottery", anúncio, 1979
[April Greiman / Jayme Odgers]

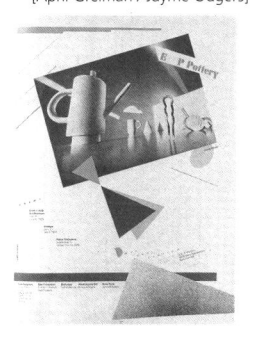

California Institute of the Arts, prospecto desdobrável, 1986
[April Greiman / Jayme Odgers]

imagens coloridas feita com o fotógrafo Jayme Odgers. A manipulação do espaço, a superposição de imagens, arranjadas em perspectiva, antecipavam o trabalho que a designer viria a fazer com computadores. O relacionamento que ela estava desenvolvendo com "toda a tecnologia na qual venho mergulhando", das fotocópias coloridas aos mais variados sistemas de computador, foi exposto num número da revista *Design Quarterly*, publicada pelo Walker Art Center, em Minneapolis, em 1986. Essa matéria foi produzida na forma de um pôster desdobrável (ver p. 19). Num dos lados do pôster havia uma foto digitalizada de Greiman nua e no outro uma descrição de seus complexos procedimentos técnicos. Seus métodos foram discutidos em detalhe no livro que escreveu em 1990, *Hybrid Imagery* (Imagens híbridas). Nessa obra ela se concentra no uso de material visual pronto, armazenado em discos ou em videoteipe, que pode ser visto, revisto e manipulado (a fotografia da NASA, na qual a Terra é vista do espaço, é um exemplo clássico). Greiman aceitava os efeitos produzidos pelo acaso e a baixa resolução de texto e imagem. Sem foco na imagem ou na idéia, suas camadas de imagem eram tão complexas e aparentemente tão aleatórias que chegavam à ilegibilidade, mas, como explicou Greiman, "se o cliente passa pela porta, ele é seduzido pela estética".

Programa de Estudo de Pós-Graduação Nova York / Paris, pôster, 1988
[Willi Kunz]

A estética de Greiman desenvolvera-se a partir do trabalho de Weingart, que fizera uma série de conferências pelos Estados Unidos em 1972. Sua turnê fora organizada por Dan Friedman, um designer de tipos que dava aula em Yale, onde a influência da Basiléia era acentuada desde que Armin Hofmann estivera na universidade, na década de 50, para dar conferências. Friedman, ex-designer da Basiléia e de Ulm, lecionava um tipo de tipografia modernista que era ao mesmo tempo expressiva e excêntrica. Na atividade comercial, Friedman perdia essa postura; seu trabalho para o Citibank em Nova York aderiu ao tipo tradicional de identidade corporativa, como fora estabelecido por Rand, Chermayeff & Geismar e Massimo Vignelli, e à nova deselegância comercial antidesign de Tibor Kalman, na M&Co. Outros designers, cujas posturas claramente suíço-americanas foram absorvidas pelo design corporativo, incluíam o suíço Willi Kunz, aluno e professor na Basiléia, que trouxe para Nova York um modernismo mais maduro e disciplinado, e Wilburn Bonnell e Woody Pirtle, que usavam um modelo mais americano.

Esse modernismo mais maduro podia ser encontrado no treinamento fornecido pela academia de arte de Cranbrook, sob a direção de

Katherine McCoy, a partir de 1972. Os alunos eram conduzidos passo a passo pelos caminhos da tipografia suíça, após o que submetiam as letras de uma embalagem de comida a uma estrutura de grade. Isso ficou conhecido como projeto da "mensagem vernacular". Esse foi o caminho tomado por Hans-Rudolf Lutz ao criar as capas da *Typographische Monatsblätter*, em 1977. Estas foram feitas no estilo de diferentes gibis e revistas populares, para demonstrar que o contexto da informação afeta a mensagem. Embora os alunos fossem estimulados a fazer seus próprios comentários gráficos, emergiu na escola um estilo distinto, à maneira de Dumbar (misturando influências da Holanda e de Detroit), que foi disseminado em Nova York pela Doublespace, uma firma de design fundada por David Sterling e Jane Kosstrin, ambos graduados pela Cranbrook. A Doublespace produzia a *Fetish*, uma revista para colecionadores de kitsch, e fazia publicidade para espetáculos de música e dança progressiva, usando técnicas de colagem, superposição, camadas de imagem e perspectivas de grande profundidade, como Greiman. O método da Cranbrook foi levado adiante por Lucille Tenazas na CCAC (California College of Arts and Crafts – Faculdade de Artes e Ofícios da Califórnia).

Fetish, capa da revista, 1980
[David Kosstrin e Jane Sterling]

"Novos Designs Gráficos dos Países Baixos", pôster, 1987
[Lucille Tenazas]

Fora Greiman, a mais importante contribuição californiana para o design foi a *Émigré*, uma revista em formato grande lançada em 1983 pelo imigrante holandês Rudy VanderLans e sua mulher Zuzana Licko. Composta num Macintosh, com tipos desenhados por Licko para "saírem bem numa impressão de baixa resolução", a revista publicava tudo quanto era tipo de design gráfico. Como designer, VanderLans podia estender em muito o seu papel de editor: podia trabalhar diretamente

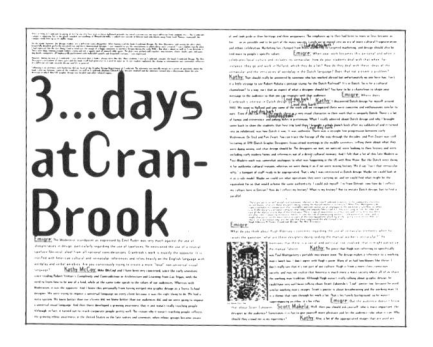

Émigré
acima
capa, 1990
à *esquerda*
capa dupla da revista, 1992
[Zuzana Licko / Rudy VanderLans]

no layout, para moldar o conteúdo da revista e relacionar suas partes, o que não era possível antes do microcomputador, quando essa tarefa era executada por meio de instruções escritas e não por meio de interação com a imagem eletrônica no monitor.

A editoração eletrônica e o surgimento de bobinas de papel de impressão colorida ajudaram a mudar o design editorial – não apenas o das revistas, mas também o dos jornais, que passaram a se parecer mais com as primeiras. Os leitores e os anunciantes tinham à sua frente um veículo que, esperava-se, ofereceria um estímulo visual à altura do da televisão. Fotos, tabelas, mapas e diagramas coloridos acompanhavam uma variedade de títulos compostos em diferentes tipos; as colunas de texto eram algumas vezes alinhadas apenas à esquerda, enquanto a margem direita ficava desalinhada. Esses eram os ingredientes do *USA Today*, jornal lançado em 1982 que, ao final da década, era o diário mais vendido no país.

Durante a década de 80, os designers nos Estados Unidos deram-se conta de que precisavam de história e teoria para fundamentar sua prática. Jornais profissionais, como o periódico mensal *Print*, introduziram artigos históricos, enquanto o *Industrial Design* oferecia uma visão crítica do design gráfico, assim como também o faziam o mais acadêmico *Design Issues* e o *Visible Language*. Este último, de edição trimestral, fora lançado em 1967 como *Journal of Typographic Research* e cobria aspectos técnicos e históricos da comunicação visual. Entre os livros especializados em teoria e história do design estavam o *Primer of Visual Literacy* (Cartilha de alfabetização visual – 1975), de Donis A. Dondis; o *The Visual Display of Quantitative Information* (A exposição visual de informação quantitativa – 1983), de Edward R. Tufte; e o *History of Graphic Design* (A história do design gráfico – 1987), de Philip Meggs. A Cranbrook introduziu o estudo de teoria crítica em seu curso, que se concentrava fundamentalmente nos estruturalistas franceses (a "lista de leitura ocupava páginas e mais páginas", contou um entrevistado da *Émigré*).

Football / Access, capa dupla do livro, 1983 [Richard Saul Wurman]

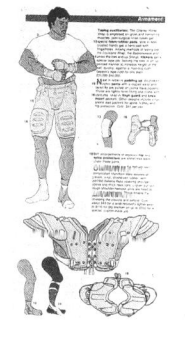

Uma ambiciosa tentativa de reunir várias disciplinas envolvendo o design gráfico foi iniciada e liderada por Muriel Cooper na Visible Language Workshop (Oficina da Linguagem Visual), do MIT (1988). Essa oficina "tornou-se a ponte experimental entre o computador e quatrocentos anos de impressão" e ansiava pela extensão do design gráfico para o campo dos filmes de animação, dos vídeos e da nova mídia eletrônica.

O design de informação havia avançado significativamente, tornando-se por si só, graças aos esforços de Richard Saul Wurman, uma área especializada de empreendimento. Em 1981, Wurman, um ex-arquiteto, fundou a Access Press, que produzia manuais e guias do tipo "como funciona". Mais tarde, em 1988, sua firma em São Francisco, chamada The Understanding Business, começou a produzir *Smart Yellow Pages*. Essa publicação mostra uma extraordinária preocupação com o usuário, apoiando-se no design para expor o conhecimento existente. O ensaio de Wurman para o *Design Quarterly* em 1989, intitulado "Chapéus", definia a informação como uma estrutura composta de "porta-chapéus (mapas, diagramas, tabelas, listas, linhas cronológicas) que nos ajudam a compreender a organização do nosso mundo".

O mapeamento de Wurman das grandes cidades do mundo procurava dar sentido à confusão urbana. Uma de suas ilustrações no artigo "Chapéus" é o mapa do sistema do metrô de Londres, criado em 1931, que se tornou o protótipo dos guias de sistema de transporte – como o mapa do metrô de Nova York, desenhado por Massimo Vignelli na década de 60.

A carreira de Vignelli ilustra o crescimento, da década de 60 para a de 90, do mercado profissional na área de design para grandes empresas. Sua atividade representa o triunfo de um estilo que, embora internacional, tinha raízes no norte da Itália e na Suíça. Nos Estados Unidos, o estilo modernista de Vignelli (fios espessos e horizontais, maiúsculas condensadas e em negrito, Helvética ou Bodoni), que ele usara para o Piccolo Teatro di Milano em 1965, era uma eficiente fórmula que podia ser aplicada no marketing, na editoração, na identidade corporativa e no design de informação. Esse estilo serviu aos móveis Knoll em Nova York da mesma maneira como servira a inúmeras companhias na Itália.

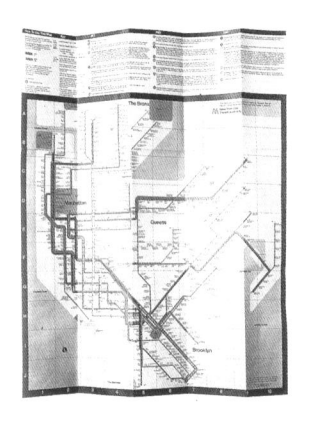

A vida profissional de Vignelli começara numa época e num lugar críticos na história do design gráfico: Milão nos anos 50. Foi lá que a grande tradição do modernismo internacional se fomentou e desenvolveu, tendo recebido contribuições da Bauhaus, através de Schawinski, e da Suíça, por intermédio de Max Huber. Mais uma postura do que um estilo, essa tradição lidava com cada uma das categorias do design gráfico. O modernismo forneceu à Olivetti designs para sua *identifica-*

à esquerda
New York City Transit Authority, mapa do metrô, 1972, revisto em 1978
[Massimo Vignelli]

Skyline, capa da revista de arquitetura, 1980
[Massimo Vignelli]

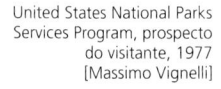

United States National Parks Services Program, prospecto do visitante, 1977
[Massimo Vignelli]

&, letra tridimensional digitalizada e computadorizada, 1992
[Nick Clarke]

ção (logotipo), *informação* (folhetos e manuais) e *apresentação e promoção* (anúncios e pôsteres). A partir da década de 70, houve uma reação contra o design gráfico modernista, que vem sendo considerado fruto de uma era de ideologias. Sua objetividade passou a ser questionada e sua disciplina é vista como pertencente a uma época de tecnologia pré-eletrônica. Ao longo do século, novas mídias geraram novas formas. Cada nova técnica vem dando ao designer maior controle sobre o processo gráfico, que, por meio da tecnologia eletrônica, passou a incluir não apenas cor mas também movimento. O design gráfico, tal como foi descrito neste livro, pode acabar tendo um papel menor na comunicação visual, mas seu uso continuará sendo necessário, tal como o do alfabeto e o da imagem.

Bibliografia e fontes

O que segue abaixo é um guia das publicações consultadas pelo autor, assim como uma lista de obras para leitura suplementar. Aqui somente foram incluídos materiais publicados a partir de 1945 (a não ser no caso de obras de onde foram tiradas ilustrações). Os leitores devem consultar o *Catálogo de Arte* para informar-se sobre obras publicadas antes dessa data. Alguns títulos estrangeiros acham-se disponíveis em traduções inglesas. Este guia cita as edições inglesas aos quais o autor teve acesso.

Geral

Amstutz, W. *Who's Who in Graphic Art*, 1.ª ed., Zurique, 1962
Art & Pub (Art & Publicité), Centre Georges Pompidou, Paris, 1990
Booth-Clibborn, E. *The Language of Graphics*, Londres e Tóquio, 1970
Craig, J. e Barton, B. *Thirty Centuries of Graphic Design*, Nova York e Oxford, 1987
Dormer, P. *The Meanings of Modern Design: Towards the Twenty-First Century*, Londres, 1990
Forty, A. *Objects of Desire: Design and Society 1750-1980*, Londres, 1986
Gentleman, D. *Design in Miniature*, Londres, 1972
Gerstner, K. e Kutter, M. *Die neue Graphik*, Teufen, 1959
Gottschall, E. M. *Typographic Communications Today*, Cambridge, Mass. e Londres, 1989
Graphic Designers In Europe, 4 vols., Londres e Nova York, 1971-73
Facetti, G. e Fletcher, A. *Identity Kits*, Londres, 1967
Havinden, A. *Advertising and the Artist*, Londres, 1956
Heller, S. e Chwast, S. *Graphic Style: from Victorian to Post-Modern*, Nova York e Londres, 1988
Henrion, F. H. K. *Top Graphic Design*, Zurique, 1983

— (org.) *AGI Annals*, Tóquio e Zurique, 1989
Hölscher, F. *Gebrauchs graphik-Fibel*, Munique, 1954
Kery, P. F. *Art Deco Graphics*, Nova York e Londres, 1986
King, J. *The Flowering of Art Nouveau Graphics*, Londres, 1990
Livingston, A. e I. *The Thames and Hudson Encyclopaedia of Graphic Design and Designers*, Londres, 1993
Le Graphisme et l'art (edição especial: *Art d'aujourd'hui*), Paris, 1952
Lois, G. *The Art of Advertising*, Nova York, 1977
Margolin, V. (org.) *Design Discourse: History / Theory / Criticism*, Chicago e Londres, 1989
McQuiston, L. *Women in Design: A Contemporary View*, Londres, 1988
Meggs, P. B. *A History of Graphic Design*, Nova York e Harmondsworth, 1983
Müller-Brockmann, J. *A History of Visual Communication*, Teufen e Nova York, 1971
Neumann, E. *Functional Graphic Design in the 20's*, Nova York, 1967
Poynor, R. *The Graphic Edge*, Londres, 1993
Thompson, P. e Davenport, P. *The Dictionary of Visual Language*, Londres, 1980
Walker, J. A. *Design History and the History of Design*, Londres, 1989

Signos, símbolos e identidade

Blake, J. E. (org.) *A Management Guide to Corporate Identity*, Londres, 1971
Bühler-Oppenheim, K. *Signs, Brands, Marks*, Teufen, 1971
Child, H. *Heraldic Design*, Londres, 1965
Diethelm, W. *Signet, Signal, Symbol*, 3.ª ed., Zurique, 1976
Frutiger, A. *Signs and Symbols: Their Design and Meaning*, Londres, 1989
Henrion, F. H. K. e Parkin, A. *Design Coordination and Corporate Image*, Londres e Nova York, 1967
Herdeg, W. *Graphis Diagrams*, Zurique, 1976
Hornung, C. P. *Handbook of Designs and Devices*, Nova York, 1946
Humbert, C. *Label Design*, Tübingen, 1972
Images d'utilité publique, Centre Georges Pompidou, Paris, 1988
Ishihara, Y. *American Trademarks and Logotypes* (edição especial: *Idea*), Tóquio, 1976
Jacobson, E. (org.) *Trademark Design (Seven Designers Look at...)*, Chicago, 1952
Jung, C. G. *Man and his Symbols*, Londres, 1964
Koch, R. *The Book of Signs*, Londres, 1930
Kuwayama, Y. *Trademarks and Symbols of the World*, Tóquio, 1988

Leitherer, E. e Wichmann, H. *Reiz und Hülle: Gestaltete Warenverpackungen des 19. und 20. Jahrhunderts*, Basiléia, Boston e Stuttgart, 1987
Lutz, H-R. *Die Hieroglyphen von heute*, Zurique, 1990
Meadows, C. A. *Trade Signs and Their Origin*, Londres, 1957
Olins, W. *The Wolff Olins Guide to Corporate Identity*, Londres, 1990
Opie, R. *The Art of the Label*, Londres, 1987
Palazzini, F. S. *Coca-Cola Superstar*, Londres, 1986
Pedersen, B. M. *Graphis Annual Reports I*, Zurique, 1988
– *Graphis Corporate Identity I*, Zurique, 1989
Ricci, F. M. e Ferrari, C. *Top Symbols and Trademarks of the World*, Milão, 1973
Rosen, B. *The Corporate Search for Visual Identity*, Nova York, 1970
Sacharow, S. *Symbols of Trade*, Nova York, 1982
The Image of a Company: Manual for Corporate Identity, Design Council, Londres, 1990
Whittick, A. *Symbols: Signs and their Meaning and Uses in Design*, 2.ª ed., Londres, 1971
Wildbur, P. *Trademarks: A Handbook of International Designs*, Londres, 1966

Comunicação visual, teoria de design de informação, tecnologia e técnicas gráficas

Ades, D. *Photomontage*, Londres, 1976
Baroni, D. *Art Graphique Design*, ed. francesa, Paris, 1987
Bettinghaus, E. P. *Persuasive Communication*, Nova York e Londres, 1968
Cherry, C. *On Human Communication*, Nova York, 1959
Cotton, B. e Oliver, R. *Understanding Hypermedia*, Londres, 1992
Dondis, D. A. *A Primer of Visual Literacy*, Cambridge, Mass. e Londres, 1973
Garland, K. *Graphics Handbook*, Londres, 1966
– *Illustrated Graphics Glossary*, Londres, 1980
– *Graphics, Design and Printing Terms*, Londres, 1989
Gibson, J. *The Perception of the Visual World*, Boston, 1950
Herdeg, W. (org.) *Graphis Diagrams*, Zurique, 1976
Hind, A. M. *An Introduction to a History of Woodcut*, 2.ª ed., Nova York e Londres, 1963
Igarashi, T. (org.) *Designers on Mac*, Tóquio e Londres, 1994
Ivins, W. M. Jr. *Prints and Visual Communication*, Cambridge, Mass., 1953 (reimpressão: Nova York, 1969)
Jean, G. *Writing, The Story of Alphabets and Scripts*, ed. inglesa, Londres, 1992
Mayor, A. H. *Prints and People*, Princeton, New Jersey e Guildford, Inglaterra, 1971
Merritt, D. *Television Graphics*, Londres, 1987
Neurath, O. *International Picture Language* (1936), reimpressão de fac-símile, Reading, 1980
Peignot, J. *De l'Écriture à la typographie*, Paris, 1967
Stankowski, A. e Duschek, K. *Visuelle Kommunikation*, Berlim, 1989
Steinberg, S. H. *Five Hundred Years of Printing*, 2.ª ed., Harmondsworth, 1961
Thompson, P. e Davenport, P. *The Dictionary of Visual Language*, Londres, 1980
Twyman, M. *Printing 1770-1970*, Londres, 1970
– (org.) *Graphic Communication through Isotype*, Reading, 1975
Wildbur, P. *Information Graphics*, Londres, 1988
Williamson, J. *Decoding Advertisements*, Londres e Boston, 1978
Zeitlyn, J. *Print: How You Can Do It Yourself!*, 2.ª ed., Londres, 1992

Tipo, tipografia de livros e design editorial

Aicher, O. *Typographie*, Berlim, 1988
Blackwell, L. *Twentieth-Century Type*, Londres, 1992
Bosshard, H. R. *Form und Farbe*, Zurique, 1968
Day, K. *Book Typography 1815-1965 in Europe and the United States of America*, Chicago e Londres, 1966
Carter, S. *Twentieth-Century Type Designers*, Londres, 1987
Eason, R. e Rookledge, S. *Rookledge's International Handbook of Type Designers*, Carshalton Beeches, 1991
Evans, H. *Editing and Design* (5 vols.), 4: *Pictures on a Page*; 5: *Newspaper Design*, Londres, 1978
Gill, E. *An Essay on Typography*, Londres, 1931
Gottschall, E. M. (org.) *Advertising Directions 4: Trends in Visual Advertising*, Nova York, 1964
Hochuli, J. *Book Design in Switzerland*, Zurique, 1993
Hurlburt, A. *The Grid*, Nova York, 1978
Hutt, A. *Newspaper Design*, Londres, 1960
– *The Changing Newspaper*, Londres, 1973
L'Image des mots, Centre Georges Pompidou, Paris, 1985
International Center for the Typographic Arts, *Typomundo 20*, Nova York, Londres e Ravensburg, 1966
Jaspert, W. P., Berry, W. T., Johnson, A. F. *The Encyclopaedia of Type Faces*, Poole, 4.ª ed., 1970
Kapr, A. e Schiller, W. *Gestalt und Funktion der Typografie*, Leipzig, 1977
Kepes, G. e outros, *Graphic Forms: The Arts as Related to the Book*, Cambridge, Mass. e Oxford, 1949

Kery, P. F. *Great Magazine Covers of the World*, Nova York, 1982
Kinross, R. *Modern Typography*, Londres, 1992
Lang, L. *Konstruktivismus und Buchkunst*, Leipzig, 1990
Lee, M. (org.) *Books for our Time*, Nova York, 1951
– *Bookmaking*, Nova York, 1965
Lewis, J. *The Twentieth-Century Book*, 2.ª ed., Nova York e Londres, 1984
Lutz, H-R. *Ausbildung in typographischer Gestaltung*, Zurique, 1987
McLean, R. *Magazine Design*, Londres, Nova York e Toronto, 1969
– *The Thames and Hudson Manual of Typography*, Londres, 1980
Massin (R.) *Letter and Image*, Londres, 1970
– *L'ABC du métier*, Paris, 1988
– *La Mise en page*, Paris, 1991
Owen, W. *Magazine Design*, Londres, 1991
Poynor, R. e Booth-Clibborn, E. *Typography Now: The Next Wave*, Londres, 1991
Rosner, C. *The Growth of the Book Jacket*, Londres, 1954
Ruder, E. *Typography. A Manual of Design*, Teufen, 1967
Rüegg, R. e Frölich, G. *Basic Typography*, Zurique, 1972
Schmid, H. *Typography Today* (edição especial: *Idea*), Tóquio, 1980
Simon, O. *Introduction to Typography*, 2.ª ed., Londres, 1963
Spencer, H. *Design in Business Printing*, Londres, 1952
– *Pioneers of Modern Typography*, edição revista, Londres, 1982
– *The Liberated Page*, Londres, 1987
Spiekermann, E. *Rhyme and Reason: A Typographic Novel*, Berlim, 1987
– e Ginger, E. M. *Stop Stealing Sheep and Find Out How Type Works*, Califórnia, 1993

Sutton, J. e Bartram, A. *An Atlas of Typeforms*, Londres, 1968
Typomundus 20, Nova York, 1966
Tschichold, J. (org.) *Elementare Typographie*, reimpressão de edição especial de *Typographische Mitteilungen* (1925), Mainz, 1986
– *Die neue Typographie*, 2.ª ed., Berlim, 1987
– *Treasury of Alphabets and Lettering*, edição inglesa, Ware, 1985
Weidemann, K. (org.) *Book Jackets and Record Sleeves*, Stuttgart, 1969
Williamson, H. *Methods of Book Design*, Oxford, 1983
Zapf, H. *Manuale Typographicum*, Cambridge, Mass., 1980

Pôsteres
[Capítulo 1]
Ver também países

Ades, D. *The 20th-Century Poster*, Nova York, 1984
L'Affiche anglaise: les années '90, Musée des Arts Décoratifs, Paris, 1972
Cate, P. D. e Hitchings, S. H. *The Color Revolution: Color Lithography in France 1890-1900*, Santa Barbara e Salt Lake City, 1978
Cirker, H. e B. (orgs.) *The Golden Age of the Poster*, Nova York, Toronto e Londres, 1971
Constantine, M. *Word and Image: Posters from the Collection of the Museum of Modern Art*, Nova York, 1968
Cooper, A. *Making a Poster*, 2.ª ed. rev., Londres e Nova York, 1945.
Gallo, M. *The Poster in History*, Londres, 1974
Hillier, B. *Posters*, Londres, 1969
Kamekura, Y., Tanaka, I. e Sato, K. (orgs.) *World Graphic Design Now I: Posters*, Tóquio, 1988

Kämpfer, F. *Der Rote Keil: Das politische Plakat – Theorie und Geschichte*, Berlim, 1985
Malhotra, R. *Politische Plakate 1914-1945*, Hamburgo, 1988
– e outros, *Das frühe Plakat in Europa und den USA*, 3 vols., Berlim, 1973-1980
Meister der Plakatkunst, Kunstgewerbe-museum, Zurique, 1959
Müller-Brockmann, J. *A History of the Poster*, Zurique, 1971
Müller-Brockmann, J. e Wobmann, K. *Fotoplakate*, Aarau, 1989
Popitz, K. *Plakate der zwanziger Jahre*, Berlim, 1977
Rennert, J. *Posters of the Belle Epoque*, Nova York, 1990
Rickards, M. *The Rise and Fall of the Poster*, Newton Abbott, 1973
– *The Public Notice: An Illustrated History*, Newton Abbott, 1973
– *The Poster*, Takashimaya Art Gallery, Nihonbashi, Japan, 1985
Weill, A. *The Poster*, Londres, 1985
Wrede, S. *The Modern Poster*, Nova York, 1988

Guerra, propaganda e política
[Capítulos 3, 12 e 18]

Boehm, E. *Behind Enemy Lines: WW II Allied / Axis Propaganda*, Secaucus, 1989
Carteles de la guerra civil española, Madri, 1981
Bohrmann, H. (org.) *Politische Plakate*, Dortmund, 1984
Cantwell, J. D. *Images of War: British Posters 1939-45*, Londres, 1989
Darracott, J. *Second World War Posters*, Londres, 1972
– e Loftus, B. *First World War Posters*, 2.ª ed., Londres, 1981
Davidson, S. *Images de la révolte 1965-1975*, Paris, 1982

Nelson, D. *The Posters that Won the War: The Production, Recruitment and War Bond Posters of WWII*, Osceola, Wisconsin, 1991
No Pasaran!: Photographs and Posters of the Spanish Civil War, Arnolfini, Bristol, 1986
Philippe, R. *Political Graphics: Art as a Weapon*, ed. inglesa, Oxford, 1982
Rawls, W. *Wake up, America!: World War I and the American Poster*, Nova York, 1988
Rhodes, A. *Propaganda: the Art of Persuasion World War II*, Nova York e Londres, 1976
Rickards, M. *Posters of the First World War*, Londres, 1968
Rohan, M. *Paris, '68: Graffiti, Posters of May 1968*, Londres, 1988
Tisa, J. (org.) *The Palette and the Flame: Posters of the Spanish Civil War*, Nova York, 1979
Yanker, G. *Prop Art: Over 1000 Contemporary Political Posters*, Londres, 1972

Áustria
[Capítulo 2]

Baroni, D. e D'Auria, A. *Kolo Moser: Grafico e designer*, Milão, 1984
Fenz, W. *Koloman Moser: Graphik Kunstgewerbe Malerei*, Salzburgo e Viena, 1984
Kallir, J. *Viennese Design and the Wiener Werkstätte*, Londres e Nova York, 1986
Kossatz, H-H. *Ornamental Posters of the Vienna Secession*, Londres, 1974
Larisch, R. von, *Uber Zierschriften im Dienste der Kunst*, Munique, 1899
– *Unterricht in Ornamentale Schrift*, Viena, 1905
Le Arti a Vienna: dalla Sessessione alla caduta del'impero asburgico, Palazzo Grassi, Veneza, 1984

Pabst, M. *Wiener Grafik um 1900*, Munique, 1984
Schweiger, W. J. *Aufbruch und Erfüllung: Gebrauchsgraphik der Wiener Moderne 1897-1918*, Viena e Munique, 1988
Vergo, P. *Art in Vienna 1898-1918*, Londres e Nova York, 1975
Vienne 1880-1938: L'Apocalypse joyeuse, Centre Georges Pompidou, Paris, 1986
Waissenberger, R. *Vienna 1890-1920*, Nova York, 1984

Itália
[Capítulos 4,15 e 19]

Anceschi, G. e Calabrese, O. *Il campo della grafica italiana (6 Rassegna)*, Bolonha, 1979
Cerri, P. (org.) *Campo Grafico 1933-1939*, Milão, 1983
Dorfles, G. (org.) *Albe Steiner: comunicazione visiva*, Florença, 1977
Giugiaro, G. e Munari, B. (eds.) *Made in Italia: selezione dei marchi italiani*, Monte San Pietro, 1988
– Freddi, D. A. e L. *Mostra della rivoluzione fascista*, Roma, 1933
Lista, G. *Le Livre futuriste*, Módena, 1984
– *L'Art postal futuriste*, Paris, 1979
Litta, S. G. *30 anni di pubblicità in Italia*, Milão, 1984
Max Huber: progetti grafici 1936-1981, Milão, 1982
Monguzzi, B. *Lo Studio Boggeri 1933-1981*, Milão, 1981
Priarome, G. *Grafica pubblicitaria in Italia negli anni trenta*, Florença, 1989
Rye, J. *Futurism*, Londres, 1972
Salaris, C. *Il Futurismo e la pubblicità*, Milão, 1986
Scudiero, M. *Futurismi postali: Balla, Depero e la comunicazione postale futurista*, Rovereto, 1986

– e Leiber, D. *Depero futurista and New York*, Rovereto, 1986
Sparti, P. *L'Italia che cambia: attraversa i manifesti della raccolta Salce*, Florença, 1988
Steiner, A. e outros, *Due dimensioni*, Milão, 1964
Waibl, H. *Alle radici della comunicazione visiva italiana*, Como, 1988

Rússia e União Soviética
[Capítulo 5]

Alexander Rodchenko 1891-1956, Museum of Modern Art, Oxford, 1979
Anikst, M. *Soviet Commercial Design of the Twenties*, Londres, 1987
Bojko, S. *New Graphic Design in Revolutionary Russia*, Londres e Nova York, 1972
Compton, S. P. *Russian Futurist Books 1912-1916*, Londres, 1978
Constantine M. e Fern A. *Revolutionary Soviet Film Posters*, Baltimore e Londres, 1974
El Lissitzky, Galerie Gmurzynska, Colônia, 1976
El Lissitzky 1990-1941: Architect, Painter, Photographer, Typographer, Municipal Van Abbemuseum, Eindhoven, 1990
Elliott, D. *New Worlds: Russian Art and Society 1900-1937*, Londres, 1986
Gassner H. e Nachtigäller, R. *Gustav Klucis [Klutsis] Retrospektive*, Stuttgart, 1991
Gray, C. *The Russian Experiment in Art 1863-1922*, ed. rev., Londres, 1986
Kunst und Propaganda, Museum für Gestaltung, Zurique, 1989
La tipografia russa 1890-1930, Palazza Vitelli, Città di Castello, 1990
Lavrentiev, A. *Varvara Stepanova: A Constructivist Life*, Londres, 1988

Leclanche-Boulé, C. *Typographies et photomontages constructivistes en URSS*, Paris, 1984

Lissitzki-Küppers, S. *El Lissitzki: Life, Letters, Texts*, Londres, 1968

Lodder, C. *Russian Constructivism*, New Haven e Londres, 1983

Lyakhov, V. *Soviet Advertising Poster 1917-1932*, Moscou, 1972

Maïakovski: 20 ans de travail, Centre Georges Pompidou, Paris, 1975

Majakovskij Mejerchol'd Stanislavskij, Castello Sforzesco, Milão, 1975

Paris-Moscou 1900-1930, Centre Georges Pompidou, Paris, 1979

Telingater, catálogo de exposição, Paris, 1978

The Soviet Political Poster, Moscou, 1984

White, S. *The Bolshevik Poster*, New Haven e Londres, 1988

Williams, R. C. *Artists in Revolution: Portraits of the Russian Avant-Garde 1905-1925*, Bloomington, Indiana e Londres, 1977

Alemanha
[Capítulos 6, 17 e 19]

Arnold, F. (org.) *Anschläge: Deutsche Plakate als Dokumente der Zeit 1900-1960*, Ebenhausen, 1963

Bayer, H. Gropius, W. e Gropius, I. *Bauhaus 1919-1928*, Boston, 1959

Buddensieg, T. (org.) *Industrie Kultur: Peter Behrens und die AEG 1907-1914*, Berlim, 1981

Chantzit, G. F. *Herbert Bayer Collections and Archives at the Denver Art Museum*, Seattle e Londres, 1988

Coutts-Smith, K. *Dada*, Londres, 1970; *Revolution und Realismus: Revolutionäre*

Kunst in Deutschland 1917 bis 1933, Staatliche Museen, Berlim, 1979

Der Malik-Verlag 1916-1947, Deutsche Akademie der Künste, Berlim, 1967

Die Zwanziger Jahre in Hannover 1916-1933, Kunstverein, Hanôver, 1962

Die Zwanziger Jahre in München, Münchner Stadtmuseum, Munique, 1979

Droste, M. *Bauhaus 1919-1933*, Berlim e Colônia, 1990

– *Herbert Bayer: das künstlerische Werk 1918-1938*, Berlim, 1982

Fleischmann, G. *Bauhaus Drucksachen Typografie Reklame*, Dusseldorf, 1989

– *Walter Dexel: Neue Reklame*, Dusseldorf, 1987

– *Joost Schmidt: Lehre und Arbeit am Bauhaus 1919-1932*, Dusseldorf, 1984

George Grosz / John Heartfield, Württembergischer Kunstverein, Stuttgart, 1969

Herzfelde, W. *John Heartfield: Leben und Werk*, Dresden, 1971

Hirdina, H. *Neues Bauen Neues Gestalten: die neue Stadt*, Dresden, 1984

Kermer, W. *Willi Baumeister Typographie und Reklamegestaltung*, Stuttgart, 1989

Kostelanetz, R. *Moholy-Nagy*, Nova York, 1970, e Londres, 1971

L. Moholy-Nagy, Institute of Contemporary Arts, Londres, 1980

Lammers, J. e Unverfehrt, G. *Vom Jugendstil zum Bauhaus: Deutsche Buchkunst 1895-1830*, Münster e Göttingen, 1981

Moholy-Nagy, S. *Moholy-Nagy: Experiment in Totality*, Cambridge, Mass. e Londres, 2.ª ed., 1969

Naylor, G. *The Bauhaus Reassessed*, Londres, 1985

Neue Sachlichkeit and German Realism of the Twenties,

Hayward Gallery, Londres, 1979

Pachnicke, P. e Honnef, K. *John Heartfield*, Colônia, 1991

Paris-Berlim 1900-1933, Centre Georges Pompidou, Paris, 1978

Politische Plakate der Weimarer Republik 1918-1933, Hessisches Landes-museum, Darmstadt, 1980

Rademacher, H. *Das deutsche Plakat von den Anfangen bis zur Gegenwart*, Dresden, 1965

Richter, H. *Dada: Art and Anti-Art*, Londres, 1965

Tschichold – ver Suíça

"Typographie kann unter Umständen Kunst sein" (3 vols.):
1: *Kurt Schwitters: Typographie und Werbegestaltung*;
2: *Ring "neue werbegestalter": Die Amsterdamer Ausstellung 1931*;
3: *Vordemberge-Gildewart: Typographie und Werbegestaltung*, Landesmuseum, Wiesbaden, 1990

Uwe Loesch, Zeichenzitate / Sign Citations: Plakate von 1968 bis 1986, Dusseldorf, 1986

Westphal, U. *Werbung im dritten Reich*, Berlim, 1989

Wichmann, H. *Graphic Design Mendell and Oberer*, Basiléia e Boston, 1987

Willett, J. *The New Sobriety 1917-1933; Art and Politics in the Weimar Period*, Londres, 1978

Windsor, A. *Peter Behrens: Architect and Designer*, Londres, 1981

Wingler, H. M. *The Bauhaus: Weimar Dessau Berlim Chicago*, 2.ª ed., Cambridge, Mass., 1976

Europa Central
[Capítulos 1, 6 e 17]

Bojko, S. *The Polish Poster Today*, Varsóvia, 1972

Constructivism in Poland 1923 to 1936, Kettle's Yard Gallery, Cambridge
Czech Modernism 1900-1945, Museum of Fine Arts, Houston, 1989
Devetsil: Czech Avant-Garde Art, Architecture and Design of the 1920s and 30s, Museum of Modern Art, Oxford, 1990
Kowalski, T. *The Polish Film Poster*, Varsóvia, 1957
Présences polonaises: Witkiewicz / Constructivism / Les Contemporains, Centre Georges Pompidou, Paris, 1983
100 + 1 Jahre ungarische Plakatkunst, catálogo de exposição, Dortmund, 1987

Países Baixos
[Capítulos 7, 17 e 19]

Baljeu, J. *Theo van Doesburg*, Londres, 1974
Brattinga, P. e Dooijes, D. *A History of the Dutch Poster 1890-1960*, Amsterdam, 1968
Broos, K. e Hefting, P. *Dutch Graphic Design*, Londres, 1993
Broos, K. *Design: Total Design*, Utrecht, 1983
– (org.) *Piet Zwart*, Haags Gemeentemuseum, Haia, 1971
Franciscono, M. *The Modern Dutch Poster*, Cambridge, Mass. e Londres, 1987
Friedman, M. (org.) *De Stijl 1917-1931: Visions of Utopia*, Oxford, 1982
Hendrik Nicolaas Werkman 1882-1945: "druksel" prints and general printed matter, Stedelijk Museum, 1977
Hubben, H. *Design: Total Design*, Wormer, 1989
Koch, K. *W. H. Gispen 1890-1981*, Rotterdam, 1988
Maan, D. e Van der Ree, J. *Typofoto: elementaire typografie in Nederland*, Utrecht e Antuérpia, 1990
Monguzzi, B. *Piet Zwart: L'opera tipografica 1923-33 (30 Rassegna)*, Bolonha, 1987
Müller, F. (org.) *Piet Zwart*, Teufen, Suíça, 1966
Petersen, A. e Brattinga, P. *Sandberg: A Documentary*, Amsterdam, 1975
Purvis, A. W. *Dutch Graphic Design, 1918-1945*, Nova York, 1992
Staal, G. e Wolters, H. *Holland in Vorm: Dutch Design 1945-1987*, Haia, 1987
Theo van Doesburg 1883-1931, Kunsthalle Nürnberg, Nuremberg, 1969

França
[Capítulos 9, 16 e 19]

Adriani, G. *Toulouse-Lautrec: The Complete Graphic Works*, Londres, 1988
Arwas, V. *Berthon and Grasset*, Londres, 1978
Atelier Populaire: Paris, May 1968, Londres, 1969
Broido, L. *The Posters of Jules Chéret*, Nova York, 1980
Brown, R. K. e Reinhold, S. *The Poster Art of A. M. Cassandre*, Nova York, 1979
Cappiello 1875-1942, Grand Palais, Paris, 1981
Cauzard, D., Perret, J. e Ronin, Y. *Images de marques – marques d'images*, Paris, 1988
Faucheux, P. *Écrire l'espace*, Paris, 1978
Fields, A. *George Auriol*, Leyton, Utah, 1985
Grapus 85, Städtische Galerie, Erlangen, 1985
Jean Widmer, Villeurbanne, 1991
L'Encyclopédie Diderot et D'Alembert (Imprimerie, Reliure), reimpressão, Paris, 1988
Massin, *L'ABC du métier*, Paris, 1988
Mouron, H. *Cassandre*, Munique e Londres, 1985
Quand l'affiche faisait de la réclame! L'affiche française de 1920 à 1940, Musée National des Arts et Traditions Populaires, Paris, 1992
Rohan, M. *Paris '68*, Londres, 1988
Savignac (R.) *Savignac: affichiste*, Paris, 1975
Tolmer, A. *Mise en Page: The Theory and Practice of Layout*, Londres, 1931
Vive les graphistes!: petit inventaire du graphisme français, Centre Georges Pompidou, Paris, 1990
Weill, A. *L'Affiche française*, Paris, 1982

Suíça
[Capítulos 8, 14 e 19]

Art concret suisse: mémoire et progrès, Musée des Beaux-Arts, Dijon, 1982
Burkhard Mangold 1873-1950, Museum für Gestaltung, Zurique, 1984
Emil Cardinaux 1877-1936, Museum für Gestaltung, Zurique, 1985
Ferdinand Hodler und das schweizer Künstlerplakat 1890-1920, Museum für Gestaltung, Zurique, 1984
Gerstner, K. *Kalte Kunst? zum Standort der heutigen Malerei*, Teufen, 1957
– *Designing Programmes*, Londres e Teufen, edição ampliada, 1968
– *Kompendium für Alphabeten: Eine Systematik der Shrift*, Teufen, 1972 (ed. inglesa, *Compendium for Literates*, Cambridge e Mass., 1972)
Grafik (edição especial: *Werk*), Zurique, 1955
Hofmann, A. *Graphic Design Manual*, Nova York, 1965
Klemke, W. *Jan Tschichold: Leben und Werk des Typographen*, Dresden, 1977
McLean, R. *Jan Tschichold: Typographer*, Londres, 1975
Müller-Brockmann, J. e S. *The Graphic Designer and his Design Problems*, Teufen, 1961

Neuburg, H. *Hans Neuburg: 50 anni di grafica costruttiva – Graphic Design in Swiss Industry*, Zurique, 1965
Niklaus Stoecklin 1896-1982, Gewerbemuseum, Basiléia, 1986
Otto Baumberger 1889-1961, Museum für Gestaltung, Zurique, 1988
Tschichold, J. *Asymmetric Typography*, Londres, Toronto e Nova York, 1967 (original em alemão *Typographische Gestaltung*, Basiléia, 1935)
– *Die neue Typographie*, Berlim, 1987 (edição original alemã, 1928)
Werbestil (publicity style) 1930-1940, Museum für Gestaltung, Zurique, 1981
Werk (edição especial de design), Zurique, novembro de 1955
Wichmann, H. *Armin Hofmann: His Work, Quest and Philosophy*, Basiléia, 1989

Grã-Bretanha
[Capítulos 1, 2, 3, 10, 12, 17, 18, 19]

Archer, L. B. *Systematic Method for Designers* (reimpressão de *Design*), Londres, 1964
Barker, N. *Stanley Morison*, Londres, 1971
Biggs, A. *William Morris: Selected Writings and Designs*, Harmondsworth, 1962
Blake, A. *Milner Gray*, Londres, 1986
Misha Black, Londres, 1984
Brattinga, P. e Watano, S. (orgs.) *British Visual Communication Design 1900-1985* (edição especial: *Idea*), Tóquio
British Art and Design 1900-1960, Victoria and Albert Museum, Londres, 1983
Brewer, R. *Eric Gill: The Man who Loved Letters*, Londres, 1973
Callen, A. *Angel in the Studio: Women in the Arts and Crafts Movement 1870-1914*, Londres, 1979

Campbell, C. *The Beggarstaff Posters*, Londres, 1990
E. McKnight Kauffer, Victoria and Albert Museum, 1955
Fifty Penguin Years, Harmondsworth, 1985
Fletcher, A., Forbes, C. e Gill, B. *Graphic Design: Visual Comparisons*, Londres, 1963
Games, A. *Over My Shoulder*, Londres, 1960
Green, O. *Underground Art*, Londres, 1990
Haworth-Booth, M. *E. E. Mc Knight Kauffer: A Designer and his Public*, Londres
Hewitt, J. (org.) *Poster Art of the 20s and 30s from the Collection of Manchester Polytechnic*, Manchester, 1978
High Art and Low Life, "The Studio" and the fin de siècle (edição centenária da *Studio International*), Londres, 1993
Hopkinson, T. *Picture Post 1938-50*, Harmondsworth, 1970
Johnston, P. *Edward Johnston*, Londres, 1959
Jones, H. *Stanley Morison Displayed*, Londres, 1976
Jones, T. *Wink Instant Design: A Manual of Graphic Techniques*, Londres, 1980
Kaplan, W. (org.) *Encyclopedia of Arts and Crafts: The International Arts Movement 1850-1920*, Londres
Ken Garland and Associates 1960-82, Londres, 1982
Lambert, F. (org.) *Graphic Design Britain 70*, Londres e Nova York, 1970
Levey, M. F. *London Transport Posters*, Oxford, 1976
Mendenhall, J. *British Trademarks of the 1920s & 30s*, São Francisco, 1989
Moran, J. *Stanley Morison: His Typographic Achievement*, Londres, 1971
Minale, Tattersfield, Provinciali Limited, Londres, 1967
Naylor, G. *The Arts and Crafts Movement*, Londres, 1971
Pentagram: The Work of Five Designers, Londres, 1972

Peterson, W. S. (org.) *The Ideal Book: Essays... by William Morris*, Berkeley, L. A. e Londres, 1982
– *The Kelmscott Press*, Oxford and Berkeley, 1991
The Practice of Design (introdução de Herbert Read), Londres, 1946
Spencer, I. *Walter Crane*, Londres, 1975
Vorticism and its Allies, Hayward Gallery, Londres, 1974
Weintraub, S. *Beardsley*, ed. rev., Harmondsworth, 1972
Wozencroft, J. *The Graphic Language of Neville Brody*, Londres, 1988

Estados Unidos
[Capítulos 1, 3, 11, 12, 13, 18, 19]

AIGA Graphic Design USA, Nova York, (desde 1980: anualmente)
Aldersey-Williams, H., Wild, L. e outros, *Cranbrook Design: the new discourse*, Bloomfield Hill, Michigan, 1990
Aldersey-Williams, H. *New American Design*, Nova York, 1988
Allner, W. H. *Posters*, Nova York, 1952
Brand, S. *The Media Lab: Inventing the future at MIT*, Nova York, 1987, Londres, 1988
Breitenbach, E. e Cogswell, M. *The American Poster*, Nova York, 1967
Burns, A. *Typography*, Nova York, 1961
Burtin, W. *Visual Aspects of Science*, Nova York, 1960
Carr, R., Case, B. e Dellar, F. *The Hip, Hipsters, Jazz and the Beat Generation*, Londres, 1986
Carter, R. *American Typography Today*, Nova York, 1989
DeNoon, C. *Posters of the WPA*, Los Angeles, 1987

Dobrow, L. *When Advertising Tried Harder: The Sixties*, Nova York, 1984

Friedman, M. (org.) *Graphic Design in America: A Visual Language History*, Minneapolis e Nova York, 1989

Glaser, M. *Milton Glaser: Graphic Design*, Nova York, 1973

Gottschall, E. M. *Typographic Directions (Advertising Directions 4)*, Nova York, 1964

Graphic Designers in the USA (4 vols.), Nova York, 1972

Greiman, A. *Hybrid Imagery: The Fusion of Technology and Graphic Design*, Londres, 1990

Grundberg, A. *Brodovitch*, Nova York e Londres, 1989

Hess, D. e Muller, M. *Dorfsman and CBS*, Nova York, 1987

Hornung, C. P. *Will Bradley: His Graphic Art*, Nova York, 1974

Ishihara, Y. *American Trademarks and Logotypes* (edição especial: *Idea*), Tóquio, 1976

Kepes, G. *Language of Vision*, Chicago, 1944

Kiehl, D. W. *American Art Posters of the 1890s*, Nova York, 1987

Loewy, R. *Never Leave Well Enough Alone*, Nova York, 1951

Lönberg-Holm, K. e Sutnar, L. *Catalog Design Progress*, Nova York, 1950

Moholy-Nagy, L. *Vision in Motion*, Chicago, 1947

Marchand, R. *Advertising the American Dream: 1920-1940*, Berkeley, Los Angeles e Londres, 1986

Margolin, V., Brichta, I. e Brichta, V. *The Promise and the Product: 200 Years of American Advertising Posters*, Nova York e Londres, 1979

Modern Art in Advertising (Container Corporation of America), Chicago, 1946

McLuhan, M. *Understanding Media: the Extensions of Man*, Londres, 1964

McLuhan, M. e Fiore, Q. *The Medium is the Massage*, Nova York e Londres, 1967

– *War and Peace in the Global Village*, Nova York, Londres e Toronto, 1968

Neuhart, J. e M. e Eames, R. *Eames Design*, Nova York, 1989

Pacific Wave: California Graphic Design, Museum Fortuny, Veneza, 1987

Rand, P. *Thoughts on Design*, Nova York, l947; ed. rev., Londres e Nova York, 1970

– *A Designer's Art*, New Haven e Londres, 1985

Remington, R. R. e Hodik, B. J. *Nine Pioneers in American Graphic Design*, Cambridge, Mass. e Londres, 1989

Saul Bass and Associates (edição especial: *Idea*), Tóquio, c. 1979

Snyder, G. e Peckolick, A. *Herb Lubalin*, Nova York, 1985

The American Psychedelic Poster, Stadthaus Galerie, Münster, Alemanha, 1988

Thompson, B. *The Art of Graphic Design*, New Haven e Londres, 1988

Wolf, H. *Visual Thinking*, Nova York, 1988

Japão
[Capítulos 12,19]

Japanse Affiches / Modern Posters of Japan, Hessenhuis, Antuérpia, 1989

Katsumie, M. *The Graphic Design of Yuksaku Kamekura*

Kristahn, H-J. e Mellinghoff, F. *Japanische Plakate*, Tóquio e Berlim, 1983

L'Affiche japonaise: des origines à nos jours, Paris, 1980

Maeda, M. *Signs and Symbols of Japan*, Tóquio, Nova York e São Francisco, 1975

Nagai, K., Sato, K. e Toda, M. *Graphics Japan*, Tóquio, 1987

Tanikawa, K. *100 Posters of Tadanori Yokoo*, Tóquio e Londres, 1978

Thornton, R. S. *Japanese Graphic Design*, Londres, 1991

Periódicos

Os que deixaram de ser publicados acham-se entre parênteses.

AIGA Journal of Graphic Design, Nova York
(*Art and Industry*, Londres)
Art Direction, Califórnia
(*Arts et métiers graphiques*, Paris)
(*Commercial Art*, Londres)
Communication Arts, Califórnia
Communications, Paris
Der Druckspiegel, Colônia
Design Quarterly, Cambridge, Mass.
Eye, Londres
Gebrauchsgraphik, Munique
(*Graphic Design*, Tóquio)
(*Graphische Nachrichten*, Berlim)
Hot Graphics International, Londres
Idea, Tóquio
Information Design Journal, Reading
Journal of Design History, Oxford
Linea Grafica, Milão
(*Octavo*, Londres)
Pagina, Milão
Print, Nova York
Projekt, Varsóvia
Signes, Paris
Studies in Visual Communication, Filadélfia
Typographica, Londres
Typographische Monatsblätter, St. Gallen
Visible Language (antigamente chamado de *The Journal of Typographic Research*), Cleveland, USA

Outras fontes

Os clubes de diretores de arte e as associações de designers da maior parte dos países publicam anuários. Alguns trabalhos especiais também saem em anuários (como o *Modern Publicity*, de Londres, e o *Graphis Annual*, de Zurique).

Material original

Muitos museus, especialmente os de design e de artes decorativas e aplicadas, possuem coleções de trabalhos gráficos. Como esses trabalhos eram feitos para ter vida efêmera, seu papel acha-se freqüentemente quebradiço e amarelado e suas cores desigualmente desbotadas.

É difícil examinar trabalhos feitos mais do que algumas poucas décadas atrás, especialmente aqueles produzidos pelos mais proeminentes designers, que podem valer bons preços no mercado. Os livreiros que trabalham com obras antigas e as casas de leilão algumas vezes oferecem a oportunidade de tomar contato com esse material (embora as informações sobre os trabalhos contidas em seus catálogos nem sempre sejam confiáveis).

Índice remissivo

Designers, grupos de design, estúdios, agências e clientes importantes.

Nos casos em que as datas de nascimento dos designers não são conhecidas, foram fornecidos o país e o período em que seus trabalhos tornaram-se proeminentes.

Os números de página em itálico indicam ilustrações.

As referências normalmente aparecem no texto da página indicada.

AEG (Allgemeine Elektricitäts Gesellschaft) 25, 65, 68
Agha, Mehemed Fehmy [1896-1978] 101, *102*, 103, 105

Aicher, Otl [1922-91] *181*, 221, 223
Albers, Josef [1888-1976] 53, 105
Allner, Walter H. [n. 1909] *134*
Amster, Mauricio [Espanha, década de 30] *110*
Anceschi, Giovanni [n. 1939] 220
Apeloig, Philippe [n. 1960] *214*
Apollinaire, Guillaume [1880-1918] *35*
Architectural Review 98, 168
Atelier Populaire 166, 198
Auriol, George [1863-1938] 6
Ayer, N. W. & Son 104
Azari, Fedele [1895-1930] 38
Azcuy, René [Cuba, década de 60] *194*

Bachs, Eduardo [Cuba, década de 60] *194*
Ball, Alan [Grã-Bretanha, década de 50] *169*
Balla, Giacomo [1871-1958] 37
Ballmer, Walter [n. 1923] 153, *219*
Bass, Saul [n. 1920-96] 128, *129*, 194, 223, *226*
Bassett Gray, *ver* Gray, Milner
Bauhaus 14-5, 52-5, 64-6, 68-70, 76, 82, 105, 123, 137-8, 169, 211
Baumberger, Otto [1889-1961] 77, *78-9*, 80
Baumeister, Willi [1889-1955] 57, *58*, 66, 180
Bayer, Herbert [1900-85] 14, *53-4*, 62, *63-5*, *105*, 134, *135-6*, 137
BDMW [fundado em 1960] 171
Beall, Lester [1903-69] *106-7*, 113, *121*, 130, 136, 194
Beardsley, Aubrey [1872-98] *10*, 11, 20-2, *141*
Beck, Henry C. [1903-74] *13*, 97
Beck, Maurice [Grã-Bretanha, década de 20] *98*
Beeke, Anthon [n. 1940] 211
Beggarstaffs *10*, 11, 20, 25-6, 97
Behrens, Peter [1868-1940] *24-5*, 52, 65, 68
Beltran, Felix [n. 1938] *194*
Berlage, Henrikus [1856-1934] *68*, 71
Bermann, Leonid [Alemanha, década de 30] *67*
Berman, Mieczyslaw [1903-75] 185-6

Bernard, Pierre [n. 1942] 211 (*ver* Grapus)
Bernhard, Lucian [1883-1973] *26*, 28, *30*, 51, 67
Berlewi, Henryk [1894-1967] *185*
Bill, Max [1908-94] 15, *16*, *83-4*, 139, 145, 150, 180, 215
Birdsall, Derek [n. 1934] 171, *175*
Birkhäuser, Peter [n. 1911] *78*
Black, Misha [1910-77] 168
Boggeri, Antonio [n. 1900] 148-50, 152-3 (*ver* também Studio Boggeri)
Böhm, Adolf [1861-1927] *23*
Boller, Harry [Suíça, década de 60] *145*
Bona, Enrico [1900-76] *41*
Bonini, Ezio [1923-88] *151*, 153
Bonnard, Pierre [1867-1947] *6*, *12*
Bonnell, Wilburn [n. 1948] 229
Bonsiepe, Gui [n. 1934] 219
Booker-Cook, P. [Grã-Bretanha, década de 50] *169*
Bosshard, Hans-Rudolf [n. 1929] *216*
Bradbery, Ian [1918-93] *170*
Bradley, Will [1868-1964] *9*, 10-1
Brandt, Peter [EUA, década de 70] *200*
Brangwyn, Frank [1867-1956] 28, *29*
Brattinga, Pieter [n. 1931] *190*
Bremner, Francis [EUA, década de 40] *117*
Brodovitch, Alexey [1898-1971] *90*, *103*, 105, *123-4*
Brody, Neville [n. 1957] *207*, 208
Brownjohn, Robert [1925-70] *130*, 172
Brücher, Ernst [Alemanha, década de 60] *184*
Brusse, Wim [1910-78] 72, 189
Bubbles, Barney (Colin Fulcher) [1942-83] *203*, *204*
Burchartz, Max [1887-1961] *53*, *58-9*, 66, 80, *179*
Burns, Aaron [1922-91] 130
Burtin, Will [1908-72] 105, *120-1*, 134, 136, 145

Cahn, Henny [n. 1908] 72, *73*
Calabresi, Aldo [n. 1930] 153-4
Calvert, Margaret [n. 1936] 174
Cangiullo, Francesco [1888-1977] *36*

Canis, Johannes [Alemanha, década de 30] *57*, 58, 80
Cappiello, Leonetto [1875-1942] 7, 40, 81, 86, *88*, 158, 223
Carboni, Erberto [1899-1984] *115*, 149, *150*, 153
Cardinaux, Emil [1877-1936] 77
Carlu, Jean [n. 1900] 87, 110, *114*, 134, 159
Carnase, Tom [n. 1938] 227
Carqueville, William [1871-1946] 9
Cassandre (Adolphe Mouron) [1901-68] *85*, 86, *87*, 88-9, 95-6, 103, *104-5*, 110, 127, *166*, 185
Castellano, Mimmo [n. 1932] *220*
CBS (Columbia Broadcasting System) *132*, 133, 160, 178
CCA (Container Corporation of America) 104, *114-5*, 135-7
Cheremnykh, Mikhail [1890-1962] *43*
Chéret, Jules [1836-1932] 5, *6*, 7-8, *12*
Chermayeff, Ivan [n. 1932] (*ver abaixo*)
Chermayeff & Geismar [fundado em 1960] 129, *130*, *136*, 164, 171, 202, 226, *227*, 229
Cieslewicz, Roman [1930-96] *163*, *185-6*
Cittato, Giulio [1936-86] 220
Clarke, Nick [n. 1960] *232*
Clavel, Gérard-Paris [n. 1943] 211 (*ver* Grapus)
Clough, Stanley T. [EUA, década de 30] *106*
Coca-Cola 103, *201*, 226
Coiner, Charles [n. 1898] 104, *113*
Colin, Paul [1892-1985] *87*, 159
Comte, Pierre [n. 1927] *162*
Condé, Nast 101, 103, 132
Confalonieri, Giulio [n. 1926] 153
Conklin, Lee [EUA, década de 60] *196*
Cooper, Muriel [n. 1925-95] *227*, 231
Cranbrook Academy of Art 229-31
Crane, Walter [1845-1915] 21
Crawford, W. S. (Crawfords) 98, *169*, 171

Cresset Press 98
Crouwel, Wim [n. 1928] 190, *191*, 209, *210*, 211 (*ver também* Total Design)
Curwen Press 98
Cyliax, Walter [1899-1945] 140
Czeschka, Carl Otto [1878-1960] 23

DA (Disegno Ambientale) 220
D'Albisola, Tullio [1899-1971] *39*
Danziger, Lou(is) [n. 1923] *136*
Darche, Jacques [n.?-1965] *162*
Daulby, George [n. 1928] 171 (*ver também* BDMW)
Day, Robin [n. 1915] *167*
Deberny & Peignot 79, 148, 158
Delpire, Robert [n. 1926] *165*
Deni, Viktor [1890-1946] 42, *43*
Denison-Hunt, John [1920-93] 175
Depero, Fortunato [1892-1960] 37, *38*, *40*
Design Research Unit (DRU) [fundada em 1943] 167-8, *169*, 171, *174*
Dexel, Walter [1890-1973] *56-7*, 66
Direction 107
Diulgheroff, Nicolay [1901-82] *40*
Dlugach, Mikhail [1893-1989] *49*
Doesburg, Theo van [1883-1931] 56, 58, *68-9*, 73, 76, 107, 209
Domela, Cesar [1900-92] 72
Dorfsman, Lou [n. 1918] *133*, 224
Doyle, Dane, Bernbach 172
Draeger, Frères *89*
Droit, Jean 29
Driver, David [n. 1942] *206*
Dudovich, Marcello [1878-1962] *8*, 40
Dumbar, Gert [n. 1940] 208-9, *210*, 230 (ver também Studio Dumbar)

Eames, Charles [1917-78] 124, *125*, *129*, 228
Eames, Ray [1915-88] *124*
Eckersley, Tom [n. 1914-97] *96*, 167
Eckmann, Otto [1865-1900] 23, 25

Ehmcke, Fritz Helmuth [1878-1965] 179
Elfer, Arpad [Grã-Bretanha, década de 50] *169*, 170, 178
Elffers, Dick [1910-90] 72, *189*, 190
Elle 163, 164
Émigré 230, 231
Engelhard, Julius [1883-1964] *33*
Engelmann, Michael [n. 1928] *182-3*
Erbar, Jakob [1878-1935] *53*
Erdt, Hans Rudi [1883-1918] *26*, *28*
Erni, Hans [n. 1909] 145
Escher, Gielijn [n. 1945] 211
Esquire 107, *131-2*, 133, 175, 177, 181, 206
Evora, Tony [n. 1939] *195*, 196
Excoffon, Roger [1910-83] *158*, 164

Facetti, Germano [n. 1926] 174, *175*
Fangor, Wojciech [n. 1922] 186
Faucheux, Pierre [n. 1924] *160-1*
Federico, Gene [n. 1918] *119-20*
Fior, Robin [n. 1935] *171*
Fiore, Quentin [n. 1920] *II*, *193*
Fix-Masseau, Pierre [n. 1905] 88-9
Flagg, James Montgomery [1877-1960] *29*, 30
Fleckhaus, Willy [1925-83] 181, *182*, *184*
Fleming, Allan [1929-77] *201*
Fletcher, Alan [n. 1931] *171*, 173 (*ver também abaixo*)
Fletcher / Forbes / Gill *173*
Follis, John (John Follis Associates) *227*
Forain, Jean Louis [1852-1931] *28*
Forbes, Colin [n. 1928] 173 (*ver também* Fletcher / Forbes / Gill)
Forster, Gerhard [1937-86] *154*
Fortune 105, *117*, 120, *134*
Fougasse (C. K. Bird) [1887-1965] *111*
François, André [n. 1915] 153, 159
Frankfurter Register 57
Friedman, Dan [EUA, década de 70] 229

Fronzoni, A. G. [n. 1923] *220*
Froshaug, Anthony [1920-84] *168*, 181
Frutiger, Adrian [n. 1928] *164*
Fukuda, Shigeo [n. 1932] 222, *224*

Games, Abram [n. 1914-96] *112*, 113, *167, 174, 178*, 189
Gan, Alexei [1893-1940] *48*
Garland, Ken [n. 1929] 170, *178-9*
Garrett, Malcolm [n. 1956] 208
Garretto, Paolo [n. 1903] 102
Gebrauchsgraphik 67, 106, 136
Geigy 136, 144
Geismar, Thomas [n. 1931] 229 (*ver também* Chermayeff & Geismar)
General Dynamics *128*
Gerstner, Karl [n. 1930] *139-40*, 144-5, *214*, 219, 224
GGK (Gerstner Gredinger e Kutter) 140, 218
Gill, Bob [n. 1931] *173*
Gill, Eric [1882-1940] 92, *93*, 96
Gipkens, Julius [1883-?] 26, 28, *31*
Gispen, Willen H. [1890-1981] 74
Glaser, Milton [n. 1929] *134*, 227-8
Gonda, Tomas [1926-88] 219
Golden, William [1911-59] *132-3*
Gould, J. J. [EUA, década de 1890] *9*
Graeff, Werner [n. 1901-78] *59*
Graphicteam [fundado em 1964] *183-4*
Graphis 136
Graphistes Associés [fundado em 1989] *213*
Grapus [fundado em 1970] *18*, 186, *211-2*, 215
Grasset, Eugène [1841-1917] *7*, *9, 77*
Gray, Milner [n. 1899-1997] *99*, 116, 168, 174 (*ver também* Design Research Unit)
Greiman, April [n. 1948] *19*, *228-9*
Grignani, Franco [n. 1908] 146, *154-5*, 156, *214*, 221
Gronowski, Tadeusz [n. 1894] *185*
Gropius, Walter [1883-1969] 63, 69
Grosz, George [1893-1959] 51

Gutschow, Harald [Alemanha, década de 50] 180

Hadank, Otto [1889-1965] 179
Hamilton, Richard [n. 1922] *178*
Hara, Hiromu [n. 1901] *223*
Hard Werken [fundado em 1978] 210
Harling, Robert [Grã-Bretanha, desde a década de 30] *99*
Harper's 9, 123
Harper's Bazaar 105, 123, *132*
Havinden, Ashley [1903-73] *98*, 169, 171
Hawkey, Raymond [n. 1930] *176*
Heartfield, John [1891-1968] 50, *51, 59-61*, 79, 184, 189
Heine, Thomas Theodor [1867-1948] *8*
Hellendoorn, Jacobus [1878-1959] *70*
Henrion, F. H. K. [1914-90] *1-2*, *112*, 113, *167*, 175
Herdeg, Walter [n. 1908] 80
Hiestand, Ernst [n. 1935] e Ursula [n. 1936] 213, 215
Hillman, David [n. 1943] 171
Hillmann, Hans [n. 1925] 182, 184, 217-8
Him, George [1900-82] *190*
Hodler, Ferdinand [1853-1918] *77*
Hoffmann, Josef [1870-1956] *22*
Hofmann, Armin [n. 1920] *144*, 228
Hohenstein, Adolfo [1854-c. 1935] 8
Hohlwein, Ludwig [1874-1949] *2*, 26, *27*, 28, *31*, *51*, *66*, 87, 94, 96
Hollenstein, Albert [França, década de 60] 164
Holtom, Gerald [Grã-Bretanha, década de 50] *194*
Hosoya, Gan [n. 1935] 222, *225*
Huber, Max [n. 1919] 150, *151-2*, 153, 156, 168, 171, 223, 232
Huszar, Vilmos [1884-1960] *68*, 72

IBM (International Business Machines Corporation) *126*, 153, 227
ICOGRADA 145, 179
Ifert, Gérard [França, década de 60] *164*

Isotype 13, 134
Itten, Johannes [1888-1967] *52*

Jacno, Marcel [n. 1904] *158*
Jacobson, Egbert [1893-1989] 104
Johnston, Edward [1872-1944] *92*, 97
Jones, Terry [n. 1945] *207*

Kalman, Tibor [1949-99] 229
Kamekura, Yusaku [n. 1915] *222-3*, *225*
Kapitzki, Herbert [n. 1925] 180
Kashimoto, Kazuo [Japan, década de 70] *222*
Kassák, Lajos [1887-1967] 56
Katsumie, Masaru [1909-83] 145, *221*
Kauffer, E. McKnight [1890-1954] *94-6*
Keller, Ernst [1891-1968] *83*, 144
Kepes, Gyorgy [n. 1906] 105
Kieser, Hans [n. 1920] 182
Kiljan, Gerard [1891-1968] *72*, 75
Kindersley, David [n. 1915] *173*
King, David [n. 1943] *177*, *205*
Kinneir, Jock [n. 1917] *174*
Klein, César [1876-1954] *51*
Klier, Hans von [Itália, década de 70] 220
Klimt, Gustav [1862-1918] *21*
Klinger, Julius [1876-1920] *31*
Klutsis (Klucis), Gustav [1895-1944] *47*, 62, *109*, *116*
Knapp, Peter [França, década de 60] 162, *163*, 164
Knoll 124, *127*, 232
Koch, Rudolf [1876-1934] *53*
Kokoschka, Oskar [1886-1980] 23
Kollwitz, Käthe [1867-1945] *109*, 110
Kosstrin, Jane [EUA, década de 80] *230*
Kozlinsky, Vladimir [1889-1967] 44
Krimpen, Jan van [1892-1958] 189
Krone, Helmut [1926-98] *119*
Kuelling, Ruedi [n. 1935] *146*
Kuhlman, Roy [EUA, década de 50] *134*
Kunz, Willi [EUA, década de 80] *229*

Landor, Walter (Landor Associates) [1913-95] 137, *202*
La Rinascente 152
Larisch, Rudolf von [1856-1934] *22*, 23
Laubi, Hugo [1888-1959] *77*
Lauweriks, Johannes L. M. [1864-1932] *68*
Leandri [Itália, década de 30] 40
Lebedev, Vladimir [1891-1964] *44*
Lee-Elliot, Theyre [Grã-Bretanha, década de 30] 94, *95*, *97*
Leete, Alfred [1882-1933] *29*
Leibowitz, Matthew [n. 1918] 104, *115*
Leistikow, Hans [1892-1962] 57, 179
Lenica, Jan [n. 1928] *185*, 186, 224
Leupin, Herbert [n. 1916] *146*
Lewis, P. Wyndham [1884-1957] *91*
Licko, Zuzana [n. 1961] 230
Lienemeyer, Gerhard [n. 1936] *217*, 218 (*ver também* Rambow)
Lionni, Leo [n. 1910] *113*, *115*
Lipinski, Eryk Henryk [n. 1908] 186
Lissitzki, El (Lazar) [1890-1941] *15*, *45-6*, *49-50*, 55-6, 62-3, 69, *71*, 168, 210
Lodge, Bernard [n. 1933] *179*
Loesch, Uwe [n. 1943] *219*
Loewy, Raymond [1893-1986] 101, *104*, *136*, *165*
Lohse, Richard Paul [1902-88] *142*
Lois, George [n. 1931] *18*, 131, *132*, 133, 177, 206
Lombers, Eric [Grã-Bretanha, década de 30] *96*
Loos, Adolf [1870-1933] *23*
Loupot, Charles [1892-1962] *88*, *159*
Low, Joseph [n. 1911] *134*
Lubalin, Herb [1918-81] *2*, *130-1*, 133, 203, *227-8*
Lumley, Savile [Grã-Bretanha, desde 1910] *29*
Lustig, Alvin [1915-55] 106, *107*, 124, 127, 134
Lutz, Hans-Rudolf [n. 1939] 216, *217*, 230

McCoy, Katherine [n. 1945] *228*, 230
Macdonald, Frances [1874-1921] e Margaret [1865-1933] *20*
Mackintosh, Charles Rennie [1868-1928] *20-2*
Mackmurdo, Arthur [1851-1942]
Maldonado, Tomas [n. 1922] 219, 223
Malevich, Kasimir [1878-1935] *44*
Mallarmé, Stéphane [1842-98] *35*, 91
Mangold, Burkhard [1873-1950] *77*
Marber, Romek [n. 1922] *175*
Marchbank, Pearce [n. 1948] *197*, *206*
Mari, Enzo [n. 1932] 156
Marinetti, Filippo Tommaso [1876-1944] *36*, 37, 39-41, 91
Martens, Karel [n. 1939] 211
Massin, Robert [n. 1925] 161
Matsunaga, Shin [Japão, década de 80] *225*
Matter, Herbert [1907-84] *17*, *79-80*, 82, 104-5, *113*, *124*, *127*, *203*
Maiakóvski, Vladimir [1893-1930] *44*, 46
Mayhew, George [1927-66] 171
Mazza, A. [1884-1964] 40
Mendell & Oberer *183*, 219
Metlicovitz, Leopoldo [1868-1944] *8*
Michel, Gunther [n. 1930] 182
Miehe, François [n. 1942] 211 (*ver também* Grapus)
Millais, John Everett [1829-96] *5*
Minale, Tattersfield [fundado em 1964] *176*
Moholy-Nagy, Laszlo [1895-1946] *14*, 19, *54*, 57-9, *62*, *98*, 105, *135*, 137
Monguzzi, Bruno [n. 1941] 214, 221
Moor, Dmitri S. [1883-1946] *42*
Morison, Stanley [1889-1967] *93-4*, 206
Morris, G. R. [Grã-Bretanha, década de 40] *113*, 167
Morris, William [1834-96] 10, *20*, 21, 24, 106
Moscoso, Victor [n. 1936] *196*
Moser, Koloman (Kolo) [1868-1928] *21-4*

Moss, Charles [EUA, década de 60] *1*
Mount, Reginald [Grã-Bretanha, década de 40] 113, *167*
Mroszczak, Josef [1910-75] 186
Mucha, Alphonse [1860-1939] *7*, 21
Müller, Rolf [n. 1940] *217*
Müller-Brockmann, Josef [1914-96] 142, *143*, 145, 223
Munari, Bruno [1907-98] *39*, *41*, *156*, 223
Muratore, Remo [1912-83] 153

Nagai, Kazumasa [n. 1929] *223*, *225*
Nakagaki, Nobuo [Japão, década de 80] *221*
Nakata, Robert [n. 1960] *211*
Neuburg, Hans [1909-83] *81*, *142*, 145
Neue Graphik 142-3
Neurath, Otto [1882-1945] *13*, 50, 134, 187
Nicholson, William [1872-1949] *10* (*ver também* Beggarstaffs)
Nippon Design Center 223, *225*
Nitsche, Erik [n. 1908] *128*
Nizzoli, Marcello [1887-1969] 156
Noorda, Bob [n. 1927] 153

Odermatt, Siegfried [n. 1926] 140, *141*, *215*
Odgers, Jayme [EUA, década de 70] *229*
Ohchi, Hirochi [n. 1908] 221, *223*
Olivetti 25, 144, 148-9, *152-3*
Oppenheim, Louis [1879-?] 28, *30*
Oorthuys, Cas [1890-1975] 190

Padial [Espanha, década de 30] *110*
Palka, Julian [n. 1923] 186
Palladino, Tony [EUA / Grã-Bretanha, década de 60] *172*
Papert, Koenig, Lois *172*
Papini, Giovanni [1881-1956] 36
Pellizzari, Antonio [n. 1923] *156*
Penfield, Edward [1866-1925] *9*
Pennell, Joseph [1857-1926] 28, *29*

Pentagram [fundado em 1972] 202
Pere Català Pic [1899-1971] *110*
Persico, Edoardo [1901-36] *41*
Piatti, Celestino [n. 1922] *184*
Pick, Frank [1878-1941] 94, 96, 116
Piech, Paul Peter [n. 1920] 171, *172*
Pintori, Giovanni [n. 1912] 153
Pirelli 153, 173
Pirtle, Woody [n. 1944] 229
Portfolio 123-4
Prusakov, Nikolay [1900-52] 48
Pryde, James [1866-1941] 10
PTT 75, 189, 208-9, 211
Purvis, Tom [1888-1959] *96*
Push Pin Studios [fundado em 1954] *134*, 194, 203

Raateland, Ton [n. 1922] 190
Rambow, Gunter [n. 1938] 218 (*ver também abaixo*)
Rambow / Lienemeyer / Van de Sand *218*
Rand, Michael [n. 1928] 177
Rand, Paul [1914-96] 106, *107-8*, *118-9*, *126*, 136, 204, *226*, 229
Reed, Ethel [1876-?] *9*
Reid, Jamie [n. 1940] *204*
Renner, Paul [1878-1956] *53*, 66, 184
Rhead, Louis J. [1857-1926] *9*
Ring neuer Werbegestalter 72, 76
Rockwell, Norman [1894-1978] *102*, 103
Rodchenko, Alexander [1891-1956] 46-8, 62, 205
Roller, Alfred [1864-1935] *21*
Rösli, Enzo [Suíça, década de 50] *145*
Royen, J. J. van [1878-1942] 189
Ruder, Emil [1914-70] 139, *215*
Rudin, Nelly [Suíça, década de 60] *147*

Sachplakat 26, 28, 88
St. John, J. Allen [EUA, desde 1910] *30*
Saito, Makoto [Japão, década de 80] 222
Sand, Michael van de [n. 1945] 218 (*ver também* Rambow)
Sandberg, Willem J. H. B. [1897-1984] *18*, *187-8*, 190

Saturday Evening Post 102, 103, 130
Savignac, Raymond [n. 1907] 7, 145, 153, *159*
Saville, Peter [n. 1957] 208
Schawinsky, Xanti [1904-79] 65, *66*, 67, *109*, 137, *148-9*, 232
Scher, Paula [n. 1948] *203*
Schiele, Egon [1890-1918] 23
Schleger, Hans [1898-1976] 167, *170*
Schleifer, Fritz [Alemanha, década de 20] *52*, 70
Schmid, Max [Suíça, EUA, década de 60] 144
Schmidt, Joost [1893-1948] *52-3*, 62, 106
Schmidt-Rhen, Helmut [n. 1936] *218*, 219
Schuitema, Paul [1897-1973] 56, *73-4*, 76, 145, 188
Schwitters, Kurt [1887-1948] *55-6*, *65*, 68-9, 71-2, 179, 215
Scope 121, 122
Scotland, Eduard [Alemanha, década de 1900] *2*
Seneca, Federico [1891-1976] *40*
Sepo (Severo Pozzati) [1895-1983] *40*
Shahn, Ben [1898-1969] 105, 110
Sironi, Mario [1885-1961] *41*
Soeda, Takayuki [Japão, década de 80] *224*
Sottici, Adengo [1881-1964] *36*, *37*
Spencer, Herbert [n. 1924] 168, 170-1, 173
Stankowski, Anton [n. 1906] *80-1*, 140, 145, *180*, 184, *217*
Stazewski, Henryk [n. 1894] 185
Steiner, Albe [1913-74] *153-3*, 221
Steinlen, Théophile Alexandre [1859-1923] *5*, 28, 77
Stenberg, Giorgi [1900-33] *48*
Stenberg, Vladimir [1900-82] *48*
Stepanova, Varvara [1894-1958] *42*
Sterling, David [n. 1954] 230
Stoecklin, Niklaus [1896-1982] *78*, 80
Strzeminski, Wladislaw [1893-1952] 185
Studio Boggeri 148, *151*
Studio Dorland *64*, 67, 171
Studio Dumbar *209*, *211*
Sugai, Kumi [n. 1919] *116*

Sugiura, Kohei [n. 1932] 222
Sutnar, Ladislav [1896-1976] 56, 105, *125*, 134, 136
Swierzy, Waldemar [n. 1931] *186*
Szczuka, Mieczyslaw [1898-1927] 185

Tanaka, Ikko [n. 1930] *222*, *225*
Taylor, Edwin [n. 1934] 206
Taylor, Fred [1875-1963] 97
Teige, Karel [1900-51] *56*
Telingater, Solomon [1883-1969] *47*, 48
Tenazas, Lucille [EUA, década de 80] *230*
Testa, Armando [1917-95] 153
Testi, C. V. [Itália, década de 30] *40*
Thompson, Bradbury [n. 1911] *114*, *122-3*
Thompson, Philip [n. 1928] *174*
Tissi, Rosmarie [n. 1937] 141, 215
Tolmer, Alfred [1876-1957] *85*, 89
Tomaszewski, Henryk [n. 1914] 186, 212
Toorn, Jan van [n. 1932] *210*
Toorop, Jan [1858-1928] 75
Total Design *191*, 192, *203*, *210-1*
Toulouse-Lautrec, Henri de [1854-1901] 6-7, 11
Tout Pour Plaire 214
Tovaglia, Pino [1923-77] *154*
Trepkowski, Tadeusz [Polónia, década de 50] 186
Treumann, Otto [n. 1919] *189-90*
Troller, Fred [n. 1930] *136*
Trump, Georg [1896-1985] *54*, 66, 184
Tschichold, Jan [1902-74] *17*, 54, *55*, 59, 61, 66, 81, *82*, 83, 91, 97, *139*, *145*, 169-70, 174
Twen 177, 181-2

Unimark International 157
Upjohn 121

Vallotton, Félix [1865-1925] 77
VanderLans, Rudy [EUA, década de 80] *230*
Vanity Fair 38, 101-2
Vasarely, Victor [1908-97] *166*
Velde, Henry van de [1863-1957] 21, *24*
Verberne, Alexander [n. 1924] 190

Vierthaler, Ludwig [1875-1967] *67*
Vignelli, Massimo [n. 1931] *157*, 229, *232*
Villemot, Bernard [1911-89] 159
Vivarelli, Carlo [1919-86] *142*, *144*, 153
Vogue 101, 105, 206
Vordemberge-Gildewart, Friedrich [1899-1962] 66, 181, *188*, 215
Vorm Vijf *208*, 211
Vuillard, Edouard [1868-1940] *6*

Wagner, Otto [1841-1918] *22*
Walton, George [Escócia, década de 1890] 20
Watanabe, Kaoru [Japão, década de 80] *225*
Weingart, Wolfgang [n. 1941] *19*, 215, *216*, 228-9
Weintraub, William H. 118, 120

Werkman, Hendrik N. [1892-1945] 73, 188
Westvaco Inspirations 114, 122-3
Whistler, James A. M. [1834-1903] *91*, 92
Widmer, Jean [n. 1929] *163*, *213-4*, 215, 228
Wiener Werkstätte 22
Wijdeveld, Hendrikus T. [1885-1987] *70*
Wildbur, Peter [n. 1927] *171*
Wilde Plakken [fundado em 1977] 210
Willimann, Alfred [1900-57] *144*
Wilson, Wes [EUA, década de 60] 196
Wirth, Kurt [n. 1917] 145
Wissing, Benno [n. 1923] *191*
Wolf, Henry [n. 1925] *131-2*, 136
Wolf Ferrari, Teodoro [Itália, década de 10] *149*

Wolff Olins [fundado em 1965] 175, *176*
Wolsey, Tom [n. 1924] *176*
Wright, Edward [1912-89] *177*
Wurman, Richard Saul [n. 1935] 231-2

Yamana, Ayao [n. 1898] *222*
Yamashiro, Ryuichi [Japão, década de 60] *222*
Yokoo, Tadanori [n. 1936] *12*, *224*
Young and Rubicam, *104*, *218*

Zamecznik, Stanislaw [n. 1909] 186
Zamecznik, Wojciech [n. 1923] *186*
Zapf, Hermann [n. 1918] 184
Zwart, Piet [1885-1977] 56, *68*, *70-2*, 74, *75*, 134, 168, 188-9, 192, 210

Cromosete
Gráfica e editora ltda.
Impressão e acabamento
Rua Uhland, 307
Vila Ema-Cep 03283-000
São Paulo - SP
Tel/Fax: 011 2154-1176
adm@cromosete.com.br